FILOSOFIA COMO POLÍTICA CULTURAL

Richard Rorty

FILOSOFIA COMO POLÍTICA CULTURAL

Tradução
JOÃO CARLOS PIJNAPPEL

Martins Fontes

© 2007 Richard Rorty.
© 2009 Martins Editora Livraria Ltda., São Paulo, para a presente edição.
The Syndicate of the Press of the University of Cambridge, Inglaterra.
O original desta obra foi publicado com o título
Fhilosophy as cultural politics.

Publisher *Evandro Mendonça Martins Fontes*
Produção editorial *Luciane Helena Gomide*
Produção gráfica *Sidnei Simonelli*
Projeto gráfico e capa *Joana Jackson*
Diagramação *Ana Paula Siqueira*
Preparação *Jonathan Busato*
Revisão *Beatriz C. Nunes de Sousa*
Denise Roberti Camargo
Dinarte Zorzanelli da Silva

1ª edição 2009
Impressão e acabamento Imprensa da Fé

Dados Internacionais de Catalogação na Publicação (CIP)
(Câmara Brasileira do Livro, SP, Brasil)

Rorty, Richard
Filosofia como política cultural / Richard Rorty ; tradução João Carlos Pijnappel.
– São Paulo : Martins Martins Fontes, 2009. – (Coleção Dialética)

Título original: Philosophy as cultural politics.
Bibliografia.
ISBN 978-85-61635-39-8

1. Cultura 2. Filosofia I. Título. II. Série.

09-09156 CDD-191

Índices para catálogo sistemático:
1. Filosofia como política cultural 191

Todos os direitos desta edição no Brasil reservados à
Martins Editora Livraria Ltda.
R. Prof. Laerte Ramos de Carvalho, 163
01325-030 São Paulo SP Brasil
Tel.: (11) 3116.0000 Fax: (11) 3115.1072
info@martinseditora.com.br
www.martinseditora.com.br

Para Ruby Rorty, Flynn Rorty e
outros netos ainda por vir.

Sumário

Prefácio 11
Agradecimentos 14

I. RELIGIÃO E MORALIDADE DE UM PONTO DE VISTA PRAGMATISTA
 1. A política cultural e a questão da existência de Deus 19
 2. O pragmatismo como um politeísmo romântico 57
 3. A justiça como uma lealdade maior 81
 4. Erros honestos 105

II. O LUGAR DA FILOSOFIA NA CULTURA
 5. Grandeza, profundidade e finitude 129
 6. A filosofia como um gênero transitório 155
 7. Pragmatismo e romantismo 179
 8. Filosofia analítica e conversacional 203

III. QUESTÕES ATUAIS NA FILOSOFIA ANALÍTICA
9. Um ponto de vista pragmatista sobre a filosofia analítica contemporânea **221**
10. Naturalismo e quietismo **243**
11. Wittgenstein e a virada linguística **263**
12. Holismo e historicismo **289**
13. Kant contra Dewey: a situação atual da filosofia moral **301**

Índice onomástico 331

FILOSOFIA COMO POLÍTICA CULTURAL

Este volume apresenta uma seleção dos trabalhos filosóficos que Richard Rorty escreveu durante a última década e complementa os três volumes anteriores de seus ensaios: *Objectivity, relativism and truth* [*Objetivismo, relativismo e verdade*, ed. Relume Dumará, 1997], *Essays on Heidegger and others* [*Ensaios sobre Heidegger e outros*, trad. de Eugénia Antunes, Portugal, Instituto Piaget, 1999, e *Ensaios sobre Heidegger e outros: escritos filosóficos*, ed. Relume Dumará] e *Truth and progress* [*Verdade e progresso*, trad. Denise R. Sales, ed. Manole, 2005]. Os temas discutidos incluem o papel cambiante da filosofia na cultura ocidental ao longo dos séculos recentes, o papel da imaginação no progresso intelectual e moral, a noção de "identidade moral", a afirmação wittgensteiniana de que os problemas da filosofia são de natureza linguística, a irrelevância da ciência cognitiva para a filosofia e a ideia equivocada de que os filósofos deveriam encontrar o "*lugar*" de tais coisas como consciência e valor moral em um mundo de partículas físicas. Os escritos formam uma coleção elaborada e singular que certamente atrairá a todos que se interessam seriamente pela filosofia e sua relação com a cultura.

Prefácio

A maioria dos trabalhos coligidos neste volume foi escrita entre 1996 e 2006. Do mesmo modo que meus escritos anteriores, eles constituem tentativas de reunir a tese de Hegel de que a filosofia é a sua época mantida em pensamento com uma abordagem não representacionista da linguagem. Essa abordagem, implícita nas últimas obras de Wittgenstein, tem sido desenvolvida mais cuidadosamente nos escritos de Wilfrid Sellars, Donald Davidson e Robert Brandom. Sustento que o historicismo hegeliano e a abordagem de uma *"prática social"* wittgensteiniana se complementam e se reforçam mutuamente.

Dewey concordava com Hegel que os filósofos nunca seriam capazes de ver as coisas sob a perspectiva da eternidade; eles deveriam, em vez disso, tentar contribuir para a conversação em andamento da humanidade sobre o que fazer consigo mesma. O progresso dessa conversação tem engendrado novas práticas sociais e mudanças nos vocabulários empregados em deliberações morais e políticas. Sugerir outras novidades é intervir na política cultural. Dewey esperava que os professores de filosofia considerassem tal intervenção sua principal tarefa.

Na obra de Dewey, o historicismo surge como um corolário para a máxima pragmatista de que o que não faz diferença para a prática não deveria fazer diferença na filosofia. "Filosofia", escreveu Dewey, "não é uma forma de conhecimento em absolutamente nenhum sentido". Ela é, em vez disso, "uma esperança social reduzida a um programa de trabalho de ação, uma profecia para o futuro"[1]. Do ponto de vista de Dewey, a história da filosofia é mais bem vista como uma série de esforços para modificar a percepção das pessoas sobre quem elas são, o que importa para elas e o que é o mais importante.

Intervenções na política cultural têm às vezes tomado a forma de propostas de novos papéis que os homens e as mulheres poderiam desempenhar: o asceta, o profeta, o imparcial investigador da verdade, o bom cidadão, o esteta, o revolucionário. Algumas vezes elas têm sido esboços de uma comunidade ideal – a pólis grega aperfeiçoada, a Igreja cristã, a república das letras, a comunidade cooperativa. Algumas vezes elas têm sido sugestões de como reconciliar perspectivas aparentemente incompatíveis – para resolver um conflito entre o racionalismo grego ou a fé cristã, ou entre a ciência natural e a consciência moral comum. Essas são apenas algumas das maneiras pelas quais os filósofos, poetas e outros intelectuais têm feito uma diferença na maneira de viver das pessoas.

Em muitos desses trabalhos, insisto em que dediquemos atenção aos debates relativamente especializados e técnicos entre os filósofos contemporâneos, à luz de nossas esperanças de mudança cultural. Os filósofos deveriam escolher lados nesses debates visando à possibilidade de alterar o curso da conversação. Eles deveriam se perguntar se escolher um lado em vez de outro fará alguma diferença para as esperanças sociais, os programas de ação e as profecias de um futuro melhor. Caso não faça diferença, então isso poderá não valer a pena. Se fizer, eles deveriam especificar qual seria essa diferença.

---

[1] John Dewey, "Philosophy and democracy" [Filosofia e democracia], em *The middle works*, Carbondale, Southern Illinois University Press, 1982, vol. XI, p. 43.

Prefácio

O profissionalismo da filosofia, sua transformação em uma disciplina acadêmica, foi um mal necessário, mas que encorajou tentativas de tornar a filosofia uma quase-ciência autônoma. Essas tentativas deveriam ser combatidas. Quanto mais a filosofia interage com outras atividades humanas – não apenas com a ciência natural, mas também com a arte, a literatura, a religião e a política – mais relevante para a política cultural ela se torna – e, portanto, mais útil. Quanto mais ela luta por autonomia menos atenção ela merece.

Os leitores de meus livros anteriores encontrarão poucas novidades neste volume. Ele não contém ideias ou argumentos novos. Mas espero que esses esforços adicionais para associar as ideias de James e Dewey às de Hegel e Wittgenstein possam levar alguns leitores a considerar o pragmatismo sob uma luz mais favorável. Em um momento de exuberância, James comparou o potencial do pragmatismo para a produção de mudanças culturais radicais à Reforma Protestante[2]. Gostaria de persuadir meus leitores de que a analogia não é tão absurda como possa parecer.

---

[2] Carta a Henry James Jr., 4 de maio de 1907, em *The correspondence of William James*, vol. XI, Charlottesville, University Press of Virginia, 2003.

Agradecimentos

"A política cultural e a questão da existência de Deus" foi publicado em *Radical interpretation of religion* [Interpretação radical da religião], ed. Nancy Frankenberry, Cambridge University Press, 2002.

"O pragmatismo como um politeísmo romântico" foi publicado em *The revival of pragmatism: new essays on social thought, law and culture* [O ressurgimento do pragmatismo: novos ensaios sobre pensamento, direito e cultura sociais], ed. Morris Dickstein, Duke University Press, 1998.

"A justiça como uma lealdade maior" foi escrito para a Sétima Conferência Filosófica Oriente-Ocidente e publicado pela primeira vez em *Justice and democracy: cross-cultural perspectives* [Justiça e democracia: perspectivas interculturais], ed. Ron Bontekoe e Marietta Stepaniants, University of Hawaii Press, 1997.

"Erros honestos" foi escrito para uma conferência sobre "A Guerra Fria" organizada em 2003 por Louis Menand para o English Institute. Com o título "Whittaker Chambers and Alger Hiss: two men of honor" [Whittaker Chambers e Alger Hiss: dois homens de honra], o trabalho deverá aparecer em breve nos *Proceedings of the English Institute* [Processos do English Institute].

"Grandeza, profundidade e finitude" é uma versão revisada da primeira de duas palestras feitas no Balliol College, em Oxford, em 2004. Uma versão anterior foi lida na conferência da Unesco em Benin e publicada como "Universalist grandeur, romantic depth, pragmatist cunning" [Grandeza universalista, profundidade romântica, perspicácia pragmatista"] em *Diogenes*, n. 202.

"A filosofia como um gênero transitório" é uma versão reduzida e revisada de um ensaio publicado com o mesmo título em *Pragmatism, critique, judgement: essays for Richard J. Bernstein* [Pragmatismo, crítica e julgamento: ensaios para Richard J. Bernstein], ed. Seyla Benhabib e Nancy Fraser, MIT Press, 2004.

"Pragmatismo e romantismo" foi a terceira de três palestras Page-Barbour dadas na Universidade da Virgínia em 2005. Não havia sido publicada anteriormente.

"Filosofia analítica e conversacional" é uma versão revisada de um trabalho publicado com o mesmo título em *A house divided: comparing analytic and continental philosophy* [Uma casa dividida: comparando a filosofia analítica com a continental], ed. Carlos Prado, Humanities Press, 2003.

"Um ponto de vista pragmatista sobre a filosofia analítica contemporânea" foi publicado, com o mesmo título, em *The pragmatic turn in philosophy: contemporary engagements between analytic and continental thought* [A virada pragmática na filosofia: combates contemporâneos entre o pensamento analítico e o continental], ed. William Egginton e Mike Sandbothe, State University of New York Press, 2004.

"Naturalismo e quietismo" ainda não havia sido publicado anteriormente.

"Wittgenstein e a virada linguística" foi escrito em resposta a um convite do Kirchberg Wittgenstein Symposium. Ainda não havia sido publicado anteriormente.

"Holismo e historicismo" é uma versão reduzida e revisada da segunda de duas Smythies Lectures [palestras Smythies] em

Oxford; uma versão anterior havia sido publicada em *Kant im Streit der Fakultaeten*, ed. Volker Gerhardt, De Gruyter, 2005.

"Kant contra Dewey: a situação atual da filosofia moral" foi publicado com o título "Trapped between Kant and Dewey: the current situation of moral philosophy" [Encurralada entre Kant e Dewey: a situação atual da filosofia moral] em *New Essays on the history of autonomy: a collection honoring J. B. Schneewind* [Novos ensaios sobre a história da autonomia: uma coletânea em homenagem a J. B. Schneewind], ed. Natalie Brender e Larry Krasnoff, Cambridge University Press, 2004.

Sou muito grato às instituições acima mencionadas por seus convites para fazer palestras ou para contribuir em simpósios. Esses convites me levaram a escrever sobre os vários assuntos que, de outra forma, eu não teria examinado. Aprecio também a boa vontade dos editores mencionados, que me permitiram incluir trabalhos previamente publicados neste volume.

Gostaria de agradecer também a Gideon Lewis-Kraus, meu antigo assistente de pesquisa em Stanford, por sua indispensável assistência na preparação deste volume para publicação. Ele me deu excelentes conselhos sobre quais trabalhos incluir, quais omitir e quais revisar. Ele também fez a maior parte do trabalho de acompanhamento até a impressão final.

I
RELIGIÃO E MORALIDADE DE UM PONTO DE VISTA PRAGMATISTA

1
A política cultural e a questão da existência de Deus

Política cultural

O termo "política cultural" abrange, entre outras coisas, disputas sobre o uso correto das palavras. Quando dizemos que os franceses deveriam parar de se referir aos alemães como "chucrutes", ou que os brancos deveriam parar de se referir aos negros como "crioulos", estamos praticando política cultural, pois nossos objetivos sociopolíticos – aumentar o grau de tolerância que certos grupos sociais têm em relação a outros – serão favorecidos com o abandono dessas práticas linguísticas.

A política cultural não se restringe aos debates sobre discursos de ódio. Ela inclui também projetos para se livrar de tópicos inteiros do discurso. Diz-se frequentemente, por exemplo, que deveríamos parar de utilizar os conceitos de "raça" e "casta" e parar de dividir a comunidade humana pela sua descendência genealógica. A ideia é diminuir as chances de que a pergunta "quem são os seus ascendentes?" seja feita. Muitas pessoas insistem em que palavras como "sangue nobre", "sangue misturado", "pária", "casamento inter-racial", "intocáveis" e outras semelhantes deveriam ser excluídas da linguagem, pois – segundo argumentam – este seria um mundo melhor se a adequação das pessoas como cônjuges ou empregados ou funcionários públicos fosse julgada inteiramente a partir de seu comportamento e não, em parte, por uma referência à sua linhagem. Essa linha de pensamento é às vezes contestada quando se diz: "Mas a verdade é que *existem* diferenças hereditárias – a ascendência *realmente* importa." E a réplica é: certamente existem diferenças físicas que podem ser herdadas, mas elas não se correlacionam, por si próprias, com nenhuma das características que poderiam constituir uma boa razão para se romper um noivado, ou se votar contra um candidato. A noção de transmissão genética pode ser necessária para propósitos médicos, mas para nada além disso. Portanto, em vez de falarmos sobre raças diferentes, vamos falar sobre genes diversos.

Tanto no caso de "raça" como no de "sangue nobre", a questão é: "Existe mesmo isso?". E a questão "deveríamos falar a respeito disso?" parece ser bastante intercambiável. É por isso que tendemos a classificar as discussões sobre se devemos ou não parar de falar sobre diferentes raças como *"políticas"* em vez de *"científicas"* ou *"filosóficas"*. Mas há outros casos em que parece estranho identificar questões sobre o que existe com questões sobre o que é desejável discutir.

A questão sobre se devemos ou não falar a respeito de nêutrons, por exemplo, parece ser uma questão estritamente científica. É por isso que as pessoas que lamentam que os físicos tenham um dia resolvido investigar a radioatividade, ou especulado sobre a possibilidade de dividir o átomo, são acusadas de confundir ciência com política. Parece natural separar a questão política de saber se foi bom para a humanidade que os cientistas tenham começado a pensar sobre a possibilidade da fissão nuclear das questões científicas sobre a existência e as propriedades das partículas elementares.

Esbocei o contraste entre o caso das raças e o dos nêutrons porque ele faz surgir a questão que pretendo discutir: como dizer, se é que isso é possível, se uma questão sobre o que existe deveria ser discutida sem relação com nossos objetivos sociopolíticos? Como deveríamos dividir a cultura em áreas para as quais a política cultural seria relevante e áreas que deveriam ser mantidas livres dela? Quando é apropriado dizer "seria *melhor* nós falarmos sobre essas coisas, pois elas *existem*" e quando essa observação não faz sentido? Essas questões são importantes para os debates sobre quais os papéis que a religião deveria desempenhar na sociedade contemporânea. Muitas pessoas pensam que nós deveríamos parar de falar a respeito de Deus. Elas pensam isso pelas mesmas razões porque creem que falar sobre raça e casta seja algo ruim. A máxima de Lucrécio *Tantum religio potuit suadere malorum* tem sido citada por dois milênios para que nos recordemos de que as convicções religiosas podem ser facilmente utilizadas como desculpa para a crueldade. A afirmação de Marx de que a religião é o ópio do povo fortalece as suspeitas, amplamente difundidas durante o Iluminismo, de que as instituições eclesiásticas constituem alguns dos principais obstáculos para a formação de uma comunidade cooperativa global das nações. Muitas pessoas concordam com Marx que deveríamos tentar criar um mundo em que os seres humanos dedicassem todas as suas energias para o aumento da felicidade humana neste mesmo mundo, em lugar de perder tempo pensando sobre a possibilidade de uma vida após a morte.

Dizer que se deveria deixar de falar a respeito de Deus porque isso impede a busca da felicidade humana é tomar uma atitude pragmática em relação à religião que muitos crentes religiosos consideram ofensiva e muitos teólogos acreditam fugir à questão. A questão, insistirão eles, é que Deus existe ou talvez que os seres humanos realmente tenham uma alma imortal. Admitindo-se que a existência de Deus ou de uma alma imortal seja impugnada, tal controvérsia deveria se limitar exclusivamente ao que existe e não sobre se a crença religiosa conduz à felicidade humana. É preciso começar pelo começo: a ontologia precede a política cultural.

O ponto de vista de William James sobre religião

Eu pretendo argumentar que a política cultural deveria substituir a ontologia e também que a questão de se ela deveria ou não fazê-lo é *em si própria* uma questão de política cultural. Antes de partir para a defesa dessas teses, contudo, eu gostaria de salientar a importância de tais questões para filósofos que, como eu, têm afinidade com o pragmatismo de William James. Este concordava com John Stuart Mill que a coisa certa a fazer e, *a fortiori*, a crença certa a ser adquirida é sempre aquela que fará mais pela felicidade humana. Ele advogava, portanto, uma ética utilitarista da crença. James chega frequentemente perto de dizer que *todas* as questões, inclusive as questões sobre o que existe, reduzem-se a questões sobre o que ajudará a criar um mundo melhor.

A propensão de James em dizer esse tipo de coisa fez que ele se tornasse objeto de acusações de perversidade intelectual, pois seu ponto de vista parece sugerir que, quando noções como "miscigenação racial" e "fissão atômica" se tornam assunto de conversa, é apropriado exclamar-se: "Não vamos falar sobre esse tipo de coisa! Não vamos entrar nesse assunto!". James parece encorajar o que Pierce proibia: bloquear as vias do questionamento, recusando-se a descobrir como o mundo realmente é, porque isso poderia ter um efeito maligno sobre os seres humanos.

Para dar um exemplo concreto, muitas pessoas têm afirmado que os psicólogos não deveriam tentar descobrir se existe alguma correlação entre características físicas hereditárias e inteligência, simplesmente pelo dano social que uma resposta positiva a essa questão poderia produzir. O ponto de vista de James sobre a verdade parece sugerir que essas pessoas têm razão. As pessoas que veem o pragmatismo com suspeita, por outro lado, argumentam que impedir que os cientistas façam experiências para descobrir se a inteligência é geneticamente transmissível, ou descobrir se uma bomba de nêutrons é factível, é pecar contra a verdade. Do ponto de vista delas, nós deveríamos separar as questões práticas sobre a conveniência da prática da eugenia e da discriminação racial da questão puramente empírica sobre se os europeus são, em média, mais estúpidos que os asiáticos – da mesma maneira que separamos a questão sobre se *podemos* construir uma bomba de nêutrons da questão sobre se o *deveríamos* fazer.

James foi criticado não apenas por bloquear as vias do questionamento, e portanto ser muito restritivo, mas também por ser muito permissivo. Essa crítica foi na maioria das vezes dirigida a "A vontade de crer", um ensaio que ele disse que deveria ter sido intitulado "O direito de crer", no qual afirmava que as pessoas tinham o direito de acreditar na existência de Deus se essa crença contribuísse para a sua felicidade, e por nenhuma outra razão além dessa contribuição.

Penso que a melhor maneira, para aqueles dentre nós que têm afinidade com o pragmatismo de James, de reformularmos a sua posição é dizer que as questões sobre o que é demasiado permissivo e o que é demasiado restritivo são, elas próprias, questões de política cultural. Por exemplo, a questão sobre se os crentes religiosos deveriam ser questionados sobre as provas da verdade de sua crença, e condenados como ignorantes ou irracionais se fossem incapazes de apresentar evidências suficientes, é uma questão sobre qual o tipo de papel nós desejamos que a religião tenha em nossa sociedade. Ela é exatamente análoga à questão levantada pela Inquisição: deveria ser permitido aos cientistas negligenciar desdenhosamente as escrituras quando formulam hipóteses sobre os movimentos dos corpos celestes?

A questão sobre se deveríamos, em nome da preservação de antigas tradições, permitir que os pais perpetuem um antigo sistema de castas ao impor escolhas de parceiros conjugais aos seus filhos é o mesmo tipo de questão. Tais questões surgem sempre que novas práticas sociais começam a competir com práticas antigas – por exemplo, quando a Nova Ciência da Europa do século XVII começou a competir com as igrejas cristãs pelo controle das universidades, ou quando uma cultura africana tradicional é exposta aos hábitos europeus.

A questão sobre se deveria ser permitido aos cientistas descobrir se o átomo pode ser dividido ou se deveria ser permitido investigar a correlação entre a inteligência e a cor da pele não é uma questão que pode ser respondida simplesmente como dizer "não obstrua as vias do questionamento!" ou "procure a verdade, mesmo que os céus desabem!". Tampouco o é a questão sobre se a França e a Alemanha deveriam criminalizar a negação do Holocausto. Há muito a ser dito pelos dois lados. O argumento em favor de que se permita aos cientistas investigar o que quer que lhes agrade é que quanto maior se tornar a nossa capacidade de prever melhor será a nossa situação a longo prazo. E o argumento para impedi-los de tratar de certos assuntos é que os perigos a curto prazo são tão grandes que superam em peso as chances de um benefício a longo prazo. Não há nenhum grande princípio filosófico que possa nos ajudar a resolver tais problemas de gerenciamento de riscos.

Dizer que James estava basicamente certo em sua abordagem da verdade e da realidade é dizer que os argumentos acerca dos perigos e benefícios relativos são os únicos que importam. É por isso que a afirmação "nós devemos falar sobre isso porque é real" é tão inútil quanto "nós devemos acreditar nisso porque é verdade".

Atribuições de realidade ou verdade são, sob o ponto de vista que compartilho com James, tributos que prestamos a entidades e crenças que se distinguiram, deram sua contribuição, demonstraram ser úteis e, portanto, foram incorporadas às práticas sociais aceitas. Quando essas práticas estão sendo contestadas, é inútil dizer que a realidade ou a verdade estão do lado de um dos contendores, pois tais alegações nunca passarão de estardalhaço e não contribuem seriamente para a política cultural.

Brandom e a prioridade do social

O embrião do trabalho posterior de Brandom pode ser encontrado em um de seus primeiros artigos publicados sobre Heidegger, no qual ele considera que este apresenta uma doutrina por ele chamada de "a prioridade ontológica do social". Talvez não tenha sido uma ideia muito feliz pensar a doutrina da prioridade do social como "*ontológica*", mas Brandom a utiliza como uma maneira de explicar as consequências da tentativa quase pragmatista de Heidegger de fazer o *Zuhanden* ser anterior ao *Vorhanden*. A prioridade em questão consiste no fato de que "todas as questões de autoridade ou privilégio, em particular a da autoridade epistemológica, são questões de prática social, e não questões objetivas de fato"[1].

Brandom estende essa afirmação ao observar que a sociedade divide a cultura em três áreas. Na primeira delas, a autoridade do indivíduo é suprema (como quando ele faz relatórios sinceros de sentimentos ou pensamentos na primeira pessoa). Na segunda, o mundo não humano é supremo (como quando se permite que o papel de tornassol ou o aparelho de análise de DNA determine se o acusado será libertado ou punido, ou se uma determinada teoria científica será aceita ou rejeitada). Mas há uma terceira área na

---

[1] Robert Brandom, "Heidegger's categories, in Being and time"[As categorias heideggerianas em Ser e tempo], The Monist, Bufallo, NY, University at Buffalo, n. 66, 1983, p. 389-90.

qual a sociedade não delega, mas mantém o direito de decidir por si própria. Essa última é a arena da política cultural. Brandom faz a analogia dessa situação com as disposições constitucionais dos EUA, segundo as quais, como ele diz, "é dada ao judiciário a autoridade e a responsabilidade de interpretar a região adequada da autoridade e a responsabilidade de cada ramificação de poder (isto é, dos poderes Executivo, Legislativo e Judiciário que constituem as ramificações do governo), inclusive as suas próprias"[2].

A questão em discussão entre James e seus oponentes reduziu-se ao seguinte: há alguma autoridade além da autoridade da sociedade – uma autoridade como Deus, a Verdade ou a Realidade – que a sociedade deveria reconhecer? Ao considerar as afirmações como assunções de responsabilidades sociais, Brandom não deixa lugar para uma tal autoridade e, portanto, toma o partido de James. Ambos os filósofos podem recorrer à navalha de Ockham. A autoridade tradicionalmente atribuída ao não humano pode ser explicada sociologicamente, e uma tal explicação sociológica não tem necessidade de invocar os seres um tanto misteriosos que as abordagens teológicas ou filosóficas da autoridade requerem (tais entidades incluem *"a vontade divina"*, *"a natureza intrínseca da realidade, como ela é em si mesma, à parte das necessidades e dos interesses humanos"*, e *"o caráter imediato da experiência"*).

Suponhamos que se aceite a tese da primazia ontológica do social. Então dever-se-ia pensar que a questão da existência de Deus seria uma questão das vantagens e desvantagens de se usar o "papo divino" sobre modos de conversação alternativos. Vale para *"Deus"* o mesmo que para a *"raça"*. Em lugar de falarmos a respeito de raças, nós podemos, para muitos propósitos, falar sobre genes. Em vez de falarmos sobre Deus, o Criador, podemos (como

---

[2] Idem, p. 389.

fazem os físicos) falar sobre o Big Bang. Para outros propósitos, tais como fornecer fundamentos para uma moralidade, podemos falar (como faz Habermas) sobre um consenso sob condições ideais de comunicação, em vez de sobre a vontade divina. E quando discutirmos o futuro da humanidade podemos falar (como fez Marx) sobre uma utopia social secular, em vez de sobre o Julgamento Final. E assim por diante.

Suponhamos, contudo, que não se aceite a prioridade do social, precisamente *porque* se crê na religião e se acredita que Deus tenha autoridade sobre a sociedade humana, assim como sobre tudo o mais. Do ponto de vista de Brandom, isso é o mesmo que acreditar que a sociedade humana está sujeita à autoridade da *"realidade"* ou da *"experiência"* ou da *"verdade"*. Todas as tentativas de se nomear uma autoridade superior à da sociedade são movimentos disfarçados no jogo da política cultural. É isso o que eles *têm* de ser, porque esse é o único jogo existente (embora, ao dizer que é o único jogo desse tipo, Brandom não reivindique ter feito uma descoberta empírica, muito menos revelado uma *"necessidade conceitual"*; eu afirmaria que ele está articulando uma postura político-cultural ao indicar as vantagens sociais de sua descrição da autoridade).

A perspectiva de Brandom pode ser tornada mais plausível quando se considera o que as pessoas de fato têm em mente quando dizem que Deus tem autoridade sobre a sociedade humana. As pessoas só dizem isso porque pensam que sabem o que Deus quer que os seres humanos façam – porque podem citar as Sagradas Escrituras, ou as palavras de um guru, ou os ensinamentos de uma tradição eclesiástica, ou algo do gênero, para apoiar a sua própria posição. Mas, do ponto de vista tanto dos ateus como das pessoas cujas escrituras ou guru ou tradição são diferentes, o que é supostamente dito em nome de Deus na verdade é dito em nome de algum grupo interessado – alguma seita ou igreja, por exemplo. Dois grupos religiosos concorrentes (digamos, os hindus e os muçulmanos, ou os mórmons e os católicos) dirão, tipicamente, que o outro, de maneira deliberada e blasfematória, se recusa a se submeter à autoridade divina. As batalhas entre tais grupos são análogas às disputas entre advogados apresentando razões de recurso em um tribunal. Ambas as bancadas de juristas reivindicarão ter a autoridade "*da lei*" do seu lado. Por outro lado, também podem ser comparadas à batalha entre duas teorias científicas, ambas afirmando serem fiéis à "*natureza da realidade*". O ponto de vista de Brandom é que apelar para Deus, assim como apelar para "*a lei*", é sempre supérfluo, já que, enquanto houver desacordo sobre o que a suposta autoridade diz, a ideia de "*autoridade*" não é pertinente[3]. É apenas quando a comunidade decide adotar uma fé em lugar de outra, ou o tribunal decide em favor de um lado em vez de outro, ou a comunidade científica em favor de uma teoria científica em detrimento de outra, que a ideia de "*autoridade*" se torna aplicável. A assim chamada "*autoridade*" de qualquer outra coisa além da comunidade (ou de alguma pessoa ou coisa ou cultura especializada autorizada pela comunidade para tomar decisões em seu nome) não pode passar de mais estardalhaço.

O apelo à experiência, pela religião e por outros

O caráter contraintuitivo das afirmações de Brandom deve-se em parte à popularidade do empirismo, pois os empiricistas nos dizem que podemos escapar ao domínio da autoridade local estabelecendo um contato imediato com a realidade. Essa perspectiva estimulou a ideia de que a Europa finalmente entrou em contato

---
[3] Esta é uma posição que tem sido repetidamente apresentada, e de maneira bastante persuasiva, por Stanley Fish. Ver seu livro *Professional correctness: literary studies and political change* [Correção profissional: estudos literários e mudança política], Nova York, Clarendon Press, 1995.

com a realidade quando cientistas como Galileu tiveram a coragem de acreditar na evidência de seus sentidos em lugar de se curvar à autoridade de Aristóteles e da Igreja Católica.

Brandom concorda com seu mestre Wilfrid Sellars que a ideia de entrar em contato direto com a realidade através dos sentidos é uma confusão entre relações de justificação, que ocorrem entre proposições, e relações causais, que ocorrem entre eventos. Nós não deveríamos considerar a capacidade de certos eventos de produzir crenças não ilativas em organismos adequadamente programados como uma justificativa para que eles mantenham essas crenças.

Brandom concorda com Sellars que "toda consciência é um assunto linguístico". Sob esse ponto de vista, criaturas não programadas para utilizar a linguagem, tais como os cães e os bebês humanos, reagem aos estímulos, mas têm tanta consciência das características das coisas quanto um termostato tem consciência do calor e do frio. Não pode existir algo assim, como contornar as práticas linguísticas da comunidade utilizando os próprios sentidos para se descobrir como as coisas realmente são, por duas razões. Primeiro, todos os relatórios perceptivos não ilativos ("isto é vermelho", "isto é desagradável", "isto é sagrado") são feitos na linguagem de uma ou de outra comunidade, uma linguagem adaptada às necessidades da comunidade. Em segundo lugar, a comunidade concede autoridade a tais relatórios não porque ela acredite em uma relação especial entre a realidade e os órgãos sensoriais humanos, mas porque possui evidências empíricas de que tais relatórios são confiáveis (no sentido de que eles podem ser confirmados pela aplicação de critérios independentes).

Isso significa que quando uma pessoa relata uma experiência com um objeto e a comunidade não tem nenhuma razão para acreditar que essa pessoa seja um relator confiável, seu apelo à experiência não terá sucesso. Se eu disser, contrariando a opinião popular, que quadrados redondos são possíveis porque de fato encontrei recentemente vários quadrados assim, ninguém me levará a sério. O mesmo ocorrerá se eu sair da floresta dizendo que encontrei um unicórnio. Se eu disser que vi Deus, isso poderá ou não ser levado a sério, dependendo de quais são os usos correntes da palavra "Deus" em minha comunidade. Se eu explicar a uma audiência cristã que minha observação pessoal me mostrou que Deus, ao contrário da opinião popular, é mulher, a audiência provavelmente apenas dará risada. Mas se eu disser que vi o Cristo Ressuscitado ao olhar para o sol na manhã do dia de Páscoa, é possível que eu seja olhado com respeito e inveja.

Em síntese, relatórios sobre Deus devem corresponder a expectativas prévias, assim como relatórios sobre objetos físicos. Eles não podem, apenas por si próprios, ser utilizados para repudiar essas expectativas. Eles são úteis para esse propósito apenas quando fazem parte de uma iniciativa político-cultural completa e coordenada. É isso o que acontece quando uma nova religião ou uma nova igreja substitui uma antiga. Não foram os relatórios dos discípulos sobre uma tumba vazia, por si próprios, que fizeram a Europa acreditar que Deus estava encarnado em Cristo. Mas, no contexto da estratégia total de relações públicas de São Paulo, esses relatórios tiveram seu efeito. Analogamente, não foi o relatório de Galileu sobre manchas se movendo na superfície do planeta Júpiter, provavelmente causadas pelo trânsito de luas, que derrubou a autoridade da cosmologia aristotélico-ptolomaica. Mas, no contexto da iniciativa que estava sendo montada pelos políticos culturais copernicanos, seus camaradas, esse relatório teve uma importância considerável.

Posso resumir o que venho dizendo sobre os apelos à experiência como a seguir: esta não nos oferece nenhuma maneira de fazermos uma separação entre a questão político-cultural do que deveríamos dizer a respeito e a questão do que realmente existe, pois o que vale como um relatório preciso da experiência depende do que a comunidade deixará passar. O apelo do empirismo à experiência é tão ineficaz quanto os apelos à Palavra de Deus, a menos que estejam respaldados por uma predisposição por parte da comunidade para levar a sério tais apelos. Portanto, a experiência não pode, por si própria, adjudicar disputas entre políticos culturais em guerra.

A existência de Deus e a existência da consciência

Eu poderia demonstrar de maneira mais eloquente minha posição sobre a irrelevância da experiência religiosa para a existência de Deus ao comparar o Deus do monoteísmo ocidental ortodoxo com a consciência, tal como ela é compreendida pelo dualismo cartesiano. No sentido não filosófico do termo "consciência", sua existência é inquestionável. As pessoas em coma não têm consciência. As pessoas são conscientes enquanto podem agir e falar. Mas há um sentido filosófico especial do termo "consciência" no qual essa própria existência é disputada.

Nesse sentido de "consciência", a palavra refere-se a algo cuja ausência é compatível com o agir e o falar. É o que falta aos zumbis e que o resto de nós possui. Os zumbis se comportam exatamente como as pessoas normais, mas não possuem vida interior. A lâmpada no interior de seu cérebro, por assim dizer, nunca se acende. Eles não sentem nada, apesar de poderem responder a perguntas sobre como se sentem de maneira convencional, maneira que ocupa o lugar que ocupa no jogo da linguagem em virtude, por exemplo, das correlações entre suas manifestações de "isso dói" e o fato de recentemente eles terem tocado em um fogão quente, terem sido picados por agulhas e coisas semelhantes. Falar com um zumbi é exatamente igual a falar com qualquer outra pessoa, já que a ausência de vida interior de um zumbi nunca se manifesta por nenhum sinal exterior visível. E é por isso que, a menos que a neurologia descubra algum dia o segredo do não zumbinismo, nós nunca saberemos se as pessoas que nos são mais próximas e queridas compartilham dos nossos sentimentos, ou se são o que James chamava de "benzinhos automáticos".

Os filósofos passaram décadas discutindo se tal sentido de "consciência" e tal sentido de "zumbi" tinham algum sentido. A questão em debate é: pode um termo descritivo fazer algum sentido se a sua aplicação não for regulada por nenhum critério público? Wittgenstein achava que a resposta para essa pergunta era "não". A resposta negativa é consequência de argumentos como este:

> Suponha-se que todo mundo possua uma caixa com algo dentro dela: chamaremos a isso "um besouro". Ninguém pode olhar dentro de nenhuma outra caixa além da sua, e todo mundo diz saber o que é um besouro apenas por olhar o seu besouro. – No caso, seria possível que todos tivessem algo diferente dentro de sua caixa. Pode-se até imaginar que esta coisa esteja em permanente transformação. – Mas suponha-se então que a palavra "besouro" tivesse algum uso na linguagem dessas pessoas. – Neste caso, ele não seria o de designar o nome de alguma coisa. A coisa dentro da caixa não pertence, de modo algum, ao jogo da linguagem – nem mesmo como um algo, pois a caixa poderia estar vazia. – Não, a coisa dentro da caixa pode ser "*atalhada*"; seja o que for, ela é suprimida[4].

As analogias correspondentes a esses besouros particulares são o que os filósofos que acreditam na possibilidade da existência de zumbis chamam de "sentimentos crus" ou "*qualia*" – o tipo

---

[4] Ludwig Wittgenstein, *Investigações filosóficas*, São Paulo, Abril Cultural, 1979.

A política cultural e a questão da existência de Deus   33

de coisa que mostra "*como é...* (por exemplo: sentir dor, ver algo vermelho)". Todos nós sabemos como é sentir dor, acreditam esses filósofos, mas os zumbis *não* sabem (apesar de suas sinceras declarações de que sabem). Wittgenstein diria que a palavra "dor" tem um sentido apenas na medida em que os filósofos não a tratem como o nome de algo cuja presença ou ausência seja independente de todas as diferenças de ambiente ou comportamento. Sob seu ponto de vista, os filósofos que acreditam nos "*qualia*", e empregam expressões "como é sentir dor", estão propondo e recomendando um novo jogo de linguagem. Nesse jogo especificamente filosófico, utilizamos expressões cuja *única* função é nos ajudar a dissociar a dor do comportamento dolorífero. Nós as utilizamos para separar o comportamento externo e seus correlatos neurológicos de algo que não é um estado do corpo nem do sistema nervoso. Wittgenstein, quando está sendo devidamente cauteloso, pensa que tudo tem um sentido se lhe é dado um sentido através da sua utilização em um jogo de linguagem apropriado. Mas ele não vê nenhum propósito em se jogar o jogo dos "*qualia*". Assim, ele acha que podemos "*atalhar*" pelos *qualia* do mesmo modo que com os besouros – considerando-o, como diz Wittgenstein em outra passagem, como "uma roda que gira embora nada se mova com ela" e que, portanto, "não faz parte do mecanismo"[5].

Filósofos da mente como Daniel Dennett e Sellars concordam com Wittgenstein a respeito disso, mas são criticados por filósofos mais próximos de Descartes, tais como David Chalmers e Thomas Nagel. Este último disse que a existência dos sentimentos crus, da experiência do "como é sentir..." é incontestável. Eles rejeitam a doutrina de Sellars e Brandom de que toda consciência é um assunto linguístico. Existe mais consciência – dizem eles – do que a que

---

[5] Idem, seção 271.

podemos colocar em palavras: a linguagem pode indicar coisas que ela não consegue descrever. Pensar de outra forma, segundo eles, é ser um verificacionista, e os verificacionistas exibem o que Nagel considera "a indesejável carência de uma ambição de transcendência".

Nagel escreve o seguinte: "Apenas um verificacionista dogmático negaria a possibilidade de se formar conceitos objetivos cujo alcance se estenda além da nossa capacidade atual de aplicá-los. O objetivo de se atingir *uma concepção do mundo que não nos coloque em seu centro de nenhuma maneira* requer a formação de tais conceitos[6]".

A doutrina de Brandom sobre a prioridade ontológica do social só poderia ser adotada, é claro, por alguém que tivesse pouco interesse em "atingir uma concepção do mundo que não nos coloca no centro". Brandom, Sellars e Wittgenstein simplesmente carecem da "ambição de transcendência" que Nagel, assemelhando-se sob esse aspecto aos teólogos ortodoxos do monoteísmo ocidental, considera algo desejável de se ter. Esses teólogos, em sua ânsia de tornar Deus verdadeiramente transcendente, separaram-no das coisas deste mundo ao descrevê-lo sem partes ou paixões, não espaciotemporal e, portanto, impossível de ser comparado a suas criaturas. E prosseguiram, insistindo em que a incomparabilidade de Deus é, contudo, compatível com o fato de ele se dar a conhecer para *nós* através da experiência. Nagel e aqueles que desejam preservar a noção filosófica especial da consciência (isto é, aquilo que falta aos zumbis) tentam dar sentido a um termo descritivo através de uma série de negações, mas insistem em que o fato de a consciência ser algo único no universo é compatível com o fato de sermos direta e incorrigivelmente conscientes de que a possuímos, pois nós sabemos que nós não somos zumbis.

---

[6] Thomas Nagel, *The view from nowhere* [*Visão a partir de lugar nenhum*, São Paulo, Martins Fontes, 2004], Nova York, Oxford University Press, 1986, p. 24.

Tanto os que querem usar *"Deus"* à maneira da teologia ortodoxa quanto os que querem usar a *"consciência"*, como fazem Chalmers e Nagel, afirmam que seus oponentes – as pessoas que não querem jogar nenhum desses jogos de linguagem – estão negando o óbvio. Muitos teólogos ortodoxos têm afirmado que a negação da existência de Deus simplesmente contraria a experiência comum da humanidade. Nagel pensa que pontos de vista filosóficos como os de Dennett "derivam de um sentido insuficientemente robusto da realidade e de sua independência de qualquer tipo de entendimento humano". Muitos crentes religiosos acham que é necessária uma dose considerável de perversidade até mesmo para se imaginar ser um ateu. Nagel, suponho, acha que é necessária uma dose similar de perversidade para se enfraquecer o sentido de realidade de alguém até o ponto de se levar a sério a doutrina da prioridade ontológica do social.

A moral que eu pretendo extrair da analogia entre Deus e a consciência é que a existência de qualquer um dos dois não é uma questão que possa ser resolvida apelando-se para a experiência, assim como ninguém pode apelar para a experiência para determinar se um casamento entre castas ou raças diferentes é algo intrinsecamente repugnante ou não. A política cultural pode criar uma sociedade que achará um tal casamento repulsivo, e uma política cultural de um tipo diferente pode criar uma que o considere irrepreensível. Não há nenhuma maneira de se demonstrar que a crença em Deus ou nos *qualia* é mais ou menos *"natural"* do que a descrença, assim como não há maneira de se descobrir se o sentido de pertencimento a uma casta ou raça é mais ou menos *"natural"* do que a absoluta indiferença às linhagens humanas. O que um lado da discussão chama de *"natural"*, o outro provavelmente chamará de *"primitivo"*, ou talvez *"forçado"*.

Similarmente, a cultura política conduzida na Europa desde o Iluminismo tanto pode diminuir quanto aumentar a obviedade da existência de Deus, assim como a frequência dos relatórios da experiência de sua presença. A cultura política do tipo conduzido em departamentos de filosofia pode diminuir ou aumentar o número de estudantes de filosofia que consideram óbvia a existência dos *qualia*, e acham igualmente óbvio que alguns humanoides possam ser zumbis. Existem departamentos de tendência dennettiana e departamentos de tendência chalmersiana. O desacordo entre eles não é mais suscetível a uma adjudicação neutra do que o desacordo entre ateus e teístas[7].

Dizer que a política cultural tem a última palavra nesses assuntos é o mesmo que dizer, mais uma vez, que as questões "deveríamos estar falando sobre Deus?" e "deveríamos estar fazendo especulações sobre zumbis?", não são posteriores às questões "Deus existe?", "poderiam alguns humanoides nesta sala serem zumbis?" e "existem coisas tais como raças diferentes na espécie humana?". Elas são as *mesmas* questões, pois quaisquer considerações relevantes para a questão político-cultural são relevantes também para a questão ontológica, e vice-versa. Mas, do ponto de vista de filósofos como Nagel, que alertam sobre as armadilhas do verificacionismo, pensá-las como sendo as mesmas questões é por si só uma confusão.

---

[7] Na obra *The conscious mind: in search of a fundamental theory* [A mente consciente: em busca de uma teoria fundamental], Oxford, Oxford University Press, 1996, Chalmers aborda a analogia entre a consciência (no sentido de aquilo que falta aos zumbis) e Deus, p. 186-9, e novamente na p. 249. Na p. 187, ele diz que a diferença é que podemos explicar a conversa sobre Deus sociologicamente: Deus foi postulado como uma explicação de vários fenômenos. A consciência, contudo, é um *explanandum*. Assim, a única maneira de se poder falar a respeito dela é dizendo que sua existência é óbvia para todos (exceto, misteriosamente, para alguns excêntricos como Dennett). Eu afirmaria que a *"consciência"* é um artefato da filosofia cartesiana, da mesma maneira que Deus é um artefato da cosmologia primitiva (essa foi uma das proposições feitas em meu livro *Philosophy and the mirror of nature*, Princeton, Princeton University Press, 1979 (*A filosofia e o espelho da natureza*, Rio de Janeiro, ed. Relume Dumará, 1994). Na perspectiva que compartilho com Sellars e Brandom, não existem coisas tais como *explananda* naturais.

Os objetos como feitos para o homem

A perspectiva que venho atribuindo a Brandom pode fazer parecer que reconhecer a prioridade ontológica do social implique permitir que a existência seja atribuída a qualquer coisa que a sociedade considere conveniente falar a respeito. E isso pode parecer ridiculamente contraintuitivo. Mesmo que a sociedade possa se opor resolutamente contra a conversa sobre castas ou a conversa sobre Deus, ela dificilmente poderia se opor à conversa sobre estrelas e animais, dores e prazeres, verdades e falsidades – todos os assuntos controversos a respeito dos quais as pessoas têm conversado sempre e em toda a parte. Há limites para a capacidade social de persuadir as coisas a existirem ou a deixarem de existir, dirão os críticos da prioridade ontológica do social.

Brandom, James e Sellars concordariam, mas eles insistiriam em que é importante especificar exatamente quais são as considerações que estabelecem esses limites. Existem três tipos de limites: (1) limites *transcendentais*, estabelecidos pela necessidade de se falar *sobre* alguma coisa – referir-se a objetos, coisas que podemos bem ou mal representar, em lugar de apenas fazermos barulhos que, apesar de poderem alterar comportamentos, carecem de intencionalidade; (2) limites práticos, estabelecidos pela necessidade transcultural que *todos* os seres humanos têm de distinguir entre, por exemplo, substâncias venenosas e alimentícias, em cima e embaixo, seres humanos e animais, verdadeiro e falso, masculino e feminino, dor e prazer, direita e esquerda; (3) limites culturais, estabelecidos por nossas decisões sociais prévias – pelas normas existentes na prática em uma sociedade particular.

Brandom argumenta em favor da existência do primeiro tipo de limite afirmando que nenhuma sociedade pode utilizar muito a linguagem a menos que possa valer-se da noção de que uma certa locução se refere a um determinado objeto. Ser um objeto, argumenta Brandom, é ser algo a respeito do que se pode estar errado. De fato, é ser algo a respeito do que *todos* podem se enganar em certos aspectos (apesar de que não, obviamente, em todos os aspectos)[8]. A noção de "objeto" é portanto derivada da noção da prática social, e é a da "realidade sobre um objeto". É nesse ponto que se deve dizer, como eu disse antes, que a verdade e a realidade existem em prol das práticas sociais. Falamos sobre elas porque nossas práticas sociais se aperfeiçoam ao fazê-lo.

Em contraste, para a maioria dos filósofos que se apegam ao que Brandom chama de "representacionismo" (como algo distinto de seu próprio "inferencialismo"), o conceito de "objeto" é primitivo e inexplicável. Os representacionistas pensam que é preciso ater-se a esse conceito para que se possa fazer qualquer ideia do que a linguagem, ou a mente, ou a racionalidade possam ser – pois todas essas noções devem ser compreendidas em termos da noção da representação exata de objetos. Em contraste, o argumento de Brandom é que os verdadeiros primitivos são aqueles que tornam possível a aplicação das normas sociais – noções como "tendo feito A, ou dito P, você não pode escapar impunemente fazendo B, ou dizendo Q". Essas últimas noções são as que nos permitem articular o que ele chama de "propriedades de inferência".

Fazer as coisas da maneira de Brandom implica abandonar a velha questão cética "como a mente humana pode conseguir obter representação precisa da realidade?" em favor de questões como "por que a comunidade humana necessita da noção de uma representação precisa de objetos?", "por que a questão de entrar em contato com a realidade deveria ter sido colocada, antes de mais

---

[8] Donald Davidson, em uma afirmação memorável, disse que a maioria de nossas crenças devem ser verdadeiras, pois, se a maioria de nossas crenças sobre os castores (por exemplo) fossem errôneas, nós não poderíamos absolutamente estar falando a respeito de castores.

nada?","como conseguimos chegar a ver um abismo entre sujeito e objeto do tipo descrito pelo cético?" e "como conseguimos nos colocar em uma posição na qual dúvidas céticas como as de Descartes pareciam plausíveis?".

A mudança que Brandom preconiza é paralela à mudança de uma visão de mundo teística para uma visão de mundo humanística. Nos séculos recentes, em vez de perguntar se Deus existe, as pessoas começaram a perguntar se é uma boa ideia para nós continuar a falar sobre Ele, e quais propósitos humanos poderiam ser atendidos ao fazê-lo – em poucas palavras, começaram a se perguntar que utilidade o conceito de Deus poderia ter para os seres humanos. O que Brandom sugere é que os filósofos, em vez de perguntar se realmente temos contato com objetos *"fora da mente"* – objetos que são o que são independentemente do que pensamos sobre eles –, deveriam perguntar quais propósitos humanos são atendidos ao se conceber tais objetos. Nós deveríamos avaliar se terá sido uma boa ideia falar sobre eles.

Ao longo de seu livro, ele argumenta que isso não só foi uma boa ideia, como também uma ideia pragmaticamente indispensável – pois se nunca tivéssemos falado sobre tais objetos, nós nunca teríamos muito a dizer. Nossa linguagem não teria se desenvolvido além da troca de grunhidos casualmente eficazes. Falar sobre objetos independentes da mente foi algo valioso porque auxiliou os antropoides a se tornarem homens, e não porque os homens despertaram para sua obrigação de representar com precisão tais objetos – sua obrigação para com a *Verdade*.

A *perda do mundo*, que o idealismo parecia nunca poder evitar, não é portanto um problema para o inferencialismo de Brandom, já que "a objetividade é um aspecto estrutural da forma socioperspectivista dos conteúdos conceituais. A distinção permanente entre como as coisas são e como elas são levadas a ser por algum interlocutor é construída na articulação socioinferencial dos conceitos"[9]. Contudo, Brandom não é exatamente um "realista", pois essa distinção é permanente apenas na medida em que nós, humanos, nos comportamos da maneira que fazemos – isto é, sapientemente. É por isso que ele pode dizer que "os fatos acerca de se ter propriedades físicas 'suplantam' os fatos sobre parecer ter tais propriedades[10]". Na ordem causal, que pode ser precisamente representada desde que os humanos tenham dado início à prática de distinguir entre causas e efeitos, o mundo ocorre antes das práticas. Contudo, o espaço, o tempo, a substância e a causalidade são o que são porque os seres humanos necessitam falar de certas maneiras para conseguir fazer as coisas. Brandom substitui a inexplicável constituição transcendental kantiana da mente por práticas que auxiliaram uma certa espécie biológica a florescer. Portanto, a questão sobre a existência de Deus é: "Podemos obter um argumento tão bom para a utilidade da conversa sobre Deus como para a utilidade da conversa sobre tempo, espaço, substância e causalidade?".

Para Brandom, a resposta a essa questão é: "Não", pois um questionamento filosófico *a priori* sobre o que existe esgota-se quando questões como "por que devemos falar sobre particulares espaciotemporais reidentificáveis?" são respondidas. Dar um argumento transcendental para a existência de objetos, e deste tipo particular de objetos, esgota a capacidade da filosofia de nos dizer o que apenas *tinha* de ser (se é que devemos fazer quaisquer inferências). Não há nenhuma disciplina posterior chamada *ontologia* que possa nos dizer quais os termos singulares de que necessitamos ter na linguagem – por exemplo, se necessitamos ou não de *Deus*.

---

[9] Robert Brandom, *Making it explicit* [Tornando explícito], Cambridge, MA, Harvard University Press, 1994, p. 597.

[10] Idem, p. 292.

Brandom indica frequentemente analogias entre seu inferencialismo e o de Espinosa. Mas há, naturalmente, óbvias dissimetrias. Brandom e Espinosa são ambos holistas, mas o todo de Brandom, como o de Hegel, é a contínua conversação da humanidade, uma conversação sempre sujeita às contingências que afligem a existência finita. O todo de Espinosa é um ser atemporal que pode ser o objeto do que chamamos de *scientia intuitiva*, aquele tipo de familiaridade direta que torna supérfluo qualquer posterior conversação, inquirição ou uso da linguagem. A diferença entre Brandom e Espinosa sintetiza a diferença entre filósofos que não veem um final no processo de inquirição, e nenhuma instância superior de recurso além de nossos descendentes, e aqueles que pensam que a política cultural não pode ser a última palavra – que deve haver aquilo por que Platão aspirava, uma maneira de se elevar sobre os caprichos contingentes da conversação para se chegar a uma concepção que transcenda a política.

Brandom sobre a natureza da existência

A discussão explícita de Brandom sobre a existência reduz-se a uma digressão um tanto breve[11]. Ele começa por concordar com Kant que a existência não é um predicado, mas sua maneira de demonstrar seu ponto de vista é muito diferente da kantiana. Kant distingue entre noções "lógicas", como "coisa" e "ser idêntico a", que se aplicam tanto ao fenomenal quanto ao numenal, e categorias de entendimento, como "substância" e "causa", que se aplicam apenas ao primeiro. Brandom pensa que Kant (e posteriormente Frege) errou em pensar "coisa" e "objeto" como sendo o que ele chama de "tipos genuínos" e ao tratar a identidade como uma propriedade

---

[11] Idem, p. 440 s.

que pode ser atribuída a coisas sem especificação das espécies às quais elas pertencem. Esses erros tornam plausível a má ideia de que as coisas vêm em dois sabores – existentes e não existentes – e sugere com isso que é possível se chegar a explicar o que todos os existentes têm em comum. Eles também estimulam o ponto de vista de que a frase "tudo é igual a si próprio" seja mais o que Wittgenstein disse ser "um exemplo esplêndido de uma proposição completamente inútil"[12].

Para nos livrarmos dessas más crenças, pensa Brandom, devemos sempre considerar *coisa* como uma abreviação de "coisa do seguinte tipo...", e *idêntico a* como uma abreviação de "idêntico no que concerne a...". Ele acha que Frege deveria ter visto os quantificadores como contendo restrições de espécie. "Pois", como ele diz, "os quantificadores quantificam, eles especificam, pelo menos em termos gerais, *quantos*, e quantos são é algo que depende (como indicam as notas de Frege sobre cartas de baralho) de *o que* está sendo contado – do categorial utilizado para identificá-los e individualizá-los"[13].

A discussão de Kant sobre a existência pressupõe tacitamente que ela vem em dois tipos – o tipo genérico, que incluía tanto os lápis quanto Deus, e o tipo mais específico, fenomenal, que incluía apenas os lápis e seus colegas habitantes do espaço-tempo. Brandom responde que ela vem em muitos tipos, tantos quanto conjuntos existem do que ele chama de designantes canônicos. Para ele, um comprometimento existencial – uma crença de que algo com uma certa descrição existe – é "um comprometimento quantificacional particular no qual os comprometimentos vindicativos que determinam seu conteúdo se restringem aos designantes canônicos"[14].

---

[12] Wittgenstein, *Investigações filosóficas*, Parte I, seção 216.
[13] Brandom, *Making it explicit*, p. 439. Frege observa que importa saber se se trata de baralhos, cartas ou honras que estão sendo contados.
[14] Idem, p. 443.

A política cultural e a questão da existência de Deus _____ 43

A melhor maneira de entender o que Brandom quer dizer com "designantes canônicos" é considerar o seu caso paradigmático: "descrições de coordenadas espaciotemporais egocêntricas"[15]. Tais designantes são as descrições de localizações espaciotemporais em uma grade em que o ponto zero é o local onde o narrador se encontra agora. Dizer que um objeto físico existe é dizer que o objeto em questão ocupa uma dessas posições – que ele ocupa um endereço específico com referência às coordenadas daquela grade.

Analogamente, dizer que um objeto tem uma existência não física, mas *nas histórias de Sherlock Holmes* é escolher como um conjunto de designantes canônicos todas e apenas as descrições de pessoas e coisas mencionadas nessas histórias, ou implicadas pelo que é dito nessas histórias. Quando dizemos que a mulher do dr. Watson existe, mas não a de Holmes, queremos dizer que um recurso àquela lista de designantes resolverá a questão. Da mesma forma, dizer que existe um número primo entre 21 e 25 mas nenhum entre 48 e 50 é tomar os numerais como designantes canônicos. Qualquer lista similar de designantes nos familiariza com um conjunto completo (finito ou infinito) de coisas, coisas às quais uma entidade deve ser idêntica para que possa existir, no sentido relevante de "existir".

O único tipo de existência que Kant achou que poderíamos discutir de maneira inteligível foi a existência física. Nesse espaço lógico, os designantes canônicos são, de fato, os mesmos escolhidos por Kant – os nichos na grade espaciotemporal. No sistema kantiano, Deus habita um espaço lógico, mas não um espaço empírico, físico. Assim, pensava Kant, a questão da existência de Deus está além do nosso conhecimento, pois o conhecimento da existência é coextensivo ao conhecimento da existência física (mas Kant

---
[15] Idem, p. 445

prossegue e diz que é possível se tratar dessa questão de certa forma através da "pura razão prática").

Para Brandom, contudo, o assunto é mais complicado. Temos inúmeros espaços lógicos à nossa disposição (e sem dúvida surgirão outros mais), e podemos discutir a existência dentro de qualquer um deles. Dispomos de tantos espaços quanto sequências infinitas, ou listas finitas, de designantes canônicos. Podemos, por exemplo, tratar as escrituras sagradas de uma dada tradição religiosa como tratamos as histórias de Sherlock Holmes – como fornecendo designantes canônicos que nos permitem confirmar ou desconfirmar a existência de objetos, ainda que não sejam objetos físicos. Kant tinha razão em pensar que não há razão pela qual a existência tenha de ser física (pois nem a dos números primos nem a dos personagens de Baker Street o são), mas estava errado em pensar que o conhecimento da existência se limita ao conhecimento da existência física.

Isso porque a questão de se falar ou não sobre a existência de seres imateriais e infinitos não é uma questão para a filosofia transcendental, mas uma questão que deve ser redirigida à política cultural. Um representacionista como Nagel ou Kant pode nos descrever como estando cercados por fatos possivelmente impossíveis de serem conhecidos – objetos para os quais nunca teremos palavras e que entrem em relações que talvez nunca possamos compreender. Mas, para um inferencialista, o que conta como um objeto é determinado pelas descrições definidas que uma cultura tem a respeito, e um argumento sobre o que existe é determinado por quais designantes canônicos são colocados. Contudo, qualquer cultura pode ser ultrapassada por outra, já que a imaginação humana pode conceber muitas outras descrições definidas e, igualmente, muitas listas de designantes canônicos. Não há limites *naturais*, transculturais, para esse processo de autotranscendência, nem possui ele um objetivo predeterminado.

Quando uma cultura deseja erigir um espaço lógico que inclua, digamos, os deuses e as deusas do panteão olímpico, nada impede que o faça, assim como nada impediu que Conan Doyle criasse a lista dos designantes canônicos holmesianos. Mas perguntar, depois que uma tal cultura se entrincheirou, "existem *realmente* deuses e deusas?" é como perguntar "existem *realmente* números?" ou "existem realmente objetos físicos?". A pessoa que faz tal pergunta deve ter uma boa razão para colocá-la. "Curiosidade intelectual" não pode ser uma delas. Se alguém pretende questionar uma prática cultural existente, deve explicar tanto qual prática poderia ser colocada em seu lugar quanto de que maneira essa substituição se vinculará às práticas circundantes. É por isso que reverter uma questão para a política cultural não equivale a revertê-la para a *irracionalidade*. Os argumentos no âmbito da política cultural são usualmente tão racionais quanto os da ciência natural – embora tipicamente não sejam tão conclusivos. Para se poder dar boas razões para se levantar questões céticas sobre um conjunto de entidades, seria necessário pelo menos esboçar razões para se pensar que a cultura estaria em melhor condição se o tipo de coisa em questão não fosse mais discutido.

Duas distinções equívocas: literal-simbólico e *sense-nonsense*

O ponto de vista de Brandom pode ser esclarecido ao compará-lo com a alegação quase heideggeriana feita por Tillich e outros teólogos cristãos de que, como Deus é um Ser-como-tal, e não um ser entre outros seres, a tentativa de caracterizá-lo – ou, na linguagem brandomiana, a tentativa de identificá-lo com o auxílio de uma lista já existente de designantes canônicos – é inútil. Tillich concluiu que "Deus existe?" é uma questão equívoca – tão equívoca quanto "existe realmente algo como ser consciente?", ou "são os números *realmente* reais?", "os numerais *realmente* se referem a entidades?".

Não há problema algum em se atribuir um lugar a "como é ser consciente" e "Deus, um ser sem partes ou paixões" no jogo da linguagem. Sabemos como o truque é feito e já tivemos muita experiência assistindo a ambos os jogos serem jogados. Mas em nenhum caso há qualquer motivo para se levantar questões sobre a existência, porque não há nenhum espaço lógico neutro dentro do qual a discussão possa ter prosseguimento entre as pessoas inclinadas a negar e as pessoas inclinadas a afirmar a existência da entidade relevante. Questões metafísicas do tipo "Deus existe?" e "o mundo espaciotemporal é real?" são indiscutíveis porque não há uma lista de designantes canônicos *neutros* em referência aos quais elas possam ser respondidas.

É por isso que *coisa existente*, um universal oposto a um categorial local, é apenas um pseudocategorial. A própria ideia de um categorial universal é incoerente, pois ser um categorial é chegar com um conjunto de designantes canônicos a reboque. Se a discussão sobre a existência de Deus ou sobre a realidade do mundo do senso comum fosse discutível (de uma maneira que não se reduzisse à política cultural), nós deveríamos de alguma maneira ter de transcender tanto Deus quanto o mundo para poder vê-los em contraste com um fundo *neutro*.

O fato de que "Deus existe?" é uma questão equívoca sugere que uma questão melhor seria: "Queremos entrelaçar uma ou mais das várias tradições religiosas (juntamente com seus respectivos panteões) com nossos questionamentos sobre dilemas morais, nossas mais profundas esperanças e a nossa necessidade de sermos salvos do desespero?". Ou, alternativamente: "Uma ou mais dessas religiões nos fornece uma linguagem que gostaríamos de utilizar quando constituímos nossa autoimagem, determinando o que é o mais importante para nós?". Se nenhuma delas o faz, deveremos tratar todas as tradições similares e seus panteões como se oferecessem apenas *mitologias*. Não obstante, dentro de cada uma dessas mitologias, assim como dentro das histórias de Sherlock Holmes, haverá verdade e falsidade – verdade e falsidade *literais* – sobre alegações de existência. Será verdade, por exemplo, que exista um filho de Zeus e Semele, mas falso que exista um filho de Urano e Afrodite. Será verdadeiro que existe uma Terceira Pessoa da Divindade, mas falso que exista uma 13ª.

Nossa decisão sobre se devemos tratar a tradição religiosa em que fomos criados como nos oferecendo verdades literais ou como nos contando histórias para as quais já não temos qualquer utilidade dependerá de muitas coisas – por exemplo, se devemos continuar a pensar que a devoção e a oração farão alguma diferença sobre o que nos acontece. Mas não há critérios para se determinar quando é racional e quando é irracional passar da adesão a uma tradição, a uma concepção cética de *mero mito* a seu respeito. Decisões sobre quais jogos de linguagem devem ser jogados, sobre o que falar a respeito e o que não falar, e com quais objetivos, não são feitas com base em critérios de consenso. A política cultural é a atividade humana menos governada por normas. Ela é o terreno da revolta das gerações e, por conseguinte, o ponto de crescimento da cultura – o lugar onde as tradições e as normas estão todas disponíveis para serem imediatamente agarradas por qualquer um (compare, como sugere Brandom, as decisões da Suprema Corte dos EUA em casos como o de *Plessy* e *Brown*).

Paul Tillich observou que, em uma cultura ocidental pós-iluminista, a perspectiva de uma utopia social-democrata começou a representar o papel de Deus. Essa perspectiva se tornou o símbolo da preocupação derradeira para muitos intelectuais cujos ancestrais tinham Jesus Cristo como símbolo. Tillich ofereceu diversos argumentos para demonstrar que essa perspectiva era um símbolo inadequado, mas seus argumentos são todos do tipo não governado por critérios que tenho colocado sob a rubrica "política cultural". Assim como a maioria das recomendações de crenças religiosas no Ocidente desde o Iluminismo, eram argumentos de que terminaríamos sendo levados ao desespero sem símbolos especificamente *religiosos* da preocupação derradeira – do tipo que Paine e Shelley achavam que poderíamos perfeitamente dispensar. Tais argumentos afirmam, por exemplo, que uma pessoa cujo sentido do que é importante em última análise se enquadra em termos puramente seculares terá menos sucesso em atingir o que Tillich chamava de "a coragem de ser" do que os que empregam termos cristãos.

A expressão de Tillich "achar um símbolo adequado para a preocupação derradeira", contudo, não constitui um aperfeiçoamento de frases antiquadas como "encontrar um sentido na vida", "elaborar uma autoimagem satisfatória" ou "descobrir o que é o Bem". Na verdade, é ligeiramente pior que elas, porque reside sobre uma distinção entre o simbólico e o literal, que é uma relíquia da filosofia representacionista. Tillich pensava que as crenças científicas e do senso comum poderiam conter uma verdade literal, mas as verdades religiosas poderiam conter apenas uma verdade *simbólica*. Ele pensava isso porque acreditava que as primeiras poderiam ser consideradas representações exatas da realidade, ao passo que a noção de "exatidão" seria inapropriada para as últimas. Para um inferencialista brandomiano, contudo, uma distinção do literal *versus* o simbólico não tem utilidade. A única distinção relevante que ele poderia admitir é uma distinção entre espaços lógicos construídos para determinados propósitos (por exemplo, os da física, da matemática ou o do xadrez) e outros espaços lógicos construídos para outros propósitos (por exemplo, os fornecidos pelos diálogos platônicos, as Jataka, as histórias de Sherlock Holmes, o Novo Testamento etc.).

A política cultural e a questão da existência de Deus

O debate sobre a utilidade de tais espaços lógicos e sobre a conveniência ou inconveniência de uni-los ou desuni-los uns dos outros constitui a substância da política cultural. Sob um ponto de vista comum a Brandom e Hegel, não há nada de especial acerca da ciência natural (ou melhor, sobre o discurso constituído pela união do espaço lógico do senso comum transcultural cotidiano com o da moderna ciência natural) que a habilite à condição de *verdade literal*. Essa expressão remete à má ideia kantiana de que o discurso sobre objetos físicos é o caso paradigmático de se fazer reivindicações de verdade, e que todas as outras áreas do discurso deveriam ser pensadas como sendo *não cognitivas*. Se abandonamos essa ideia, então o que Nancy Frankenberry chamou de "teologia das formas simbólicas" não terá utilidade para nós – não terá utilidade para a tentativa (que remonta pelo menos a Schleiermacher) de abrir espaço para Deus ao dizer que há algo como uma *verdade simbólica*, ou uma *verdade imaginativa*, ou uma *verdade emocional*, ou uma *verdade metafórica*, assim como uma verdade *literal*.

O abandono dessas noções nos conduzirá a abandonar a ideia de que Deus requer que se fale a seu respeito de uma maneira especial porque ele é um tipo especial de ser. Para Brandom, não há algo como um certo tipo especial de objeto exigindo que se fale a seu respeito em um certo tipo de linguagem. Dizer que Deus requer que se fale a seu respeito de certa maneira não é mais esclarecedor do que dizer que os números cardinais transfinitos, ou os neutrinos, exigem que se fale a seu respeito de certa forma. Como não saberíamos o que cada uma dessas entidades seria se não soubéssemos que elas eram as entidades a cujo respeito se fala dessas maneiras, a ideia de que elas *exigem* esse tratamento é inútil. É como se elogiássemos a escolha de uma metáfora por um poeta por adequar-se perfeitamente a uma nossa experiência que, não fosse por ela, seria indescritível. Tal elogio soa vazio, simplesmente porque não podemos identificar a experiência sem o auxílio da metáfora. É como se, parafraseando Wittgenstein, déssemos exclamações de deleite pelo fato de uma figura plana encaixar-se perfeitamente em seus contornos.

Assim como Wittgenstein, Brandom pensa que tudo tem um sentido se se lhe dá um sentido. Mais consistentemente que Wittgenstein, ele pode dar prosseguimento a isso dizendo que o que quer que a filosofia seja, ela não é a detecção do *nonsense* (com a devida vênia a Kant, ao *Tractatus*, a Carnap e a algumas passagens bastardas das *Investigações filosóficas*). O jogo de linguagem jogado pelos teólogos com os termos transcendentais, ou heideggerianos, e o jogado pelos filósofos da mente que falam sobre a independência dos *qualia* em relação ao comportamento e ao ambiente, é tão coerente quanto o jogado com números ou objetos físicos. *Mas a coerência do se falar sobre X não garante a discutibilidade da existência de X.* Falar sobre números é idealmente coerente, mas essa coerência não nos ajuda a discutir a questão de saber se os numerais são nomes de coisas reais. Assim como a coerência da teologia cristã não nos auxilia a debater a existência de Deus. Isso não se deve a algum fato ontológico acerca dos números ou de Deus, mas a fatos sociais sobre a indisponibilidade de normas para se regular a discussão.

O filósofo favorito de Brandom é Hegel, e nesse terreno a diferença mais saliente entre Kant e Hegel é que este não pensa que a filosofia possa elevar-se acima das práticas sociais de seu tempo e julgar sua conveniência através da referência a algo que não seja, ela própria, uma prática social alternativa (passada ou futura, real ou imaginária). Para Hegel, assim como para Brandom, não há normas que não sejam as normas de alguma prática social. Assim, quando se pergunta "são essas normas desejáveis?", ou "é essa uma boa prática social?", tudo o que se pode fazer é perguntar de volta:

"com referência a qual prática social abrangente deve ser julgada a conveniência?", ou mais proveitosamente: "em comparação a quais normas de qual prática social alternativa proposta?".

No início da Introdução da *Fenomenologia do espírito* há uma passagem que antecipa o que James disse em "A vontade de acreditar" sobre W. K. Clifford, um filósofo que sustentava que não temos o direito de acreditar na existência de Deus, dada a ausência de evidências relevantes. Clifford, disse James, estava muito propenso a sacrificar a verdade para que pudesse ter certeza de que nunca cairia em erro. Hegel criticou os Cliffords de sua própria época como a seguir:

> [...] se o medo de cair em erro gera uma desconfiança da Ciência, a qual, na ausência de tais escrúpulos, dá prosseguimento ao trabalho e de fato chega a conhecer algo, é difícil de ver por que não deveríamos dar meia-volta e desconfiar dessa própria desconfiança. Esse medo aceita como natural que algo – muito, de fato – seja verdadeiro, apoiando seus escrúpulos e inferências naquilo que carece em si de uma análise prévia para que se veja se é verdadeiro. Para ser mais específico, aceita como natural certas ideias sobre a cognição como um instrumento e como um meio e assume que há uma diferença entre nós próprios e essa cognição. Acima de tudo, pressupõe que o Absoluto esteja de um lado e a cognição de outro, independente e separada dele, e ainda assim seja algo real; ou, em outras palavras, pressupõe que a cognição que, uma vez excluída do Absoluto, certamente também é exterior à verdade, é não obstante verdadeira, uma suposição pela qual o que chama a si próprio de medo de erro revela ser antes um medo da verdade[16].

Em lugar das palavras "Ciência" e "cognição" no texto de Hegel, Brandom colocaria "conversação". Ao se fazer essa substituição,

---

[16] G. W. F. Hegel, *Fenomenologia do espírito*, Petrópolis, Vozes, parágrafo 74.

interpreta-se Hegel como se este dissesse que não deveríamos pensar que existe uma diferença entre nós próprios e as práticas discursivas nas quais nos envolvemos, e que não deveríamos pensar que essas práticas constituem um meio para algum fim nem que são um meio de representação utilizado para se entender bem algo. Com mais razão ainda, não deveríamos pensar que haja um objetivo da investigação separado dessas práticas, cuja presciência poderia nos auxiliar a decidir quais práticas utilizar.

Deveríamos, antes, como diz Hegel alhures, nos contentar em pensar a filosofia como sendo a sua época (isto é, as práticas discursivas de nosso presente) contida em pensamento (isto é, em contraste com práticas alternativas passadas ou propostas). Deveríamos parar de tentar colocar nossas práticas discursivas em um contexto maior, um contexto que constitua o palco de todas as práticas sociais possíveis e que contenha uma lista dos designantes canônicos *neutros* que delimitem de uma vez por todas a extensão do existente. Se houvesse um tal contexto, ele seria certamente o objeto adequado de estudo de uma cultura especializada encarregada de determinar a direção futura da Conversação da Humanidade. Mas não há tal contexto. "Ontologia" não é o nome de uma cultura especializada, e deveríamos parar de imaginar que uma tal cultura seja desejável. Apenas quando assim o fizermos, teremos deixado para trás o que Hegel chamava de "ontoteologia".

Religião pública e privada

Tenho sustentado que deveríamos substituir a questão ontológica sobre a existência de Deus pela questão da conveniência cultural da conversa sobre Deus. Mas tenho dito pouco sobre como seria o debate sobre essa última questão.

Do meu ponto de vista, a questão de saber se dever-se-ia continuar a falar sobre Deus, ou dever-se-ia manter esse espaço lógico aberto, necessita ser dividida entre duas subquestões. A primeira é a questão sobre o direito de um indivíduo ser religioso, ainda que incapaz de justificar suas crenças religiosas a outros. Isso poderia ser formulado na primeira pessoa como "tenho direito a minhas devoções religiosas mesmo que não haja uma prática social que legitime inferências decorrentes ou referentes às sentenças que emprego nessa prática religiosa, uma carência que torna impossível para muitos – e talvez para todos – seres humanos, meus semelhantes, encontrarem nela algum sentido?".

À parte alguns poucos filósofos adoradores da ciência que conservam o antagonismo de Clifford à crença religiosa, a maioria dos intelectuais dos dias de hoje responderia a essa pergunta afirmativamente, assim como James o fez. A crescente privatização da religião ocorrida durante os últimos duzentos anos criou um clima de opinião no qual as pessoas têm o mesmo direito a formas idiossincráticas de devoção religiosa quanto a escrever poemas ou pintar quadros nos quais ninguém mais pode encontrar algum sentido. É característica de uma sociedade democrática e pluralista que nossa religião seja nosso assunto particular – algo sobre o qual não precisamos nem mesmo discutir com os outros, muito menos tentar justificar, a menos que sintamos vontade de o fazer. Uma tal sociedade tenta deixar tanto espaço livre quanto possível para que os indivíduos desenvolvam seu próprio sentido sobre quem são e a que se destinam suas vidas, pedindo apenas que obedeçam ao preceito de Mill e estendam aos outros a tolerância de que eles próprios usufruem. Os indivíduos são livres para elaborar seus próprios jogos de linguagem semiprivados (como o fizeram sr. Henry James e William Blake, por exemplo), desde que não insistam em que todos os outros também os joguem.

Mas tais sociedades, é claro, têm sido transtornadas por outras questões: "E que dizer da religião organizada?"; "e no que diz respeito às igrejas?". Mesmo que se siga o conselho de James e se ignore as restrições do tipo feito por Clifford contra a "irracionalidade" da crença religiosa, ainda se poderia pensar que tanto Lucrécio quanto Marx têm razão. Assim, é possível concordar que a sociedade deveria conceder a indivíduos particulares o direito de formular sistemas privados de crença, ao mesmo tempo permanecendo militantemente anticlerical. James e Mill concordam que não há nada de errado com as igrejas, a menos que suas atividades causem danos sociais. Mas, quando se trata de decidir se as igrejas existentes de fato causam tais danos, as coisas ficam complicadas. A história sociopolítica do Ocidente nos últimos duzentos anos está pontuada com controvérsias como as do Estatuto da Liberdade Religiosa da Virgínia de Jefferson, a laicização da educação na França, a *Kulturkampf* na Alemanha e a controvérsia na Turquia sobre as estudantes usarem véus no campus da universidade.

Questões como essa requerem soluções diferentes em países diferentes e séculos diferentes. Seria absurdo sugerir que há normas universalmente válidas que poderiam ser invocadas para resolvê-las. Mas eu insistiria em que um debate sobre tais questões políticas concretas é mais útil para a felicidade humana do que um debate sobre a existência de Deus. Elas são as questões que permanecem após nos conscientizarmos de que é inútil apelar para a experiência religiosa para decidir quais tradições devem ser mantidas e quais devem ser substituídas, depois de termos percebido o despropósito da teologia natural.

Não apelaremos para experiências religiosas para decidir quais práticas devemos abandonar ou adotar, se seguirmos Wittgenstein, Sellars e Brandom, ao pensar que não há nenhum intermediário chamado "qual é realmente a experiência *de*" entre o estado alterado do sistema nervoso associado com o início da experiência reivindicada e os compromissos discursivos resultantes assumidos por um membro de uma comunidade usuária de uma linguagem. Nós rejeitaremos a teologia natural se considerarmos a indiscutibilidade da existência de Deus não como um testemunho de sua condição superior, mas como uma consequência da tentativa de lhe atribuir essa condição – um efeito colateral de torná-lo tão incomparavelmente especial que seja um ser cuja existência não pode ser discutida em referência a nenhuma lista precedente de designantes canônicos. Se concedermos à doutrina sellarsiana que toda consciência é um assunto linguístico, e à doutrina brandomiana que *objeto existente* não é um categorial genuíno, nos desligaremos de muitas das variedades tradicionais da conversa sobre Deus.

A filosofia inferencialista da linguagem e da mente nos ajuda a compreender por que nem os apelos à *experiência* nem os apelos à *razão* nos têm sido de muito auxílio na escolha entre práticas sociais alternativas. Ingressar no mundo intelectual ao qual o inferencialismo de Brandom facilita o acesso equivaleria a tratar questões sobre quais jogos de linguagem jogar como questões sobre como os membros de sociedades democráticas podem melhor ajustar o equilíbrio entre suas responsabilidades para consigo próprios e suas responsabilidades para com seus concidadãos[17].

---

[17] Sou grato a Jeffrey Stout pelos comentários detalhados e muito úteis sobre um rascunho inicial deste capítulo.

2
O pragmatismo como um politeísmo romântico

Em 1951, surgiu em Paris um livro com o título *Un romantisme utilitaire: étude sur le mouvement pragmatiste*. Era o primeiro de uma série de três volumes sobre o assunto de autoria de René Berthelot. Berthelot tinha ficado impressionado com as semelhanças entre os pontos de vista de William James, John Dewey, Nietzsche, Bergson, Poincaré e certos modernistas católicos. Foi ele o primeiro a tratá--los como pertencentes ao mesmo movimento intelectual. Cartesiano convicto, Berthelot tinha aversão por e desconfiança de todos esses pensadores, mas escreveu sobre eles com perspicácia e vigor. Ele reconstituiu retroativamente as raízes românticas do pragmatismo por trás de Emerson até Schelling e Hoelderlin e as raízes utilitaristas até a influência de Darwin e Spencer[1]. Mas ele achava que a diferença entre essas duas maneiras de pensar era grande demais para permitir uma síntese. "Em todas as suas diversas formas", disse Berthelot, "o pragmatismo se revela como um utilitarismo

---
[1] René Berthelot, *Un romantisme utilitaire: étude sur le mouvement pragmatiste* [Um romantismo utilitário: estudo sobre o movimento pragmatista], vol. 1, Paris, F. Alcan, 1911, p. 62-3. Berthelot também encontrou Hume sob Darwin e Spencer, a quem ele considerava como "a transição entre a psicologia utilitarista e intelectualista de Helvétius e a psicologia vitalista do instinto que encontramos entre os escoceses". Ele considera Lamarck como "*la transition entre cette conception vitaliste de la biologie et ce qu'on peut appeler l'utilitarisme mécanique de Darwin*"(vol. I, p. 85).

romântico: essa é sua característica mais obviamente original e também o seu vício mais particular e sua fraqueza oculta"[2].

Berthelot foi provavelmente o primeiro a chamar Nietzsche de "um pragmatista alemão", e o primeiro a enfatizar a semelhança entre o perspectivismo deste e a teoria pragmatista da verdade. Tal semelhança – frequentemente notada desde então, particularmente em um capítulo seminal do livro de Arthur Danto sobre Nietzsche – é mais evidente em *A gaia ciência*. É lá que Nietzsche diz: "Nós não temos nenhum órgão para saber, para a *verdade*; nós *sabemos* tanto quanto possa ser *útil* ao interesse do rebanho humano"[3]. É essa concepção darwinista que reside sob a afirmação de James de que "pensar é em benefício do comportamento" e sua identificação da verdade com "o bem no caminho da crença".

Essa identificação equivale a aceitar a alegação de Nietzsche de que os seres humanos deveriam ser vistos, para propósitos epistemológicos, como o que ele chamava de "animais astuciosos". As crenças devem ser julgadas unicamente por sua utilidade em suprir as diversas necessidades desses animais. James e Nietzsche fizeram pela palavra "verdadeiro" o que John Stuart Mill fez pela palavra "justo". Assim como Mill diz que não há nenhum motivo ético distinto do desejo de felicidade dos seres humanos, da mesma forma James e Nietzsche dizem que não há nenhum desejo de verdade distinto do desejo de felicidade. Todos os três filósofos pensam que os termos "verdadeiro" e "justo" ganham seu significado do seu uso na avaliação do relativo sucesso dos esforços para se alcançar a felicidade.

Nietzsche, certamente, não achava utilidade em Mill, mas isso foi resultado de uma ignorância arrogante, que redundou em uma incapacidade de perceber a diferença entre Mill e Bentham. James,

---

[2] Idem, vol. I, p. 128.

[3] Friedrich Nietzsche, *A gaia ciência*, seção 354: "*Wir haben eben gar kein Organ fuer das Erkennen, fuer die 'Wahrheit'; wir 'wissen'... gerade so viel, als es im Interesse der Menschen-Herde, der Gattung, nuetzlich sein mag*".

por outro lado, dedicou seu primeiro tratado filosófico à memória de Mill e tentou cultivar não apenas a tendência desmitificadora, benthamista, do pensamento de Mill, como também a tendência romântica, coleridgeana. Essa última levou Mill a escolher uma epígrafe de Wilhelm von Humboldt para *Sobre a liberdade*: "O princípio grandioso, dominante, ao qual converge diretamente cada argumento desvelado nestas páginas, é a importância absoluta e essencial do desenvolvimento humano em sua mais rica diversidade." Como um utilitarista romântico, Mill desejava evitar o reducionismo benthamista e defender uma cultura secular contra a acusação familiar de cegueira para as coisas superiores.

Isto o levou, como destaca M. H. Abrams, a compartilhar do ponto de vista de Arnold de que a literatura poderia tomar o lugar do dogma. Abrams cita Alexander Bain quando este diz de Mill que "ele parecia considerar a Poesia como uma Religião, ou melhor, como Religião e Filosofia combinadas". Abrams também cita uma carta de Mill em que ele diz que *o novo utilitarismo* – isto é, o seu próprio, em oposição ao de Bentham – considera "a Poesia não apenas como estando no mesmo nível da Filosofia, mas como a condição necessária para qualquer Filosofia verdadeira e abrangente"[4]. Entre os dogmas despedaçados incluía-se o de que, ainda que possam existir grandes poemas, só pode haver uma única religião verdadeira, porque só há um Deus verdadeiro. A poesia não pode substituir a religião monoteísta, mas pode servir aos propósitos de uma versão secular de politeísmo.

A substituição da religião pela poesia como fonte de ideais, um movimento que teve início com os românticos, parece-me ter sido proveitosamente descrita como um retorno ao politeísmo. Pois se,

---

[4] M. H. Abrams, *The mirror and the lamp* [O espelho e a lâmpada], Nova York: Oxford University Press, 1953, citações nas p. 334-5, 333 (citando uma carta a Bulwer-Lytton) e 335, respectivamente.

juntamente com os utilitaristas, rejeitarmos a ideia de que uma autoridade não humana pode avaliar as necessidades humanas e, portanto, ditar as escolhas morais aos seres humanos, favoreceremos o que Arnold chamava de "helenismo" em detrimento do que ele chamava de "hebraísmo". Rejeitaremos então a ideia, característica dos cristãos evangélicos, que Arnold considerava como "hebraístas", de que é suficiente amar a Deus e observar seus mandamentos. Substituiremos o que Arnold chamava a ideia de "uma natureza humana perfeita por todos os lados"[5]. Diferentes poetas aperfeiçoarão diferentes aspectos da natureza humana, através da projeção de diferentes ideais. Um utilitarista romântico provavelmente abandonará a ideia de pessoas imortais diversificadas, tais como as divindades do Olimpo, mas conservará a ideia de que há formas de vida humana diversas, conflitantes, mas igualmente valiosas.

Um politeísmo desse tipo é recomendado em uma passagem famosa próxima ao final de *As variedades da experiência religiosa*, em que James diz:

> Se um Emerson fosse forçado a ser um Wesley, ou um Moody obrigado a ser um Whitman, a consciência humana total do divino sofreria. O divino não pode significar uma qualidade única, ele deve significar um grupo de qualidades, nas quais, alternando-se como seus campeões, homens diferentes poderão encontrar missões meritórias. Cada atitude constituindo uma sílaba na mensagem total da natureza humana, somos necessários todos nós para pronunciar completamente o seu sentido[6].

O uso livre que James faz do termo "o divino" o torna bastante equivalente a "o ideal". Nessa passagem, ele faz pela teologia o que

---

[5] Matthew Arnold, *Culture and anarchy* [Cultura e anarquia], New Haven: CT, Yale University Press, 1994, p. 37.

[6] William James, *Varieties of religious experience* [*As Variedades da experiência religiosa*, Cultrix, 1991], Cambridge, MA: Harvard University Press, 1985, p. 384.

Mill fez pela política ao citar a afirmação de Humboldt de que "o desenvolvimento humano em sua mais rica diversidade" é a meta das instituições sociais.

Há uma passagem em Nietzsche em louvor ao politeísmo que complementa a de James que acabo de citar. Na seção 143 de *A gaia ciência* ele afirma que a moralidade – no sentido amplo de necessidade de aceitação de leis e costumes compulsórios – implica uma "hostilidade contra o impulso de se ter um ideal próprio". Mas, diz ele, os gregos pré-socráticos forneceram uma via de escape para a individualidade ao permitir que os seres humanos "contemplassem, em algum distante mundo supraterrestre, *uma pluralidade de formas*: um deus não era considerado como uma negação de outro deus, nem uma blasfêmia contra ele". Dessa maneira, diz Nietzsche, "pela primeira vez foi permitido o luxo da individualidade; foi então que pela primeira vez foram honrados os direitos dos indivíduos". Pois, no politeísmo pré-socrático, "o espírito livre e múltiplo do homem atingiu sua primeira forma preliminar – a força de criar para nós mesmos os nossos próprios olhos novos"[7].

Eis aqui uma definição de "politeísmo" que abrange tanto Nietzsche quanto James: somos politeístas se pensamos que não há um objeto de conhecimento real ou possível que nos permita medir e avaliar todas as necessidades humanas. A bem conhecida doutrina de valores humanos incomensuráveis de Isaiah Berlin é, no meu entender, um manifesto politeísta. Para ser um politeísta, nesse sentido, não é necessário acreditar que não existem pessoas não humanas com poder para intervir nos assuntos humanos. Tudo o que precisamos é abandonar a ideia de que deveríamos tentar

---

[7] "*Aber ueber sich und ausser sich, in einer fernen Ueberwelt, durfte man eine Mehrzahl von Normen sehen; der eine Gott war nicht die Leugnung oder Laesterung des anderen Gottes... Hier erlaubte man sich zuerst Individuen, hier ehrte man zuerst das Recht von Individuen... In Polytheismus lag die Freigeisterei und Vielgeisterei des Menschen vorgebilder; die Kraft, sich neue und eigne Augen zu shaffen*" (Nietzsche, *A gaia ciência*, seção 143).

encontrar uma maneira de fazer tudo permanecer unido, que dirá aos seres humanos o que fazer com suas vidas, dizendo a todos a mesma coisa.

O politeísmo, no sentido em que o defini, é bastante coextensivo ao utilitarismo romântico. Pois, quando não se vê nenhuma outra maneira de se avaliar as necessidades humanas além de se jogar uma contra a outra, a felicidade humana passa a ser tudo o que importa. A obra *Sobre a liberdade*, de Mill, fornece todas as instruções éticas de que precisamos – todos os conselhos filosóficos que jamais poderíamos obter sobre nossas responsabilidades para com os outros seres humanos. Porque a perfeição humana se torna um assunto privado, e nossa responsabilidade para com os outros se torna uma questão de conceder a eles tanto espaço para perseguir tais interesses privados – para adorar os seus próprios deuses, por assim dizer – quanto seja compatível conceder uma quantidade de espaço igual para todos. A tradição de tolerância religiosa é estendida à tolerância moral.

A privatização da perfeição permite que James e Nietzsche concordem com Mill e Arnold em que a poesia deveria assumir o papel que a religião tem desempenhado na formação das vidas humanas individuais. Eles também concordam em que ninguém deveria assumir a função de sacerdote – porque os poetas estão para um politeísmo secularizado assim como os sacerdotes de uma igreja universal estão para o monoteísmo. E, logo que alguém se torna politeísta, dará as costas não apenas aos sacerdotes, mas também aos substitutos de sacerdotes, como os físicos e os metafísicos – de quem quer que seja que se pretenda capaz de lhe dizer como as coisas *realmente* são, qualquer um que invoque a distinção entre o mundo verdadeiro e o mundo aparente que Nietzsche ridicularizou em *O crepúsculo dos ídolos*. Tanto o monoteísmo quanto o tipo de metafísica ou ciência que se arrogue a lhe dizer como o mundo *realmente* é será substituído pela política democrática. Um consenso livre sobre quanto espaço para a perfeição individual podemos nos permitir uns aos outros tomará o lugar da busca por valores *objetivos*, da procura de uma classificação das necessidades humanas que não depende de um tal consenso.

Até agora tenho acompanhado a ênfase dada por Berthelot às similaridades existentes entre Nietzsche e os pragmatistas norte-americanos. Agora gostaria de me voltar para as duas diferenças mais óbvias existentes entre eles: sua atitude em relação à democracia e sua atitude para com a religião. Nietzsche achava que a democracia era um *cristianismo para o povo* – o cristianismo desprovido da nobreza de espírito de que o próprio Cristo, e talvez alguns poucos dos santos mais esforçados, foi capaz. Dewey achava que a democracia era um cristianismo purgado de seus elementos hieráticos, exclusionistas. Nietzsche achava que os que acreditavam em um Deus monoteísta tradicional eram fracos e tolos. Dewey os considerava como tão fascinados pela obra de um poeta que eram incapazes de apreciar as obras dos outros poetas. Dewey achava que o tipo de *ateísmo agressivo* do qual Nietzsche se orgulhava era desnecessariamente intolerante. Ele teria, segundo ele, "algo em comum com o supernaturalismo tradicional"[8].

Eu gostaria de argumentar em primeiro lugar que o desprezo de Nietzsche pela democracia era um extra incidental, não essencial para a sua visão de mundo filosófica total. E então me remeterei à minha principal tarefa neste capítulo – defender a tolerância de Dewey em relação à crença religiosa contra os que pensam que o pragmatismo e a religião não se misturam.

Nietzsche era um utilitarista apenas no sentido de que ele não via outros objetivos a serem perseguidos pelos seres humanos além

---

[8] John Dewey, "A common faith" [Uma fé comum], em *Later works of John Dewey* [Últimos trabalhos de John Dewey], Carbondale, Southern Illinois University Press, 1986, vol. IX, p. 36

da felicidade humana. Ele não tinha interesse na felicidade maior do maior número, mas apenas naquela de uns poucos seres humanos excepcionais – aqueles com a capacidade de ser *enormemente* felizes. A democracia lhe parecia ser uma maneira de trivializar a existência humana. Em contraste, James e Dewey consideravam como natural, como Mill já o fizera, o ideal da fraternidade humana universal. Repetindo Mill, James escreveu: "Tome qualquer demanda, por mais ínfima que seja, que qualquer criatura, por mais fraca que seja, possa fazer. Não deveria ela, apenas por si própria, ser desejada?"[9].

O utilitarismo romântico, o pragmatismo e o politeísmo são compatíveis tanto com o entusiasmo sincero quanto com o desprezo apaixonado pela democracia. A queixa frequente de que um filósofo que defende a teoria pragmática da verdade não pode dar a alguém uma razão para não ser um fascista é perfeitamente justificável. Mas tampouco essa pessoa pode lhe dar uma razão para ser um fascista. Porque, assim que nos tornamos politeístas no sentido que acabei de definir, teremos de abandonar a ideia de que a filosofia pode nos auxiliar a escolher entre as várias divindades e as várias formas de vida oferecidas. A escolha entre o entusiasmo e o desprezo pela democracia se torna mais uma escolha entre Walt Whitman e Robinson Jeffers do que entre conjuntos de argumentos filosóficos competindo entre si.

Aqueles que consideram moralmente ofensiva a identificação pragmatista da verdade com o que é bom de se acreditar dizem frequentemente que Nietzsche, em vez de James e Dewey, extraiu a inferência adequada do abandono da ideia de um objeto de conhecimento que nos dissesse como classificar as necessidades humanas. Aqueles que consideram o pragmatismo uma espécie de irracionalismo, e que o irracionalismo vende seu passe para o

---

[9] William James, *The will to believe* [*A vontade de crer*, Loyola], Cambridge, Harvard University Press, 1979, p. 149.

fascismo, dizem que James e Dewey não viram as consequências antidemocráticas de suas próprias ideias e foram ingênuos em pensar que se possa ser ao mesmo tempo um bom pragmatista e um bom democrata.

Tais críticos cometem o mesmo erro que Nietzsche cometeu. Eles acham que a ideia de fraternidade é indissociável do platonismo. O platonismo, nesse sentido, é a ideia de que a vontade de verdade é distinta da vontade de felicidade – ou, para ser um pouco mais preciso, a afirmação de que os seres humanos se acham divididos entre uma busca por uma forma mais inferior, animal, de felicidade e uma forma mais superior, divina. Nietzsche, erroneamente, pensou que, desde que abandonássemos (com a ajuda de Darwin) essa ideia e nos acostumássemos com a ideia de que somos apenas animais astuciosos, não teríamos razão para desejar a felicidade de todos os seres humanos. Ele estava tão impressionado com o fato de que o cristianismo teria parecido ridículo aos heróis homéricos que era incapaz, exceto por momentos fugazes e ocasionais, de pensá-lo como a obra de poetas vigorosos. Portanto, presumiu que, assim que a poesia tivesse substituído a religião como fonte de ideais, não haveria lugar nem para o cristianismo nem para a democracia.

Nietzsche teria feito melhor em se perguntar se a ênfase cristã na fraternidade humana – a ideia de que para os cristãos não há nem judeu nem grego, e a ideia correlata de que o amor é a única lei – não teria sido associada apenas acidentalmente, por razões históricas contingentes, com o platonismo. Esse ideal poderia ter se relacionado bem com o logocentrismo do Evangelho de João, ou sem a infeliz sugestão de Agostinho de que Platão havia prenunciado a verdade cristã. Em um mundo diferente, mas possível, alguns dos primeiros cristãos poderiam ter antecipado a observação de James sobre Emerson e Wesley ao escrever "se César fosse forçado a ser Cristo, a totalidade da consciência humana do divino sofreria".

Um cristianismo que fosse meramente ético – do tipo que Jefferson e outros pensadores do Iluminismo sugeriam e que foi mais tarde proposto por teólogos do evangelho social – poderia ter se livrado do exclusionismo ao considerar Jesus como uma encarnação entre outras do divino. A celebração de uma ética do amor poderia então ter encontrado seu lugar no politeísmo relativamente tolerante do Império Romano, tendo desvinculado o ideal da fraternidade humana da alegação de representar a vontade de um Pai Celestial onipotente e monopolista (para não mencionar a ideia de que não há salvação fora da Igreja Cristã).

Se tivessem pregado um tal evangelho moral e social, os cristãos não teriam se incomodado em desenvolver uma teologia natural. Assim, os cristãos do século XIII não teriam se preocupado em saber se as Escrituras poderiam ser reconciliadas com Aristóteles. Os fiéis do século XVII não teriam se preocupado em saber se poderiam se reconciliar com Newton nem os crentes do século XIX se eles poderiam se reconciliar com Darwin. Esses cristãos hipotéticos teriam considerado a Escritura como sendo útil para propósitos para os quais Aristóteles, Newton e Darwin seriam inúteis, e inútil para propósitos de predição e controle do meio ambiente. Do modo como as coisas ficaram, contudo, as igrejas cristãs permaneceram obcecadas com a ideia platônica de que tanto a Verdade quanto Deus são Um. Era natural, portanto, quando a ciência física começou a fazer progressos, que seus praticantes se apoderassem dessa retórica e, com isso, provocassem uma guerra entre a ciência e a teologia, entre a Verdade Científica e a Fé Religiosa.

Imaginei uma forma de cristianismo não platônico e não exclusivista para enfatizar que não há nenhuma cadeia de inferência que conecte o ideal da fraternidade humana ao ideal de escapar de um mundo de aparência habitado por animais para um mundo real onde os humanos se tornarão iguais aos deuses. Nietzsche e os críticos contemporâneos que veem Nietzsche e Dewey como defensores de doutrinas *irracionalistas* similarmente perigosas foram induzidos por Platão a acreditar que, a menos que haja um tal mundo real, Trasímaco, Cálicles e Hitler seriam irrefutáveis. Mas eles são irrefutáveis apenas no sentido de que – com a devida vênia a Habermas – não há premissas com as quais eles deveriam assentir simplesmente em virtude de serem animais racionais e usuários da linguagem. Com mais forte razão ainda, não há premissas tais que os levariam a concordar que deveriam tratar todos os outros seres humanos como irmãos e irmãs. O cristianismo, como um poema vigoroso, um poema entre muitos, pode ser tão útil socialmente quanto o cristianismo respaldado pela afirmação platônica de que Deus e a Verdade são termos intercambiáveis.

Apesar de não acreditar que exista uma via inferencial que conduza da concepção antirrepresentacionista da verdade e do conhecimento comum a Nietzsche, James e Dewey, seja para a democracia, seja para a antidemocracia, penso que há uma inferência plausível das convicções democráticas até uma tal perspectiva. Nossa devoção à democracia dificilmente será sincera se acreditarmos, como tipicamente o fazem os monoteístas, que podemos ter conhecimento de uma classificação *objetiva* de necessidades humanas que possa invalidar o resultado do consenso democrático. Mas, se nossa devoção for sincera, então daremos as boas-vindas à afirmação utilitarista e pragmatista de que não temos uma vontade de verdade distinta da vontade de felicidade.

Já chega de falar sobre as desavenças entre Nietzsche e seus colegas norte-americanos sobre o valor da democracia. Agora me ocuparei da outra grande diferença entre Nietzsche, de um lado, e James e Dewey, do outro. Nietzsche pensa que a crença religiosa é intelectualmente descreditável; James e Dewey não concordam.

Para poder defender a tolerância de James e Dewey em relação ao teísmo contra Nietzsche, esboçarei uma filosofia pragmatista da religião em cinco teses concisas. Então tentarei relacionar essas teses com o que James e Dewey de fato disseram sobre a crença em Deus.

Primeiro, é uma vantagem da concepção antirrepresentacionista da crença, que James tomou de Bain e Peirce – a concepção de que crenças são hábitos de ação –, que ela nos libera da responsabilidade de unificar todas as nossas crenças em uma única visão do mundo. Se todas as nossas crenças fazem parte de uma única tentativa de representar um mundo único, elas devem permanecer estreitamente unidas. Mas se elas são hábitos de ação, então, como os propósitos atendidos pela ação podem variar inocentemente, assim também os hábitos que desenvolvemos podem servir a esses propósitos.

Em segundo lugar, a tentativa de Nietzsche de "ver a ciência através da ótica da arte, e arte através da ótica da vida", assim como a substituição da religião pela poesia em Arnold e Mill, é uma tentativa de abrir mais espaço para a individualidade do que o que pode ser fornecido pelo monoteísmo ortodoxo, ou pela tentativa do Iluminismo de colocar a ciência no lugar da religião como fonte da Verdade. Assim, a tentativa, por parte de Tillich e outros, de considerar a fé religiosa como *simbólica* e, com isso, tratar a religião como poética e a poesia como religiosa, e nenhuma das duas como competindo com a ciência, está no caminho certo. Mas para torná-la convincente necessitamos abandonar a ideia de que algumas partes da cultura satisfazem nossa necessidade de conhecer a verdade e outras preenchem objetivos menores. O utilitarismo romântico dos pragmatistas de fato abandona essa ideia: se não há nenhuma vontade de verdade distinta da vontade de felicidade, não há maneira de se contrastar o cognitivo com o não cognitivo, o sério com o não sério.

Em terceiro lugar, o pragmatismo permite-nos fazer outra distinção, uma distinção que retoma parte do trabalho feito anteriormente pela antiga distinção entre o cognitivo e o não cognitivo. A nova distinção é entre projetos de cooperação social e projetos de autodesenvolvimento pessoal. Um acordo intersubjetivo é requerido pelos primeiros, mas não pelos últimos. A ciência natural é um projeto paradigmático de cooperação social: o projeto de aperfeiçoar a condição do homem levando em consideração cada observação possível e o resultado experimental de maneira a facilitar a realização de previsões que se tornarão verdadeiras. O direito é um outro paradigma desse tipo. A arte romântica, em contraste, é um projeto paradigmático de autodesenvolvimento individual. A religião, se puder ser desconectada tanto da ciência quanto dos costumes – da tentativa de prever as consequências de nossas ações e da tentativa de classificar as necessidades humanas –, poderia ser um outro desses paradigmas.

Em quarto lugar, a ideia de que devemos amar a Verdade é em grande parte responsável pela ideia de que a crença religiosa é *intelectualmente irresponsável*. Mas não há uma coisa tal como o amor à Verdade. O que tem sido chamado por esse nome é uma mistura do amor por se atingir um acordo intersubjetivo, o amor por vencer discussões, e o amor por sintetizar pequenas teorias em grandes teorias. O fato de não haver nenhuma prova para uma crença religiosa nunca constitui uma objeção a ela. A única objeção possível poderia ser o fato de que ela intromete um projeto individual em um projeto social e cooperativo e, com isso, peca contra os ensinamentos de *Sobre a liberdade*. Tal intrusão é uma traição da responsabilidade de um indivíduo de cooperar com outros seres humanos, não da responsabilidade de um indivíduo para com a Verdade ou a Razão.

Em quinto lugar, a tentativa de se amar a Verdade, de pensá-la como Una, capaz de medir e avaliar as necessidades humanas, é uma versão secular da esperança religiosa tradicional de que a lealdade para com algo grande, poderoso e não humano persuadirá esse ser poderoso a ficar do nosso lado em nossa luta contra outras pessoas. Nietzsche desprezava quaisquer esperanças similares como sendo um sinal de fraqueza. Os pragmatistas que também são democratas têm uma diferente objeção contra tal esperança de lealdade para com o poder. Eles a consideram como uma traição do ideal de fraternidade humana que a democracia herdou da tradição religiosa judaico-cristã. Esse ideal encontra sua melhor expressão na doutrina, comum a Mill e James, de que cada necessidade humana deveria ser satisfeita a menos que isso cause a insatisfação de muitas outras necessidades humanas. A objeção pragmatista aos fundamentalistas religiosos não é a de que os fundamentalistas sejam *intelectualmente* irresponsáveis ao negligenciar os resultados da ciência natural, mas é por eles serem *moralmente* irresponsáveis em sua tentativa de contornar o processo de obtenção de um consenso democrático sobre como se maximizar a felicidade. Eles não pecam por ignorar os métodos indutivos de Mill, mas por ignorar suas reflexões sobre a liberdade.

Tratarei agora da questão de como a concepção da crença religiosa compendiada em minhas cinco teses concordam com as concepções de James e Dewey. Ela não seria, em minha opinião, compatível com James, mas creio que poderia ter convindo a Dewey. Defenderei, portanto, que é *Uma fé comum*, a obra pouco ambiciosa e um tanto apática de Dewey, em lugar da corajosa e exuberante "Conclusão" de *Variedades de experiência religiosa*, de James, que é mais coerente com o utilitarismo romântico que ambos aceitavam.

James diz, naquele capítulo de *Variedades*, que "o eixo em torno do qual revolve a vida religiosa [...] é o interesse do indivíduo em seu destino pessoal privado". Ao "repudiar o ponto de vista pessoal", contudo, a ciência nos dá uma imagem de que a natureza "não possui uma tendência final distinguível pela qual seja possível se sentir alguma simpatia". As "flutuações à deriva dos átomos cósmicos" são "uma espécie de clima inconsequente, que se faz e desfaz, sem atingir uma história adequada e sem deixar resultados"[10]. Sob o ponto de vista que acabo de delinear, ele deveria ter dado continuação a isso dizendo: "mas somos livres para descrever o universo de muitas maneiras diferentes. Descrevê-lo como a flutuação à deriva de átomos cósmicos é útil para o projeto social de se trabalhar em conjunto para controlar nosso meio ambiente e aperfeiçoar a situação do homem. Mas essa descrição nos deixa inteiramente livres para dizer, por exemplo, que os Céus proclamam a glória de Deus".

Às vezes James parece seguir esse caminho, como quando cita, com óbvia aprovação, o que diz James Henry Leuba:

> *Deus não é conhecido, nem é compreendido, é usado* – às vezes como fornecedor de carne, às vezes como suporte moral, às vezes como amigo, às vezes como um objeto de amor. Se ele demonstra ser útil, a consciência religiosa não pode pedir mais que isso. Deus realmente existe? Como ele existe? O que é ele? – são muitas questões irrelevantes. Não Deus, mas a vida, mais vida, uma vida maior, mais rica, mais satisfatória, é, em última análise, o fim da religião.

Infelizmente, contudo, quase imediatamente após citar Leuba, James diz que "devemos em seguida ultrapassar o ponto de vista da utilidade meramente subjetiva e investigar o próprio conteúdo intelectual". Ele então prossegue afirmando que o material que reuniu em *Variedades* fornece uma evidência empírica para a hipótese de que "a pessoa consciente está conectada a um eu mais vasto através

---

[10] James, *Varieties of religious experience*, p. 387-8.

do qual lhe chegam as experiências salvadoras". Ele chama a isso de "um conteúdo positivo da experiência religiosa que, me parece, é literal e objetivamente verdadeiro na medida de sua extensão"[11].

Sob o ponto de vista que estive sugerindo, essa alegação de uma verdade literal e objetiva é não pragmática, vazia e superficial. James deveria ter se contentado com o argumento de "A vontade de acreditar". Da maneira como entendo esse ensaio, ele diz que temos o direito de acreditar no que quisermos quando estamos, por assim dizer, em nosso tempo livre[12]. Mas abandonamos esse direito quando nos envolvemos, por exemplo, em um projeto científico ou político. Pois quando nos envolvemos é necessário reconciliar nossas crenças, nossos hábitos de ação, com os de outros. Em nossas horas livres, em contraste, nossos hábitos de ação não dizem respeito a ninguém a não ser a nós mesmos. Um politeísta romântico se regozijaria com o que Nietzsche chamou de "o espírito livre e múltiplo dos indivíduos", e veria como única restrição a essa liberdade e diversidade a necessidade de não fazer mal aos outros.

James hesitava quanto a se o que ele chamava de "hipótese religiosa" era algo a ser adotado com uma fundamentação *passional* ou *intelectual*. Tal hipótese diz que "as melhores coisas são as coisas mais eternas, as coisas que se sobrepõem, as coisas no universo que atiram a última pedra, por assim dizer, e têm a palavra final"[13]. Em "A vontade de acreditar", isso é apresentado como uma hipótese para a qual considerações de prova ou evidência são irrelevantes, e deve portanto ser entregue a nossas emoções. Mas na "Conclusão" de *Variedades de experiência religiosa*, a hipótese de que "a existência de Deus é a garantia de uma ordem ideal que deverá ser preservada

---

[11] Idem, p. 399 e 405, respectivamente.
[12] Cf. meu trabalho "Religious faith, intellectual responsibility, and romance" [Fé religiosa, responsabilidade intelectual e romance], *em The Cambridge companion to William James*, Cambridge, Cambridge University Press, 1997.
[13] James, *The will to believe*, p. 29.

permanentemente" é uma hipótese para a qual ele acumulou evidências. Lá ele também diz que o denominador menos comum das crenças religiosas é que "a solução [do problema apresentado por uma 'sensação de que há algo de errado a nosso respeito em nossa situação natural'] é que somos salvos da incorreção ao estabelecermos uma conexão adequada com os poderes superiores". Mais uma vez, ele diz que "a pessoa consciente está conectada a um eu mais vasto através do qual lhe chegam as experiências salvadoras"[14].

James não deveria ter feito uma distinção entre questões a serem decididas pelo intelecto e questões a serem decididas pela emoção. Se não o tivesse feito, hesitaria menos. O que ele deveria ter feito, em vez disso, é distinguir questões que devemos resolver em cooperação com os outros de questões que estamos habilitados a resolver por nossa conta. O primeiro conjunto de questões diz respeito a conciliarmos nossos hábitos de ação com os de outros seres humanos. O segundo conjunto implica fazermos que nossos próprios hábitos de ação sejam suficientemente coerentes entre si de maneira que possamos obter uma autoimagem estável e coerente. Mas uma tal autoimagem não requer o monoteísmo, ou a crença de que a Verdade é Una. Ela é compatível com a ideia de que temos diferentes necessidades, e que as crenças que nos ajudam a satisfazer um conjunto de necessidades são irrelevantes para aquelas que nos auxiliam a satisfazer um outro conjunto, e não precisam ser tornadas coerentes com essas últimas.

Dewey evitou os erros de James nessa área. Uma razão para ter feito isso é que ele era muito menos suscetível a sentir-se culpado do que James. Após ter-se dado conta de que sua mãe o fizera sentir-se miserável atormentando-o com uma crença no pecado original, Dewey simplesmente deixou de pensar que, nas palavras de

---

[14] James, *Varieties of religious experience*, p. 407, 400 e 405, respectivamente.

James, "há algo de errado a nosso respeito em nossa situação natural". Ele já não acreditava que pudéssemos ser "salvos da incorreção estabelecendo uma conexão adequada com os poderes superiores". Ele pensava que tudo o que havia de errado conosco era que o ideal cristão de fraternidade ainda não havia sido atingido – a sociedade ainda não havia se tornado dominantemente democrática. E isso não era um problema a ser resolvido estabelecendo conexões adequadas com poderes superiores, mas um problema de homens para ser resolvido por homens.

A firme recusa de Dewey em ter qualquer vínculo com a noção de pecado original, e sua suspeita de qualquer coisa que sugerisse tal noção, está associada à sua aversão vitalícia à ideia de autoridade – a ideia de que qualquer coisa poderia ter autoridade sobre os membros de uma comunidade democrática exceto as decisões livres e coletivas dessa comunidade. Esse tema antiautoritário é talvez mais evidente em sua obra "Cristianismo e democracia" – um ensaio precoce para o qual Alan Ryan recentemente chamou nossa atenção, dizendo que se trata de "uma obra fascinante e admirável"[15]. E de fato o é. Deve ter parecido estranho para a Associação de Estudantes Cristãos da Universidade de Michigan ouvir dizer, em 1892, que "Deus é essencialmente e apenas o que se autorrevela", e que "a revelação só é completa quando os homens chegam a dar-se conta dele".

Dewey explicitou então o que tinha em mente dizendo: "Se Jesus Cristo tivesse feito uma declaração absoluta, detalhada e explícita sobre todos os fatos da vida, essa declaração não teria tido significado – não teria sido uma revelação – até que os homens começassem a dar-se conta em suas próprias ações da verdade que ele havia declarado – até que eles próprios começassem a vivê-la"[16].

---

[15] Alan Ryan, *John Dewey and the high tide of american liberalism* [John Dewey e a maré alta do liberalismo americano], Nova York, Norton, 1995, p. 102.

[16] John Dewey, *Early works of John Dewey* [Primeiros trabalhos de John Dewey], Carbondale, Southern Illinois University Press, 1969, vol. III, p. 6-7.

Isso equivale a dizer que mesmo que uma autoridade não humana nos diga algo, a única maneira de descobrir se o que nos foi dito é verdade é ver se isso nos leva ao tipo de vida que desejamos. A única maneira é aplicar o teste utilitarista para ver se a sugestão feita demonstra ser "boa à maneira da crença". Mesmo admitindo-se que ouvir o que um tal ser tenha a nos dizer é algo que pode alterar as nossas carências, ainda assim testaremos essas novas necessidades e a verdade proposta da mesma maneira: vivendo-as, experimentando-as na vida cotidiana e verificando se elas fazem que nós e os nossos sejamos mais felizes.

Suponhamos que a fonte que acreditamos ser não humana nos diga que todos os homens são irmãos. Então, a tentativa de fazer que nós próprios e as pessoas a quem amamos sejamos mais felizes deveria ser estendida a tornar todos os seres humanos mais felizes. Para Dewey, a fonte dessa sugestão é irrelevante. Podemos tê-la ouvido de um deus ou de um guru, mas da mesma forma poderíamos tê-la encontrado esculpida pelas ondas nas areias de uma praia. Ela não terá validade a menos que seja tratada como uma hipótese, experimentada e bem-sucedida. A boa coisa a respeito do cristianismo, diz Dewey, é que ele demonstrou funcionar.

Mais especificamente, o que demonstrou funcionar é a ideia da fraternidade e da igualdade como base da organização social. Isso funcionou não apenas como o conselho de Trasímaco para se evitar a dor – o que Rawls chama de "um mero *modus vivendi*" –, mas como uma fonte do tipo de transfiguração espiritual que o platonismo e as igrejas cristãs nos disseram que teriam de esperar por uma futura intersecção do tempo com a eternidade. Ela torna possível precisamente o tipo de nobreza de espírito que Nietzsche erradamente pensou que só poderia ser alcançada pelo pequeno grupo de extraordinários – aqueles capazes de ser extremamente felizes.

"A democracia", diz Dewey, "não é nem uma forma de governo nem uma conveniência social, mas uma metafísica da relação do homem com sua experiência na natureza"[17]. O motivo de chamá-la de metafísica não é, evidentemente, por ela ser uma descrição exata da relação fundamental da realidade, mas é que, se compartilharmos o sentimento de Whitman de gloriosos panoramas democráticos se estendendo indefinidamente no futuro, teremos tudo o que os platonistas esperavam obter de uma tal descrição, pois Whitman nos oferece aquilo que Tillich chamou de "um símbolo da preocupação derradeira", um símbolo de algo que podemos amar com todo o nosso coração, nossa alma e nossa mente.

O erro de Platão, na perspectiva de Dewey, foi ter identificado o derradeiro objeto do eros com algo único, atemporal e não humano, em vez de com um panteão indefinidamente expansivo de realizações temporais transitórias, tanto naturais quanto culturais. Esse erro proporcionou ajuda e conforto ao monoteísmo. Dewey bem poderia ter concordado com Nietzsche que "o monoteísmo, essa rígida consequência da doutrina de um tipo humano normal – a fé em um deus além do qual só existem pseudodeuses –, foi talvez o maior perigo jamais enfrentado pela humanidade"[18].

Quando o cristianismo é considerado meramente como um evangelho social, ele adquire a vantagem que Nietzsche atribui ao politeísmo: tornar possível a realização humana mais importante "criando para nós mesmos os nossos próprios olhos novos" e, com isso, "honrar os direitos dos indivíduos". Como Dewey coloca a questão, "o governo, os negócios, a arte, a religião, todas as

---

[17] John Dewey, "Maeterlinck's Philosophy of Life" [A filosofia de vida de Maeterlinck], em *The middle works of John Dewey*, Carbondale, Southern Illinois University Press, 1978, vol. VI. Dewey diz que Emerson, Whitman e Maeterlinck são os únicos três que compreenderam esse fato sobre a democracia.

[18] Nietzsche, *A gaia ciência*, seção 143: *"Der Monotheismus... diese starre Konsequenz der Lehre von einem Normalmenschen – also der Glaube an einen Normalgott, neben dem es nur noch falsche Luegengoetter gibt – war vielleicht die groesste Gefahr der bisherigen Menscheit"*.

instituições têm [...] um propósito[:] liberar as capacidades dos indivíduos humanos [...] [O] teste do seu valor é a extensão segundo a qual eles educam cada indivíduo até a plena estatura de suas possibilidades"[19]. Em uma sociedade democrática, todos adoram o seu símbolo pessoal da derradeira preocupação, a menos que a adoração desse símbolo interfira com a busca da felicidade de seus concidadãos. Aceitar tal restrição utilitarista, formulada por Mill em *Sobre a liberdade*, é a única obrigação imposta pela cidadania democrática, a única exceção ao compromisso democrático de honrar os direitos dos indivíduos.

Isso significa que ninguém se encontra sob nenhuma restrição para buscar a Verdade, nem para se importar se a Terra gira em torno do Sol ou vice-versa. As teorias científicas, assim como as teológicas e as filosóficas, tornam-se ferramentas opcionais para facilitar os projetos individuais ou sociais. Os cientistas, com isso, perdem a posição que herdaram do clero monoteísta, de pessoas que pagam o devido tributo à autoridade de algo "além de nós mesmos".

"Além de nós mesmos" é uma expressão que ressoa como um sino através do texto de *Literatura e dogma*, de Arnold, e isso pode ter sido uma das razões pelas quais Dewey tinha uma aversão particular por Arnold[20]. Logo que se livrou do calvinismo de sua mãe, Dewey desconfiava de tudo que sugerisse a existência de uma autoridade não humana à qual os seres humanos devessem respeito. Ele louvava a democracia como a única forma de "fé moral e social" que não "se baseia na ideia de que a experiência deve ser subme-

---

[19] Dewey, *Reconstruction in philosophy* [Reconstrução na filosofia], em *The middle works of John Dewey*, vol. VII, p. 186.
[20] Cf. Dewey, "A common faith", em *The later works of John Dewey*, vol. IX, p. 36 e também o ensaio precoce "Poetry and philosophy" [Poesia e filosofia]. Nesse último, Dewey diz que "a fonte de arrependimento que inspira os escritos de Arnold é sua consciência de um duplo isolamento do homem – seu isolamento da natureza e seu isolamento dos outros homens" (Dewey, *Early works*, vol. III, p. 115).

tida à certa altura a alguma forma de controle externo: a alguma *autoridade* que se alega existir fora do processo da experiência"²¹.

Essa passagem em um ensaio de 1939 repete uma escrita 47 anos antes. Em "Cristianismo e democracia", Dewey dissera que "a única afirmação que o cristianismo faz é que Deus é a verdade; que, como verdade, Ele é amor e revela a Si Próprio inteiramente ao homem, não escondendo nada de Si Próprio; que o homem é tão uno com a verdade assim revelada que ela não é revelada *para* ele, mas *nele*; ele é a sua encarnação"²². Para Dewey, Deus não é de maneira nenhuma o Outro Absoluto de Kierkegaard. Tampouco ele é Uno. Ele é antes todas as inúmeras sublimidades que os seres humanos chegam a ver com os olhos que eles próprios criaram.

Se ateísmo e antimonoteísmo fossem a mesma coisa, então Dewey teria sido o ateu mais agressivo que jamais viveu. A ideia de que Deus possa ter escondido algo, que possa haver algo além de nós mesmos que seria o nosso dever descobrir, era tão desagradável para ele quanto a ideia de que Deus poderia nos ter dito quais das nossas necessidades teriam prioridade sobre as outras. Ele reservava sua reverência para o universo como um todo, "a comunidade de causas e consequências na qual, juntamente com os ainda não nascidos, estamos emaranhados". "A vida contínua dessa abrangente comunidade de seres", disse ele, "inclui todas as realizações significativas dos homens na ciência e nas artes e todas as agradáveis atividades de intercurso e comunicação".

Note-se, nas passagens que acabo de citar, a frase "juntamente com os ainda não nascidos" e também o adjetivo "contínua". A aversão de Dewey pela eternidade e pela estabilidade da qual o

---

²¹ "Creative democracy – the task before us" [Democracia criativa – A tarefa que nos aguarda], 1939. O trecho citado encontra-se em *Later works*, vol. XIV, p. 229. Dewey diz que ele ali "expressa brevemente a fé democrática nos termos formais de uma posição filosófica".

²² Dewey, *Early works*, vol. IV, p. 5.

monoteísmo se orgulha é tão grande que ele nunca pode se referir ao universo como um todo sem nos lembrar de que o universo ainda está em evolução – ainda experimentando, ainda criando novos olhos com os quais ver a si próprio.

A versão de Wordsworth do panteísmo significava muito para Dewey, mas a insistência de Whitman sobre a futuridade significava ainda mais. O panteísmo de Wordsworth nos salva do que Arnold chamava de "hebraísmo" ao tornar impossível considerar, como coloca Dewey, "o drama do pecado e da redenção representado no interior da alma isolada e solitária do homem como a única coisa de suprema importância". Mas Whitman faz ainda algo mais. Ele nos diz que a natureza não humana culmina em uma comunidade de homens livres, em sua colaboração para construir uma sociedade na qual, como disse Dewey, "a poesia e o sentimento religioso serão as flores espontâneas da vida"[23].

O principal símbolo de Dewey para o que ele chamava de "a união do ideal e do real" eram os Estados Unidos da América, considerados da mesma maneira que Whitman: como um local de abertura à possibilidade de formas de felicidade humana ainda não sonhadas, sempre mais diversas. Muito do que Dewey escreveu consiste em uma reiteração interminável da advertência de Whitman de que:

> a América [...], em minha opinião, conta quase que inteiramente com o futuro para justificar-se e ser bem-sucedida (pois quem, por enquanto, ousaria pretender ter tido sucesso?) [...] Pois considero o nosso Novo Mundo bem menos importante pelo que ele já fez, ou pelo que ele é, do que pelos seus resultados vindouros[24].

---

[23] Dewey, "Reconstruction in philosophy", em *Middle works*, vol. XII, p. 201.
[24] Walt Whitman, "Democratic vistas" [Panoramas democráticos], in *Complete poetry and selected prose* [Poesia completa e prosa seleta], Nova York, Library of America, 1982, p. 929.

3
A justiça como uma lealdade maior

Todos nós esperaríamos obter ajuda se, perseguidos pela polícia, pedíssemos a nossa família que nos escondesse. A maioria de nós prestaria tal ajuda mesmo sabendo que nosso filho ou parente é culpado de um crime infame. Muitos de nós estariam dispostos a cometer perjúrio para poder fornecer um álibi falso a esse filho ou parente. Mas se uma pessoa inocente for injustamente condenada em consequência de nosso perjúrio, a maioria de nós se sentiria dilacerado por um conflito entre a lealdade e a justiça.

Um tal conflito será sentido, contudo, apenas na medida em que possamos nos identificar com a pessoa inocente que prejudicamos. Se a pessoa for um vizinho, o conflito provavelmente será intenso. Se for um forasteiro, em especial alguém de uma raça, classe social ou país diferente, o conflito será consideravelmente menor. Deve haver algum sentido em que ele ou ela seja "um de nós", antes que comecemos a ser atormentados pela questão de se fizemos ou não a coisa certa quando cometemos o perjúrio. Portanto, pode ser igualmente apropriado nos descrever como dilacerados por um conflito entre lealdades – a lealdade à nossa família e a lealdade a um grupo grande o suficiente para incluir a vítima de nosso perjúrio – em vez de entre a lealdade e a justiça.

Nossa lealdade a tais grupos maiores vai, contudo, enfraquecer-se, ou até esvanecer-se completamente, quando as coisas ficarem realmente sérias. Então, pessoas que uma vez consideramos como iguais a nós serão excluídas. Compartilhar alimentos com pessoas pobres na rua é algo natural e correto em tempos normais, mas talvez não o seja durante um período de escassez, quando fazê-lo equivaleria a uma deslealdade com a própria família. Quanto mais as coisas se tornam difíceis mais os laços de lealdade para com os mais próximos se estreitam e mais os laços para com todos os outros se afrouxam.

Considere outro exemplo de expansão e contração de lealdades: nossa atitude em relação a outras espécies. A maioria de nós, hoje em dia, está pelo menos um pouco convencida de que os vegetarianos têm uma certa razão e de que os animais têm algum tipo de direito. Mas suponha que as vacas, ou os cangurus, revelem-se portadores de uma nova mutação de um vírus, que, embora inócuo para eles, é invariavelmente fatal para os humanos. Suspeito que faríamos então pouco caso das acusações de *especismo* e participaríamos do necessário massacre. A ideia de justiça entre espécies tornar-se-ia subitamente irrelevante, porque as coisas de fato se tornaram muito sérias e a lealdade para com a nossa própria espécie deve vir em primeiro lugar. A lealdade a uma comunidade maior – a de todas as criaturas vivas de nosso planeta natal –, sob tais circunstâncias, dissipar-se-ia rapidamente.

Como um exemplo final, consideremos a situação difícil criada pela exportação acelerada de empregos do Primeiro para o Terceiro Mundo. É provável a ocorrência de um contínuo declínio da renda média real da maioria das famílias norte-americanas. Seria plausível atribuir grande parte desse declínio ao fato de que pode-se contratar um operário de fábrica na Tailândia por um décimo do que se teria de pagar em Ohio. Tornou-se sabedoria corrente entre os ricos que o trabalho norte-americano e europeu tem um preço exorbitante no mercado mundial. Quando se diz aos homens de negócio norte-americanos que eles estão sendo desleais aos Estados Unidos ao deixarem cidades inteiras no nosso *Rust Belt* sem trabalho ou esperança, eles às vezes respondem que colocam a justiça acima da lealdade[1] e argumentam que as necessidades da humanidade como um todo tem precedência moral sobre as de seus concidadãos e prevaleçam sobre as lealdades nacionais. A justiça requer que eles ajam como cidadãos do mundo.

Consideremos agora a hipótese plausível de que as instituições e liberdades democráticas são viáveis apenas quando apoiadas por uma afluência econômica que é atingível regionalmente, mas impossível globalmente. Se essa hipótese for correta, a democracia e a liberdade no Primeiro Mundo não serão capazes de sobreviver a uma globalização completa do mercado de trabalho. Portanto, as democracias ricas defrontam-se com a escolha entre perpetuar suas próprias instituições e tradições democráticas e tratar o Terceiro Mundo de maneira justa. Fazer justiça ao Terceiro Mundo requereria exportar capital e empregos até que tudo ficasse nivelado – até que um dia honesto de trabalho, em uma vala ou atrás de um computador, não ganhasse um salário maior em Cincinnati ou Paris do que em uma pequena vila em Botsuana. Mas, então, pode ser plausivelmente argumentado, não haverá nenhum dinheiro para manter bibliotecas públicas gratuitas, jornais e redes de mídia concorrentes entre si, a educação amplamente disponível das artes liberais, e todas as outras instituições necessárias para se produzir uma

---

[1] Donald Fites, presidente da companhia de tratores Caterpillar, explicou a política de sua companhia de transferência para o exterior dizendo que, "como ser humano, acho que o que está acontecendo é positivo. Não penso que seja realista que 250 milhões de norte-americanos controlem uma parte tão grande do PIB mundial". Citado em *The endangered american dream* [O sonho americano em perigo], Nova York, Simon and Schuster, 1993, p. 184.

opinião pública esclarecida e, portanto, manter os governos mais ou menos democráticos.

Qual é, dada essa hipótese, a coisa correta a ser feita pelas democracias ricas? Ser leais a si próprias e umas às outras? Preservar as sociedades livres para um terço da humanidade às custas dos dois terços restantes? Ou sacrificar as bençãos da liberdade política em favor da justiça econômica igualitária?

Essas questões são comparáveis às confrontadas pelos pais de uma grande família após um holocausto nuclear. Devem eles partilhar as provisões de alimentos que armazenaram no porão com seus vizinhos, mesmo que os suprimentos durem então apenas um dia ou dois? Ou defender-se desses vizinhos com armas? Ambos os dilemas morais fazem surgir a mesma questão: devemos contrair o círculo em prol da lealdade, ou expandi-lo em nome da justiça?

Não faço ideia de qual seria a resposta correta a essas questões, qual seria a coisa certa que esses pais deveriam fazer ou a coisa certa que o Primeiro Mundo deveria fazer. Apresentei-as apenas para poder colocar em foco uma questão mais abstrata e meramente filosófica. Essa questão é: deveríamos descrever esses dilemas morais como conflitos entre lealdade e justiça ou, como sugeri, como lealdades a grupos menores e lealdades a grupos maiores?

Isso equivale a perguntar: seria uma boa ideia considerar a *justiça* como o nome de uma lealdade a um certo grupo muito grande, como o nome de nossa maior lealdade atual, em vez do nome de algo distinto da lealdade? Poderíamos substituir a noção de "justiça" pela de lealdade a um grupo – por exemplo, o de nossos concidadãos, ou da espécie humana, ou todas as criaturas vivas? Seria perdido algo com essa substituição?

Os filósofos morais que permanecem leais a Kant provavelmente pensariam que *muito* seria perdido. Os kantianos insistem, tipicamente, que a justiça brota da razão e a lealdade do sentimento. Apenas a razão, dizem eles, pode impor obrigações morais universais e incondicionais, e nossa obrigação de sermos justos pertence a essa categoria. Ela se encontra em um nível diferente da categoria das relações afetivas que criam a lealdade. Juergen Habermas é o mais proeminente filósofo contemporâneo que insiste nessa maneira kantiana de ver as coisas – é o pensador menos propenso a borrar a linha divisória entre a razão e o sentimento, ou a linha entre a validade universal e o consenso histórico. Mas pensadores contemporâneos que partem de Kant, seja na direção de Hume (como Annette Baier) ou na direção de Hegel (como Charles Taylor) ou de Aristóteles (como Alasdair MacIntyre), não estão tão certos disso.

Michael Walzer encontra-se no extremo oposto de Habermas. Ele desconfia de termos como "razão" e "obrigação moral universal". O núcleo de sua obra *Thick and thin* [Denso e ralo] é a afirmação de que deveríamos rejeitar a intuição que Kant toma como central: a intuição de que "homens e mulheres, em qualquer lugar, começam com alguma ideia comum ou princípio ou conjunto de ideias e princípios comuns, que eles então desenvolvem de muitas maneiras diferentes". Walzer acha que esse quadro da moralidade que "começa rala" e "vai se adensando com o tempo" deveria ser invertido. Ele diz que "a moralidade é densa desde o início, integrada culturalmente, plenamente ressonante, e revela-se mais rala somente em ocasiões especiais, quando a linguagem moral se volta para propósitos especiais"[2]. A inversão de Walzer sugere, embora sem implicar, o quadro neo-humiano de moralidade esboçado por Annette Baier em seu livro *Moral prejudices* [Preconceitos morais]. Na explicação de Baier, a moralidade começa não como uma obrigação, mas como uma

---

[2] Michael Walzer, *Thick and thin: moral argument at home and abroad* [Denso e ralo: discussão moral doméstica e no exterior], Notre Dame, Notre Dame University Press, 1994, p. 4.

relação de confiança mútua em um grupo estreitamente coeso, tal como uma família ou um clã. Comportar-se moralmente é fazer o que nos vem naturalmente no tratamento com nossos pais e crianças ou outros membros do clã. Equivale a respeitar a confiança que eles depositam em nós. A obrigação, como oposta à confiança, entra no quadro somente quando a nossa lealdade a um grupo menor entra em conflito com a nossa lealdade a um grupo maior[3].

Quando, por exemplo, as famílias se confederam em tribos, ou as tribos em nações, podemos nos sentir obrigados a fazer algo que não nos vem naturalmente: deixar nossos pais desamparados para ir lutar nas guerras, ou governar contra nosso próprio povo em nossa condição de administrador federal ou juiz. O que Kant descreveria como um conflito resultante entre a obrigação moral e o sentimento, ou entre a razão e o sentimento, é, em uma explicação não kantiana da questão, um conflito entre um conjunto de lealdades e outro conjunto de lealdades. A ideia de uma obrigação moral universal de se respeitar a dignidade humana é substituída pela ideia de lealdade a um grupo muito grande – a espécie humana. A ideia de que uma obrigação moral se estenda além dessa espécie para um grupo ainda maior torna-se a ideia de lealdade a todos aqueles que, como nós mesmos, podem experimentar a dor – até mesmo as vacas e os cangurus – ou talvez até mesmo a todas as criaturas vivas, inclusive as árvores.

Essa perspectiva não kantiana da moralidade pode ser reformulada como sendo a afirmação de que nossa identidade moral é determinada pelo grupo ou grupos com o qual nos identificamos – o grupo ou grupos ao qual não podemos ser desleais e ainda assim ser nós mesmos. Os dilemas morais não são, sob tal perspectiva,

---

[3] A imagem de Baier é bastante próxima daquela esboçada por Wilfrid Sellars e Robert Brandom em suas interpretações quase hegelianas do progresso moral como a expansão do círculo de seres que podem ser chamados de "nós".

o resultado de um conflito entre a razão e o sentimento, mas entre eus alternativos, autodescrições alternativas, maneiras alternativas de darmos um sentido à nossa vida. Os não kantianos não acham que temos um eu central e verdadeiro em virtude de pertencermos à espécie humana – um eu que responde ao chamado da razão. Eles podem, em vez disso, concordar com Daniel Dennett que um eu é um centro de gravidade narrativo. Em sociedades não tradicionais, a maioria das pessoas tem várias narrativas ao seu dispor e, portanto, várias identidades morais diferentes. É essa pluralidade de identidades que explica o número e a variedade de dilemas morais, filósofos morais e romances psicológicos nessas sociedades.

O contraste de Walzer entre a moralidade densa e rala é, entre outras coisas, um contraste entre as histórias detalhadas e concretas que podemos contar sobre nós mesmos como um membro de um grupo menor e a história relativamente abstrata e genérica que podemos contar sobre nós como cidadãos do mundo. Sabemos mais sobre a nossa família do que sobre a nossa aldeia, mais sobre a nossa aldeia do que sobre a nação a que pertencemos, mais sobre a nossa nação do que sobre a humanidade como um todo, mais sobre sermos humanos do que sobre sermos simplesmente criaturas vivas. Estamos em uma posição melhor para decidir quais diferenças entre os indivíduos são moralmente relevantes quando lidamos com aqueles que podemos descrever densamente, e em uma posição pior quando lidamos com aqueles que podemos descrever apenas de maneira rala. É por isso que, quando os grupos ficam maiores, a lei tem de substituir os costumes, e os princípios abstratos têm de substituir a *phrónesis*. Assim, os kantianos estão errados ao ver a *phrónesis* como um adensamento de princípios abstratos ralos. Platão e Kant foram enganados pelo fato de que os princípios abstratos são destinados a levar as lealdades provincianas a pensar que os princípios precedem de alguma forma as lealdades – que o ralo é anterior ao denso.

A distinção denso/ralo de Walzer pode ser alinhada com o contraste de Rawls entre um *conceito* compartilhado de justiça e várias *concepções* de justiça conflitantes entre si. Rawls especifica esse contraste como a seguir:

> O conceito de justiça, aplicado a uma instituição, significa, pode-se dizer, que a instituição não faz nenhuma distinção arbitrária entre pessoas ao atribuir direitos e deveres básicos entre as pessoas, e que suas regras estabelecem um equilíbrio adequado entre reivindicações concorrentes entre si. [...] [Uma] concepção inclui, além disso, princípios e critérios para decidir quais distinções são arbitrárias e quando um equilíbrio entre reivindicações concorrentes é adequado. As pessoas podem concordar sobre o significado da justiça e ainda assim estarem em desacordo, já que afirmam diferentes princípios e padrões para decidir essas questões[4].

Parafraseado nos termos de Rawls, o argumento de Walzer é de que *concepções* de justiça densos e "plenamente ressonantes", que incluem distinções entre as pessoas que importam mais e as pessoas que importam menos, vêm primeiro. O conceito ralo, e sua máxima "não faça distinções arbitrárias entre sujeitos morais", é articulado apenas em ocasiões especiais. Nessas ocasiões, o conceito ralo pode frequentemente ser voltado contra quaisquer das concepções densas das quais emergiu, sob a forma de questões críticas sobre se não seria meramente arbitrário pensar que certas pessoas importam mais que outras.

Nem Rawls nem Walzer pensam, contudo, que o esvaziamento do conceito ralo de justiça, por si só, resolveria essas questões

---

[4] John Rawls, *Political liberalism* [*Liberalismo político*, Ática, 2000], Nova York, Columbia University Press, 1993, p. 14.

críticas por fornecer um critério de arbitrariedade. Eles não acham que podemos fazer o que Kant esperava fazer – derivar soluções para dilemas morais da análise de conceitos morais. Para colocar a questão na terminologia que estou sugerindo: nós não podemos resolver o conflito entre lealdades afastando-nos de todas elas em direção a algo categoricamente distinto da lealdade – a obrigação moral universal de agir justamente. Assim, temos de abandonar a ideia kantiana de que a lei moral começa pura, mas corre sempre o risco de ser contaminada por sentimentos irracionais que introduzem discriminações arbitrárias entre as pessoas. Temos, para substituí-la, a ideia hegeliano-marxista de que a assim chamada lei moral é, na melhor das hipóteses, uma abreviação cômoda para uma rede concreta de práticas sociais. Isso significa abandonar a afirmação de Habermas de que sua "ética do discurso" articula uma pressuposição transcendental do uso da linguagem, e aceitar a afirmação de seus críticos de que ela articula apenas os costumes das sociedades liberais contemporâneas[5].

Agora eu gostaria de levantar a questão de se os vários dilemas morais, com os quais iniciei, devem ser descritos como conflitos entre lealdade e justiça ou como conflitos entre lealdades a grupos particulares, em uma forma mais concreta. Consideremos a questão de se as demandas por reforma feitas no resto do mundo pelas sociedades liberais ocidentais são feitas em nome de algo que não seja meramente ocidental – algo como a moralidade, a humanidade ou a racionalidade – ou são simplesmente expressões de lealdade a

---

[5] Esse tipo de debate ocorre em grande parte da filosofia contemporânea. Compare-se, por exemplo, o contraste de Walzer em se começar ralo e se começar denso com o da noção platônico-chomskiana de que começamos com significados e descemos para o uso e com a noção wittgenstein-davidsoniana de que começamos com o uso e então removemos a nata do significado na medida de nossos propósitos lexicográficos ou filosóficos.

concepções de justiça ocidentais locais. Habermas diria que são as primeiras. Eu diria que são as últimas, mas que não são piores por causa disso. Penso que é melhor não dizer que o Ocidente liberal é mais bem informado sobre racionalidade e justiça, e em vez disso dizer que, ao fazer demandas em sociedades não liberais, ele está simplesmente sendo verdadeiro em relação a si mesmo.

Em um trabalho intitulado "O direito dos povos", Rawls discute a questão de se a concepção de justiça que ele desenvolveu em seus livros é algo peculiarmente ocidental ou, antes, algo universal. Ele gostaria de poder reivindicar a universalidade. Ele diz que é importante evitar o *historicismo*, e acredita que pode fazer isso se conseguir demonstrar que a concepção de justiça adequada a uma sociedade liberal pode ser estendida além de tais sociedades através da formulação do que ele chama de "a lei dos povos"[6]. Ele delineia, nesse estudo, uma extensão do procedimento construtivista proposto em sua obra *A theory of justice* [Uma teoria da justiça] – uma extensão que, por continuar a separar o direito do bem, nos permite incluir sociedades liberais e não liberais sob a mesma lei.

À medida que Rawls desenvolve tal proposta construtivista, contudo, evidencia-se que essa lei se aplica apenas aos povos *razoáveis*, em um sentido bastante específico do termo "razoável". As condições que as sociedades não liberais devem honrar para

---

[6] John Rawls, "The law of peoples" [*O direito dos povos*, Martins Fontes Editora, 2001], em *On human rights: the Oxford Amnesty Lectures* [Sobre os direitos humanos: as palestras sobre anistia de Oxford], 1993, Nova York, Basic Books, 1993, p. 44. Não estou certo de que Rawls ache que o historicismo é indesejável, e há trechos, tanto anteriores quanto recentes, em que ele parece apostar nos historicistas (ver o trecho citado na nota 9 abaixo de seu recente trabalho "Reply to Habermas" [Resposta a Habermas]. Há alguns anos defendi a plausibilidade de uma interpretação historicista da metafilosofia de *A theory of justice* [*Uma teoria da justiça*, Martins Editora, 2008] de Rawls (Cambridge, Harvard University Press, 1971), em meu trabalho "The priority of democracy to philosophy" [A prioridade da democracia para a filosofia], reeditado em minha obra *Objectivity, relativism and truth* [Objetividade, relativismo e verdade], Cambridge, Cambridge University Press, 1991.

"serem aceitas pelas sociedades liberais como membros em boas condições de uma sociedade de povos" incluem o seguinte: "seu sistema de leis deve ser guiado por uma concepção de justiça do bem comum que leve em consideração imparcialmente o que vê não irrazoavelmente como os interesses fundamentais de todos os membros da sociedade"[7].

Rawls adota o preenchimento dessa condição para excluir a violação dos direitos humanos básicos. Esses direitos incluem "pelo menos certos direitos mínimos aos meios de subsistência e segurança (o direito à vida), à liberdade (liberdade da escravidão, servidão e ocupações forçadas) e propriedade (privada), assim como a uma igualdade formal, expressa pelas regras da justiça natural (por exemplo, que casos similares devem ser tratados similarmente)"[8]. Quando Rawls explicita o que tem em mente ao dizer que as sociedades não liberais aceitáveis não devem ter doutrinas filosóficas ou religiosas irrazoáveis, ele elabora mais esse *irrazoável* ao dizer que essas sociedades devem "admitir uma medida de liberdade de consciência e liberdade de pensamento, mesmo que essas liberdades não sejam geralmente iguais para todos os membros da sociedade". A noção de Rawls sobre o que é razoável, em resumo, restringe o pertencimento à sociedade dos povos às sociedades cujas instituições incluem a maioria das realizações duramente alcançadas pelo Ocidente nos dois séculos desde o Iluminismo.

A meu ver, Rawls não pode simultaneamente rejeitar o historicismo e invocar sua noção de razoabilidade. Pois o efeito dessa invocação é o de incorporar a maioria das decisões recentes do Ocidente sobre quais distinções entre as pessoas são arbitrárias à concepção de justiça implícita na lei dos povos. As diferenças entre as diferentes *concepções* de justiça, devemos lembrar, são diferenças

---
[7] Rawls, "The law of peoples", p. 81, 61.
[8] Idem, p. 62.

entre quais características dos povos são consideradas relevantes à adjudicação de suas reivindicações concorrentes entre si. Há obviamente espaço de manobra suficiente em frases como "casos similares deveriam ser tratados similarmente" para permitir argumentos de que crentes e infiéis, homens e mulheres, pretos e brancos, homossexuais e heterossexuais deveriam ser tratados como sendo relevantemente *dis*similares. Portanto, há espaço para se argumentar que a discriminação com base em tais diferenças *não* é arbitrária. Se vamos excluir da sociedade dos povos as sociedades em que não se permite aos homossexuais infiéis que se envolvam em certas ocupações, essas sociedades poderão dizer, muito razoavelmente, que, ao excluí-las, não estamos apelando para algo universal, mas para desenvolvimentos muito recentes na Europa e na América.

Concordo com Habermas quando ele diz: "O que Rawls na verdade prejulga com o conceito de um 'consenso sobreposto' é a distinção entre formas modernas e pré-modernas de consciência, entre interpretações do mundo 'razoáveis' e 'dogmáticas'". Mas discordo de Habermas, como penso que Walzer também o faria, quando ele prossegue para dizer que Rawls

> [...] só pode defender a primazia do direito sobre o bem com o conceito de um consenso sobreposto se for verdade que as visões do mundo pós-metafísicas são epistemicamente superiores às visões do mundo fundamentalistas e dogmaticamente estabelecidas – e, na verdade, apenas se tal distinção puder ser feita com absoluta claridade.

A posição de Habermas é a de que Rawls necessita de um argumento com premissas válidas transculturalmente para afirmar a superioridade do Ocidente liberal. Sem tal argumento, diz ele, "a desqualificação das doutrinas 'irrazoáveis' que não podem ser harmonizadas com o conceito 'político' de justiça proposto é inadmissível"[9].

Tais passagens tornam claro o porquê de Habermas e Walzer encontrarem-se em polos opostos. Walzer aceita como natural que não possa haver algo como uma demonstração não circular da superioridade epistêmica da ideia ocidental da razoabilidade. Não há, para ele, nenhum tribunal transcultural da razão perante o qual se pudesse julgar a questão da superioridade. Walzer propõe o que Habermas chama de "um forte contextualismo para o qual não há uma 'racionalidade' única". Nessa concepção, prossegue Habermas, "'racionalidades' individuais diferentes são correlacionadas com diferentes culturas, visões do mundo, tradições ou formas de vida. Cada uma delas é vista como articulada internamente com uma compreensão particular do mundo."[10]

Penso que a abordagem construtivista de Rawls à lei dos povos pode funcionar se ele adotar o que Habermas chama de "um forte contextualismo". Fazer isso implicaria abandonar a tentativa de escapar ao historicismo, assim como a tentativa de fornecer um argumento universalista para os pontos de vista mais recentes do Ocidente sobre quais diferenças são arbitrárias. O ponto forte da

---

[9] Todas as citações desse parágrafo são extraídas de *Justification and application: remarks on discourse ethics* [Justificação e aplicação: comentários sobre a ética do discurso], de Juergen Habermas (Cambridge, MIT Press, 1993, p. 95), em que ele comenta o uso de *razoável* feito por Rawls em escritos anteriores a "O direito dos povos", já que esse último foi publicado após o livro de Habermas. Quando escrevi o presente capítulo, o intercâmbio entre Rawls e Habermas publicado em *The Journal of Philosophy* (vol. 92, n. 3, março de 1995) ainda não havia sido publicado. Esse intercâmbio raramente toca na questão do historicismo em oposição ao universalismo. Mas uma passagem em que essa questão surge explicitamente pode ser encontrada na p. 179 da "Resposta a Habermas" de Rawls: "A justiça como qualidade do que é justo é substantiva [...] no sentido de que ela emana de e pertence à tradição do pensamento liberal e da comunidade maior da política cultural das sociedades democráticas. Ela falha em ser devidamente formal e verdadeiramente universal e, portanto, em fazer parte da pressuposições quase transcendentais (como Habermas às vezes diz) estabelecidas pela teoria da ação comunicativa."

[10] Idem.

obra *Thick and thin*, de Walzer, me parece ser a sua explicitação sobre a necessidade de se fazer isso. O ponto fraco da explicação de Rawls sobre o que ele está fazendo reside na ambiguidade entre dois sentidos de universalismo. Quando Rawls diz que "uma doutrina liberal construtivista é universal em seu alcance, uma vez que seja estendida à [...] lei dos povos"[11], ele não está dizendo que ela é universal em sua validade. Alcance universal é uma noção que assenta bem com o construtivismo, mas validade universal não – e é essa última que Habermas requer. É por isso que ele pensa que necessitamos realmente de armamento filosófico pesado – modelado pelo de Kant – e a razão de insistir em que apenas as pressuposições transcendentais de alguma possível prática comunicativa é que farão o serviço[12]. Para ser fiel ao seu próprio construtivismo, penso eu, Rawls tem de concordar com Walzer que esse serviço não necessita ser feito.

Rawls e Habermas frequentemente invocam – e Walzer quase nunca o faz – a noção de "razão". Em Habermas, tal noção está sempre vinculada à de validade livre do contexto. Em Rawls, as coisas são mais complicadas. Rawls distingue a forma razoável da racional, utilizando essa última para se referir simplesmente ao tipo de racionalidade meios-fins utilizada na engenharia, ou para elaborar um *modus vivendi* hobbesiano. Mas ele invoca frequentemente uma terceira noção, a de "razão prática", como quando diz que a autoridade de uma disciplina liberal construtivista "reside nos princípios e concepções da razão prática"[13]. A utilização feita por Rawls desse

---

[11] Rawls, "The law of peoples", p. 46.

[12] Minha própria posição é a de que não necessitamos, seja em epistemologia ou em filosofia moral, da noção de validade universal. Defendo isso em meu trabalho "Universality and truth" [Universalismo e verdade], incluído em *Rorty and his critics* [Rorty e seus críticos], Oxford, Blackwell, 2000. Habermas e Apel consideram minha posição paradoxal e de desempenho provavelmente contraditório.

[13] Rawls, "The law of peoples", p. 46.

termo kantiano pode fazer parecer que ele concorda com Kant e Habermas de que há uma faculdade humana distribuída universalmente chamada de "razão prática" (preexistente à história recente do Ocidente e funcionando de maneira bastante independente dela), uma faculdade que nos diz o que conta como uma distinção arbitrária entre as pessoas e o que não conta. Tal faculdade faria o serviço que Habermas pensa que deve ser feito: detectar a validade moral transcultural.

Mas não pode ser essa, penso eu, a intenção de Rawls. Pois ele também diz que o seu próprio construtivismo difere de todas as perspectivas filosóficas que apelam para uma fonte de autoridade, e nas quais "a universalidade da doutrina é a consequência direta de sua fonte de autoridade". Como exemplos de fontes de autoridade, ele cita "a razão (humana), ou um domínio independente de valores morais, ou alguma outra base de validade universal proposta"[14]. Penso, portanto, que devemos interpretar sua frase "os princípios e as concepções da razão prática" como se referindo a *quaisquer* princípios e concepções a que se tenha chegado no curso de criação de uma comunidade.

Rawls enfatiza que criar uma comunidade não é a mesma coisa que elaborar um *modus vivendi* – uma tarefa que requer apenas a racionalidade meios-fins, não a razão prática. Um princípio ou concepção pertence à razão prática, no sentido de Rawls, se ao emergir na história das pessoas ele começou denso e se tornou ralo, desenvolvendo com isso um consenso sobreposto e estabelecendo uma comunidade moral mais inclusiva. Ele não pertenceria tanto se tivesse emergido sob a ameaça da força. A razão prática para Rawls é, por assim dizer, uma questão de procedimento mais do que de substância – de como concordamos sobre o que fazer mais do que aquilo sobre o que concordamos.

---

[14] Idem, p. 45.

A definição de razão prática sugere que possa haver apenas uma diferença verbal entre as posições de Rawls e Habermas. Pois a tentativa pessoal de Habermas de substituir "a razão centrada no sujeito" pela "razão comunicativa" é, em si própria, um movimento na direção de substituir "o que" por "como". A razão centrada no sujeito é uma fonte da verdade, uma verdade de certa forma coeva com a mente humana. A razão comunicativa não é uma fonte de coisa alguma, mas simplesmente a atividade de justificar afirmações oferecendo argumentos em vez de ameaças. Assim como Rawls, Habermas põe em foco a diferença entre a persuasão e a força, em lugar de, como fizeram Platão e Kant, concentrar-se na diferença entre as duas partes da pessoa humana – a parte racional boa e a parte passional ou sensual dúbia. Ambos gostariam de reenfatizar a noção de *autoridade* da razão – a ideia da razão como uma faculdade que emite decretos – e substituem a noção de racionalidade como o que está presente sempre que as pessoas se comunicam entre si, sempre que tentam justificar suas afirmações umas para as outras, em vez de se ameaçarem mutuamente.

As similaridades entre Rawls e Habermas parecem ainda maiores à luz do aval dado por Rawls à resposta de Thomas Scanlon para "a questão fundamental de por que toda e qualquer pessoa deveria se preocupar com a moralidade", a saber: que "nós temos um desejo básico de sermos capazes de justificar nossas ações para os outros com fundamentos que eles não possam razoavelmente rejeitar – razoavelmente, isto é, considerado o desejo de encontrar princípios que outros similarmente motivados não pudessem razoavelmente rejeitar"[15]. Isso sugere que os dois filósofos poderiam concordar sobre a seguinte afirmação: a única noção de racionalidade de que necessitamos, pelo menos na filosofia moral e social,

---

[15] Cito aqui o resumo feito por Rawls da perspectiva de Scanlon em *Political liberalism*, p. 49n.

é a da situação em que as pessoas não digam que "seus próprios interesses atuais determinam que você concorde com nossa proposta", mas sim "suas próprias crenças centrais, as crenças que são mais centrais para a sua identidade moral, sugerem que você deveria concordar com nossa proposta".

A noção de racionalidade pode ser delimitada utilizando-se a terminologia de Walzer ao se dizer que a racionalidade é encontrada sempre que as pessoas contemplam a possibilidade de passarem de diferentes situações densas para a mesma situação rala. Apelar para os interesses em lugar de apelar para as crenças serve para encorajar um *modus vivendi*. Um tal apelo é exemplificado pelo discurso dos embaixadores atenienses aos desafortunados melianos, como foi relatado por Tucídides. Mas apelar para nossas crenças duradouras, assim como para nossos interesses atuais, sugere que o que nos confere nossa identidade moral *presente* – nosso complexo de crenças densas e ressonantes – pode tornar possível para nós desenvolver uma identidade moral nova e suplementar[16]. É sugerir que aquilo que nos torna leais a um grupo menor pode nos dar razões para cooperar na construção de um grupo maior, um grupo para com o qual poderemos, no devido tempo, nos tornar igualmente leais, ou talvez até mais leais. A diferença entre a ausência e a presença de uma racionalidade, nessa abordagem, é a diferença entre uma ameaça e uma oferta – a oferta de uma nova identidade moral e, portanto, uma lealdade nova e maior, uma lealdade a um grupo formado por um acordo não forçado entre grupos menores.

Na esperança de minimizar ainda mais o contraste entre Habermas e Rawls, e de reconciliar ambos com Walzer, gostaria de

---

[16] Walzer acha que é uma boa ideia que as pessoas tenham muitas identidades morais diferentes. "[E]us densos e divididos são os produtos característicos de uma sociedade densa, diferenciada e pluralista, e, por sua vez, a requerem" (*Thick and thin*, p. 101).

sugerir uma maneira de pensar a racionalidade que poderá ajudar a resolver o problema que coloquei anteriormente: o problema de saber se a justiça e a lealdade são tipos de coisas diferentes, ou se as demandas da justiça são simplesmente as demandas de uma lealdade maior. Eu disse que essa questão parecia reduzir-se à questão de saber se a justiça e a lealdade vinham de fontes diferentes – a razão e o sentimento, respectivamente. Se a última discussão reaparecer, a primeira não parecerá particularmente útil. Mas se por racionalidade queremos significar simplesmente o tipo de atividade que Walter considera como um processo de rarificação – o tipo que, com alguma sorte, alcançará a formulação e utilização de um consenso sobreposto –, então a ideia de que a justiça provém de uma fonte diversa da lealdade não parecerá mais plausível[17].

Pois, nessa abordagem da racionalidade, ser racional e adquirir uma lealdade maior são duas descrições da mesma atividade. Isso ocorre porque *qualquer* acordo não forçado entre indivíduos e grupos sobre o que fazer cria uma forma de comunidade e constituirá, com alguma sorte, o estágio inicial de expansão dos círculos daqueles que cada parte do acordo consideraram previamente como sendo "pessoas como nós". A oposição entre argumento racional e sentimento de camaradagem começa, então, a se dissolver. Pois o sentimento de camaradagem, como ocorre frequentemente, surge da compreensão de que as pessoas com as quais julgávamos que teríamos de ir à guerra e usar a força são, no sentido rawlsiano, "razoáveis". Elas são, como nos é revelado, suficientemente semelhantes a nós para verem o propósito em se estabelecer compromissos entre as diferenças para que se possa viver em paz, e

---

[17] Observe que, no sentido semitécnico de Rawls, um consenso sobreposto não é o resultado da descoberta de que várias perspectivas abrangentes já compartilham doutrinas comuns, mas de que algo poderia nunca ter surgido se os proponentes dessas perspectivas não tivessem começado a cooperar.

de se cumprir um acordo elaborado entre as partes. Elas são, pelo menos em certo grau, confiáveis.

A partir desse ponto de vista, a distinção de Habermas entre um uso estratégico da linguagem e um uso genuinamente comunicativo da linguagem começa a se parecer com a diferença entre as posições em um espectro – um espectro de graus de confiança. A sugestão de Baier de que é a confiança e não a obrigação o que adotamos como nosso conceito moral fundamental borrará então a linha entre a manipulação retórica e um argumento que busca a validade legítima – uma linha que, penso eu, Habermas acentua demais. Se deixamos de considerar a razão como fonte de autoridade, e a consideramos simplesmente como o processo de se chegar a um acordo pela persuasão, então a dicotomia platônica e kantiana padrão entre a razão e o sentimento começa a desaparecer. Essa dicotomia pode ser substituída por uma série contínua de graus de coincidência de crenças e desejos[18]. Quando as pessoas cujas crenças e desejos não coincidem muito discordam entre si, elas tendem a considerar as outras como loucas ou, de maneira mais polida, como irracionais. Quando há uma considerável coincidência, por outro lado, elas podem concordar em diferir e passar a considerar as outras como o tipo de pessoa com o qual se pode conviver – e consequentemente, talvez, como o tipo com o qual é possível se estabelecer amizade, casar e assim por diante[19].

---

[18] Davidson, em minha opinião, demonstrou que quaisquer dois seres que utilizem linguagem para se comunicar entre si necessariamente compartilham um enorme número de crenças e desejos. Com isso, ele mostrou a incoerência da ideia de que as pessoas podem viver em mundos separados criados por diferenças de cultura, ou *status*, ou fortuna. Há sempre uma imensa superposição – um imenso exército de reserva de crenças e desejos comuns que podem ser utilizados em caso de necessidade. Mas essa imensa superposição, é claro, não impede acusações de loucura ou perversidade diabólica. É que uma ínfima porção que não se superpõe, e que trata de certos assuntos particularmente sensíveis (a fronteira entre dois territórios, o nome do Único Deus Verdadeiro), pode conduzir a tais acusações e, eventualmente, à violência.

[19] Devo essa linha de pensamento sobre como conciliar Habermas e Maier a Mary Rorty.

Aconselhar as pessoas a serem racionais é, na perspectiva que ofereço, simplesmente sugerir que em algum ponto entre suas crenças e desejos comuns deve haver recursos suficientes para permitir um acordo sobre como coexistir sem violência. Concluir que alguém é irremediavelmente irracional não é perceber que essa pessoa não está utilizando adequadamente as faculdades que Deus lhe deu – é, antes, perceber que ela não parece compartilhar conosco crenças e desejos relevantes suficiente que tornem possível uma conversação frutífera sobre a questão em disputa. Assim, concluímos relutantemente que temos de abandonar nossa tentativa de ampliar sua identidade moral e partimos para a elaboração de um *modus vivendi* – algo que poderá incluir a ameaça ou mesmo a utilização da força.

Uma noção mais forte e mais kantiana de racionalidade seria evocada se alguém dissesse que ser racional é algo que garante uma resolução pacífica de conflitos – que se as pessoas estão dispostas a raciocinar juntas, por tempo suficiente, o que Habermas chama de "a força do melhor argumento" as fará chegar a um acordo[20]. Essa noção mais forte me parece bastante inútil. Não vejo nenhum propósito em dizer que é mais racional dar preferência a nossos vizinhos em vez de a nossa família na eventualidade de um holocausto nuclear, ou mais racional preferir nivelar os rendimentos financeiros em todo o mundo do que preservar as instituições das sociedades liberais ocidentais. Utilizar a palavra "racional" para recomendar a solução escolhida por nós para tais dilemas, ou usar a expressão "submeter-se à força do melhor argumento" para caracterizar nossa maneira de fazer as pazes com nossa consciência, é fazer a nós mesmos um cumprimento vazio.

---

[20] A noção de "o melhor argumento" é central para o entendimento de Habermas e Apel da racionalidade. Faço a crítica disso no artigo citado anteriormente na nota 12.

De maneira mais geral, a ideia de "o melhor argumento" só faz sentido se pudermos identificar uma relação natural e transcultural de relevância que conecte as proposições umas com as outras de maneira a formar algo como a "ordem natural das razões" de Descartes. Sem uma tal ordem natural, só podemos avaliar os argumentos pela sua eficácia em produzir acordos entre pessoas ou grupos particulares. Mas a noção requerida de relevância natural e intrínseca – a relevância ditada não pelas necessidades de uma certa comunidade, mas pela razão humana como tal – não parece ser mais útil ou plausível do que a de Deus, a cuja Vontade se pode apelar para resolver conflitos entre comunidades. Ela não passa, em minha opinião, de uma versão secularizada daquela primeira noção.

As sociedades não ocidentais do passado eram justificadamente céticas em relação aos conquistadores ocidentais que explicavam que as estavam invadindo em obediência a comandos divinos. Mais recentemente, elas têm sido céticas em relação aos ocidentais que sugerem que elas deveriam adotar modos ocidentais para se tornar mais racionais (essa sugestão foi abreviada por Ian Hacking como "*Me rational, you Jane*" ["Mim racional, você Jane"]. Na abordagem da racionalidade que recomendo, ambas as formas de ceticismo são igualmente justificadas. Mas isso não é negar que essas sociedades *deveriam* adotar modos ocidentais para, por exemplo, abandonar a escravidão, praticar a tolerância religiosa, educar as mulheres, permitir casamentos inter-raciais e interétnicos, tolerar a homossexualidade e a objeção de consciência à guerra e assim por diante. Como um ocidental leal, acho que elas de fato deveriam fazer todas essas coisas. Concordo com Rawls sobre o que deve ser considerado como razoável e sobre quais tipos de sociedade nós, ocidentais, deveríamos aceitar como membros de uma comunidade moral global.

Mas penso que a retórica que nós, ocidentais, utilizamos ao tentar fazer que todos se tornem mais parecidos conosco poderia ser melhorada se fôssemos mais abertamente etnocêntricos e menos supostamente universalistas. Seria melhor dizer: "Isso é o que nós no Ocidente consideramos ser um resultado do fim da escravidão, de se começar a educar as mulheres, da separação entre Igreja e Estado, e assim por diante. Eis aqui o que aconteceu após começarmos a considerar arbitrárias certas distinções entre as pessoas em vez de repletas de significação moral. Se vocês tentarem tratá-los dessa maneira, os resultados poderão lhes agradar". Dizer esse tipo de coisa parece ser preferível a dizer: "Vejam como somos melhores em saber quais diferenças entre as pessoas são melhores e quais não são – vejam como somos muito mais *racionais*".

Se nós, ocidentais, pudéssemos nos livrar da noção de obrigações morais universais criadas pelo pertencimento a uma mesma espécie e substituí-la pela ideia de construir uma comunidade de confiança entre nós e os outros, poderíamos estar em uma posição melhor para persuadir os não ocidentais das vantagens de se juntar a uma tal comunidade. Poderíamos ser mais capazes de construir o tipo de comunidade moral global que Rawls descreve em "O direito dos povos". Ao fazer essa sugestão, estou insistindo, como já fiz em outras ocasiões, em que devemos separar o liberalismo do Iluminismo do racionalismo do Iluminismo.

Penso que descartar o racionalismo residual que herdamos do Iluminismo é recomendável por diversas razões. Algumas delas são teóricas e de interesse apenas para os professores de filosofia, tais como a aparente incompatibilidade entre a teoria de correspondência da verdade e a abordagem naturalista sobre a origem das mentes humanas[21]. Outras são de ordem mais prática. Uma

---

[21] Para a alegação de que uma tal teoria da verdade é essencial para "a Tradição Racionalista Ocidental", ver John Searle, "Rationality and realism: what difference

razão prática é livrar-se da retórica racionalista que permitiria ao Ocidente aproximar-se do não Ocidente, representado no papel de alguém com uma história instrutiva para contar, em vez de no papel de alguém que se propõe a fazer um melhor uso de uma capacidade humana universal.

does it make?" [Racionalidade e realismo: que diferença isso faz?] em *Daedalus* 122, n. 4, outono de 1992, p. 55-84. Ver também minha resposta a Searle em "John Searle on realism and relativism" [John Searle sobre o realismo e o relativismo], incluído em minha obra *Truth and progress* [*Verdade e progresso*, Manole, 2005], Cambridge, Cambridge University Press, 1998. Nela eu afirmo que Dewey e Davidson nos mostraram como preservar os benefícios do racionalismo ocidental sem os impedimentos filosóficos causados por tentativas de explicar essa noção.

4
Erros honestos

Não é sem ironia que as pessoas se referem a si próprias como liberais da guerra fria. O termo foi criado para ser pejorativo. Assim como "esquerda festiva" e "marxista Gucci", sua intenção é descrever um tipo particular de hipócrita – nesse caso, uma pessoa que apoiava a guerra fria e, não obstante, continou a se referir a si própria como *liberal*, uma descrição que ela devia saber perfeitamente que já não tinha o direito de usar. Descrever alguém como um liberal da guerra fria é sugerir que ele ou ela se vendeu. Por que, afinal, eles teriam apoiado um empreendimento reacionário se não fosse para promover, ou salvaguardar, suas carreiras?

Os mais ostensivos e influentes liberais da guerra fria eram ex-stalinistas, ou ex-trotskistas, ou ex-simpatizantes comunistas que experimentaram o amargo sectarismo que permeou a política esquerdista nos anos 1930. Esse sectarismo foi causado pela incerteza em saber se a União Soviética havia sido sequestrada por um tirano empapado de sangue ou se ainda incorporava a esperança de justiça social. A amargura dos desacordos sobre essa questão continuou pelos anos 1940 e 1950, com Wallace contra Truman e Hiss contra Chambers tomando o lugar de Stalin *versus* Trotsky – da mesma forma que o uso indiscriminado de palavras como "otário", "vendido", "vira-casaca" e "renegado".

Durante a maioria dos cinquenta anos entre 1939 e 1989, essas duas facções esquerdistas trocaram acusações de desonestidade. Em ambas, era consenso que nenhuma pessoa decente que tivesse inteligência suficiente para entender as questões e avaliar as evidências poderia permanecer na outra. Nenhuma pessoa honesta e bem-informada, dizia-se, poderia ter permanecido no Partido Comunista depois dos expurgos de Moscou. Nenhuma pessoa assim, dizia outro, poderia votar em Truman, o presidente que financiou a captura e o assassinato dos líderes comunistas da resistência grega pelo governo grego do pós-guerra. Os anticomunistas não entendiam como alguém poderia pensar que a URSS estava do lado da paz e da liberdade após a tomada da Tchecoslováquia em 1948. Os antianticomunistas não entendiam como alguém que se autoproclamava esquerdista pudesse dar informações ao FBI. Os termos com que cada um dos grupos se referia ao outro não dava margem à possibilidade de erros honestos.

Esse tipo de retórica ainda existe entre nós. Consideremos o livro de Christopher Hitchens sobre George Orwell. Hitchens relembra nele que Mary McCarthy "temia secretamente" que o anticomunismo de Orwell pudesse tê-lo levado, se estivesse vivo, a apoiar a guerra no Vietnã. Hitchens assegurou-a de que seus temores eram infundados. Orwell, explicou-lhe ele, "era a favor da descolonização incondicional, e [...] via claramente o papel de sucessor imperial que os Estados Unidos ambicionavam representar"[1]. Hitchens está certo de que o anti-imperialismo de Orwell teria prevalecido sobre o seu anticomunismo – que ele nunca teria se tornado um liberal da guerra fria. Eu não estou tão certo disso. Assim como McCarthy, posso imaginar facilmente o anticomunismo de Orwell prevalecendo sobre seu anti-imperialismo. E se ele tivesse vivido por mais vinte

---

[1] Christopher Hitchens, *Why Orwell matters* [Por que Orwell importa], Nova York, Basic Books, 2002, p. 28.

anos poderia muito bem ter se juntado a Sidney Hook, James Farrell e muitos outros ex-troskistas que incitavam os EUA a persistir em sua luta com o Vietcong.

Suponhamos que Orwell tenha cometido esse erro. Ou suponhamos que, dez anos antes, ele tenha tomado um caminho diferente no interior da Espanha, tenha lutado em outro *front*, nunca tenha servido em uma unidade do POUM (o Partido Operário de Unificação Marxista espanhol), tenha aceitado a versão stalinista do que aconteceu nas ruas de Barcelona e, portanto, nunca tenha tido oportunidade de escrever *Hommage to Catalonia* [Homenagem à Catalunha]. Ele poderia então, após a Segunda Guerra Mundial, ter se oposto ao anticomunismo de Churchill tão ferozmente quanto se opôs ao seu pró-colonialismo. Teria qualquer um dos dois erros demonstrado que ele era deficiente, seja em inteligência, seja em honestidade? Certamente não. Ainda assim, Hitchens escreve como se fosse em razão da sua virtude moral que Orwell sempre tenha estado do lado certo, como se a sorte não tivesse nada a ver com isso.

Hitchens cita a afirmação autobiográfica feita por Orwell de que, desde a juventude, ele havia tido "um poder de encarar fatos desagradáveis". Hitchens se estende sobre isso dizendo que "um fato notável sobre Orwell, um tributo ao seu *poder de encarar*, é que ele nunca passou por uma fase stalinista, nunca teve de ser curado ou purgado por uma súbita *desilusão*"[2]. Isso sugere que todas aquelas pessoas que passaram por uma fase stalinista, ou que admiraram Hitler ou Mussolini, ou de alguma outra forma se desviaram de curso em suas escolhas políticas, eram deficientes das virtudes que sempre capacitaram Orwell a ficar do lado certo.

Hitchens parece estar comprometido com a ideia de que qualquer homem honesto e inteligente adotaria posições políticas que

---

[2] Idem, p. 56.

serão aprovadas pelos historiadores do futuro. Ele diz, por exemplo, que "pode-se republicar todas as cartas, críticas literárias ou ensaios redigidos por Orwell sem expô-lo a nenhum constrangimento"[3]. Em contraste, os admiradores de Shaw ou Yeats lamentam ao ter de republicar o que esses homens disseram sobre Mussolini. Os admiradores de Sartre gostariam de não ter de reeditar sua descrição de anticomunistas como Raymond Aron como "escória". Constrangimentos desse tipo resultam da perspectiva implícita de que os fatos moralmente relevantes eram evidentes e estavam à disposição de todos, e que foi por uma falha moral que homens tão inteligentes quanto esses não os tenham confrontado. Essa perspectiva é subjacente à predileção da esquerda por palavras como "renegado" ou "vendido", e mais geralmente no pedantismo pelo qual os intelectuais de esquerda são famosos. Esse pedantismo é um vício menor quando comparado à insensibilidade dos intelectuais de direita, mas não deveria ser encorajado. Livros como os de Hitchens o fazem.

Considerar um desacordo político como sintoma de falha moral pressupõe uma psicologia moral que remonta à noção de pecado como uma livre escolha do mal, um afastamento deliberado da luz divina. Kant herdou a noção de mal radical de sua tradição teológica. Ele a associou à ideia de que ser moral era uma questão de obediência a princípios cuja verdade era evidente para todos os seres racionais. Muitos filósofos morais contemporâneos ainda levam a sério a ideia de que as decisões morais e políticas são tomadas ao se refletir sobre silogismos práticos cujas premissas maiores são princípios luminosamente claros e cujas premissas menores são fatos puramente empíricos. Esses filósofos gostam de descrever as pessoas cujos pontos de vista eles desaprovam – racistas e xenófobos, por exemplo – como "irracionais". A irracionalidade, pensada

---

[3] Idem, p. 4

como uma falha condenável em se exercer uma faculdade inata, tornou-se portanto o equivalente secular do pecado. Ambos são pensados como um afastamento deliberado da luz.

John Dewey considerava a maneira kantiana de pensar a moralidade como uma incorporação de tudo o que era pior no platonismo e no cristianismo. Ele insistia, portanto, em que nos livrássemos da psicologia das faculdades mentais, da noção de mal radical, da distinção entre moralidade e prudência e do modelo do silogismo prático. Como Hegel, Dewey via os princípios morais não como verdades autoevidentes, mas como resumos grosseiros de práticas passadas. Ele não achava que algum fato empírico particular bastaria para determinar alguma escolha moral particular. Ele considerava as decisões sobre o que acreditar e o que fazer como episódios em um processo interminável de reentrelaçamento de nossas redes ou de nossas crenças e desejos. Esse processo é raramente uma questão de se aplicar critérios antecedentes.

Sob uma perspectiva deweyana, a melhor explicação para Orwell estar sempre do lado certo é pura sorte. Aconteceu de ele estar nos lugares certos nos momentos certos para ter entrado nas trilhas políticas certas, as que a História decidiu que teria sido melhor se todo mundo tivesse entrado. A honestidade não é uma boa explicação para as escolhas políticas de Orwell, nem é a desonestidade uma boa explicação para T. S. Eliot ter rejeitado o manuscrito de *A revolução dos bichos*. Se pensarmos sobre a escolha moral como Dewey, deixaremos de dizer coisas como "nenhuma mulher honesta poderia ter deixado de ver, em 1939, que Stalin era um tirano louco", ou "nenhum homem honesto poderia ter citado nomes ao Comitê de Atividades Antiamericanas do Congresso".

Nós também deixaremos de repetir a descrição de Auden sobre os anos 1930 como "uma época de baixa desonestidade". A História nos conta que Léon Blum e Stanley Baldwin calcularam mal, tragicamente, as consequências de suas decisões, mas não que agiram de maneira vil. Blum, pelo menos, era um homem tão honrado quanto jamais houve um chefe de governo. Seus erros totalmente desastrosos foram tão honestos quanto possível. Churchill estava certo e Blum errado sobre as escolhas políticas que deveriam ser feitas caso o fascismo não triunfasse. A História está do lado de Churchill, mas não porque Churchill tenha permanecido fiel a princípios e Blum não, nem porque Churchill fosse mais racional do que Blum. Churchill, como Orwell, teve um palpite certo. Ele deu sorte.

Louis Menand observou (em sua correspondência) que "tem sido dada grande ênfase quanto à *rapidez* com que alguém se voltou contra a União Soviética, como se levar um ano ou dois a mais do que a pessoa ao lado para decidir que Stalin era de fato o vilão, ou de que mesmo na versão trotskista o comunismo era o caminho errado a tomar, tornasse uma pessoa menos confiável, [menos] honesta". A observação de Menand fez que eu me contorcesse. Isso porque me lembrei que, quando era um estudante adolescente na Universidade de Chicago, senti uma esnobe sensação de superioridade em relação aos meus colegas cujos pais haviam esperado até os expurgos de Moscou para deixar o Partido Comunista Americano. Isso havia sido cinco anos inteiros depois dos meus pais, que deixaram o Partido em 1932. Se eu fosse capaz de compartilhar do ponto de vista de Hitchens, pensaria que minha mãe e meu pai eram excepcionalmente lúcidos e honestos. Mas na verdade acho que tiveram sorte. Eles tiveram a oportunidade de trabalhar próximos aos líderes do Partido, mas muitos simpatizantes comunistas não tiveram. Assim, eles souberam de coisas que outras pessoas só souberam mais tarde.

A ideia de que, no fluxo dos eventos políticos, há um momento particular no qual os fatos empíricos relevantes se tornam óbvios para todos, de maneira que só a desonestidade pode evitar que alguém veja suas implicações, é uma ideia tão má quanto a ideia de que experimentos cruciais na ciência necessitam de revoluções científicas. Essa última sugere que os professores de Pisa deveriam ter abandonado Aristóteles tão logo os pesos desiguais de Galileu aterrissaram simultaneamente na base da torre, e abandonado Ptolomeu assim que viram as luas de Júpiter através do telescópio. Isso é o mesmo que pensar que uma olhada de relance nas usinas de Lancashire ou nas minas de Picardy seria o suficiente para convencer qualquer ser humano racional a se tornar um socialista, ou que as revelações de 1950 sobre o Gulag seriam suficientes para demonstrar que o socialismo estava no caminho da servitude.

Dewey achava que os modelos platônicos dos processos de tomada de decisão, que os reduziam à aplicação de critérios preexistentes, deveriam ser deixados de lado. Ele insistia em que substituíssemos a noção grega de "razão" pela noção de "inteligência". A diferença que ele tinha em mente era a existente entre um carpinteiro habilidoso e um geômetra euclidiano. Um dos mais influentes liberais norte-americanos da guerra fria, Lionel Trilling, aplaudiu a sugestão de Dewey. Trilling expressou seu próprio entendimento do que Dewey estava sugerindo quando escreveu que "já faz muito tempo desde que ouvimos um homem ser louvado por sua inteligência – isto é, pela atividade de sua mente, sua concentração, sua flexibilidade, pela consciência das dificuldades e complexidades, e sua presteza em confrontar e lidar com as dificuldades e complexidades"[4].

---

[4] Lionel Trilling, *The last decade: essays and reviews, 1965-1975* [A última década: ensaios e críticas, 1965-1975], Nova York, Harcourt, 1979, p. 230. Esse trecho é de um parágrafo em "Algumas notas para uma palestra autobiográfica", que é precedido pelas palavras "JOHN DEWEY" em maiúsculas. O contexto é uma descrição das virtudes do Columbia College na década de 1920, quando ele era um estudante de graduação. Essa é uma das relativamente poucas referências a Dewey na obra de Trilling. Como fiquei sabendo a partir de uma dissertação não publicada feita por Michael Kimmage, Trilling assistiu apenas a algumas poucas palestras de Dewey, e as achou ininteligíveis. Mas ele aparentemente leu a *Ethics* [Ética] de Dewey e saiu

Trilling, que havia esperado se tornar um romancista em vez de um crítico, pensava que o romance era o exemplo paradigmático para a aplicação da inteligência aos assuntos humanos. Pois o romancista está para o teórico assim como o carpinteiro está para o geômetra. O romance, escreveu Trilling, é "de todos os gêneros o mais indiferente quanto à proporção formal e ao decoro, e o mais dedicado à substância, que ele presume que seja a própria realidade; é o gênero menos disposto a se declarar autossuficiente e absoluto"[5]. O geômetra, assim como o teórico das decisões racionais, espera alcançar proporção formal e decoro – assim como o filósofo moral kantiano espera atingir o que ele chama de "a única conclusão racional" sobre o que deve ser feito –, uma conclusão apoiada por um raciocínio válido a partir de premissas maiores autoevidentes associadas a premissas menores que qualquer inquiridor empírico honesto poderia confirmar. Contudo, se abandonamos tais esperanças, veremos a história que contamos a nós mesmos sobre quem somos e porque agimos como agimos – o romance de nossa vida – como uma entre muitas possíveis histórias que podem ser contadas. Admitiremos então que homens e mulheres honestos

da experiência acreditando que este havia aprendido com Hegel que no mundo moderno a questão moral crucial é sobre qual tipo de pessoa nos desejamos tornar. Ver *The moral obligation to be intelligent: selected essays of Lionel Trilling* [A obrigação moral de ser inteligente: ensaios selecionados de Lionel Trilling], Farrar, Straus e Giroux, 2000, p. 310: "Dewey seguiu Hegel nisso quando, em sua *Ética*, ele disse que a escolha moral não é realmente ditada pelo princípio ou pela máxima aplicáveis à situação, mas sim pelo 'tipo de individualidade' que se deseja 'assumir'". Ver também p. 8: "Há certas situações morais, diz Dewey, em que não podemos decidir entre os fins; somos forçados a fazer nossas escolhas morais em termos de nossa preferência por um tipo de caráter ou outro." Prossegue dizendo que "o romance moderno, com seus dispositivos para investigar a qualidade do caráter, é a forma estética quase que especificamente evocada para o exercício da forma moderna de julgamento". Trilling foi criticado por Joseph Frank por entender mal Hegel, mas sua leitura harmoniza-se com a de um proeminente estudioso de Hegel da época, Robert Pippin. Em sua obra *Henry James and modern moral life* [Henry James e a vida moral moderna], Cambridge, Cambridge University Press, 2001, Pippin faz eco à descrição de Trilling do relacionamento entre a modernidade e o romance moderno.

[5] Trilling, *The last decade*, p. 228.

possam discordar sobre quais dessas histórias soam como verdadeiras, e que todas essas histórias têm muitos fios soltos.

Um protagonista em um romance publicado por Trilling, *The middle of the journey* [A metade da jornada], foi baseado em Whittaker Chambers, um conhecido da faculdade cujo brilhantismo precoce lhe causou uma forte impressão. Trilling era um dos homens de letras mais respeitados de sua geração e Chambers, um dos intelectuais mais politicamente influentes da época. Ainda assim, o romance de Trilling sobre Chambers recebeu, surpreendentemente, pouca atenção. Uma das razões é que havíamos esquecido o quanto Chambers era importante. Mesmo antes que as acusações de espionagem contra Hiss tivessem sido trazidas a público, Chambers havia ajudado a persuadir a opinião pública norte-americana de que, tão logo tivéssemos nos livrado de Hitler, seria necessário combater Stalin. Como redator de notícias do exterior da revista *Time* durante um ano crucial – de meados de 1944 a meados de 1945 –, ele revisou implacavelmente, ou simplesmente descartou, relatórios de correspondentes estrangeiros que contradiziam ou enfraqueciam a mensagem anticomunista que ele desejava que a *Time* divulgasse.

Ainda mais importante do que o seu cargo de redator, contudo, foi o sucesso de Chambers em convencer Henry Luce a impor a linha dura anticomunista que todas as publicações de Luce terminaram por adotar. Quando Chambers escreveu uma descrição devastadora da conferência de Yalta, Luce não estava absolutamente certo se ela deveria ser publicada. Em 1945, ele teve as mesmas dúvidas honestas sobre se deveríamos ser tão brutais com Stalin quanto o foram os diversos editores que rejeitaram a obra *A revolução dos bichos* de Orwell. Luce, assim como esses editores, ainda esperava que pudesse haver uma chance de que a cooperação em tempo de guerra entre a URSS e as democracias pudesse ser estendida à era do pós-guerra. Eles não queriam fazer nada que pudesse contribuir para impedir essa esperança.

No final das contas, o texto de Chambers foi publicado, mas apenas depois das objeções enfurecidas da maioria dos outros jornalistas que trabalhavam para Luce. Em 1945, muitos membros da mídia norte-americana mantinham as opiniões que seriam expressas por Henry Wallace em sua campanha presidencial de 1948. Os milhões de votos ganhos por Wallace naquele ano são um testemunho da divisão existente na opinião pública norte-americana sobre Stalin e a natureza do mundo no pós-guerra. Essa divisão era especialmente marcante entre os intelectuais esquerdistas que se envergonhavam pela maneira como a América havia tratado a União Soviética de Lênin e que justificadamente temiam que o anticomunismo fosse utilizado pelos republicanos como um pretexto para revogar tanto quanto possível o New Deal. Tais pessoas estavam de fato muito relutantes em apoiar a Doutrina Truman ou em aceitar o ponto de vista de George Kennan sobre a necessidade de conter a URSS. Chambers entendeu perfeitamente o estado de espírito desses proto-wallacistas, fez o melhor que pôde para alterá-lo e teve bastante sucesso com isso. Três anos após Luce ter cedido à pressão das queixas contra Chambers feitas por seus colegas de equipe e retirado-o da escrivaninha das notícias do exterior, a linha editorial da revista havia se tornado exatamente o que Chambers queria que fosse. Dentro da organização de Luce – a central de mídia mais poderosa da época –, Chambers perdeu uma batalha, mas ganhou a guerra.

O nome de Chambers só se tornou amplamente conhecido, contudo, em 1948, no ano em que o romance de Trilling foi publicado. Foi naquele ano que ele repetiu, perante o Comitê de Atividades Antiamericanas do Congresso, a história que havia contado ao Secretário de Estado Assistente da Segurança, Adolf Berle, em 1939:

uma história sobre uma coligação de espionagem que operava em Washington nos anos 1930, da qual era membro Alger Hiss. Muitas pessoas que leram o livro de Trilling depois que o caso Hiss estourou, e que souberam que o personagem Gifford Maxim havia sido baseado em Chambers, supunham também que os personagens Arthur e Nancy Croome – os presunçosos simpatizantes comunistas – haviam sido baseados em Alger Hiss e sua mulher Priscilla. Essa suposição era falsa: Trilling não tivera conhecimento da existência de Hiss quando escrevera o livro. Mas os paralelos inteiramente fortuitos entre os dois casais são notáveis.

Hoje em dia Chambers é geralmente mencionado com um sorriso de desprezo. Uma propaganda recente do romance de Trilling se refere a ele como um "vira-casaca". Ele é frequentemente descrito como um "apóstata profissional" ou um "ex-comunista profissional" – epítetos escolhidos para transmitir uma sugestão de que ele estava lá pelo dinheiro ou pela fama, e não era um homem honesto. Mas Trilling, quando solicitado por Harold Rosenwald, o advogado de Hiss, para testemunhar pela defesa, respondeu que Chambers era um homem de honra. Rosenwald reagiu, relata Trilling, com "um acesso de raiva insolente". Insolente, provavelmente, porque o advogado concluiu que, já que Trilling obviamente não era estúpido, ele tinha de ser necessariamente desonesto. Um erro honesto acerca de Chambers e Hiss, supôs Rosenwald, seria impossível.

Trilling insistiu em relatar sua conversação com Rosenwald e em reafirmar sua confiança no caráter moral de Chambers, ao escrever uma introdução à nova edição de seu romance pouco lido, em 1975. Isso ocorreu 28 anos após a sua publicação original, quatorze anos após a morte de Chambers e pouco antes da morte do próprio Trilling. Trilling escreveu ali que "Chambers havia se envolvido com espionagem contra seu próprio país" e que posteriormente "delatou os camaradas que compartilhavam sua própria [traição], inclusive um que por algum tempo tratava como amigo". Contudo, continua ele, "eu mantenho que, uma vez tendo sido dito isso sobre ele, ainda é possível dizer que ele é um homem de honra"[6]. Leio essa passagem como um protesto contra a ideia de que todo erro político pode ser atribuído, seja à estupidez, seja à desonestidade. Acredito que Trilling tenha afirmado que termos como esse são vulgares demais para fazer justiça aos fenômenos de lealdades divididas e difíceis escolhas morais – o tipo de fenômenos que é mais bem estudado em romances.

A descrição que Trilling faz de Chambers como um homem de honra não foi muito popular. Até mesmo Diana Trilling achava que seu marido havia escolhido mal suas palavras. Nenhum espião, pensava ela, podia ser um homem de honra. Um amigo de Trilling, Morris Dickstein, escreveu-lhe dizendo que se alguém merecia honra não era um informante como Chambers, mas alguém como Lillian Hellman, que havia se recusado a dar nomes. Em uma resposta que Dickstein gentilmente colocou à minha disposição, Trilling defendeu sua personificação de Chambers. Ele observou que Hellman não tinha nenhum conhecimento das atividades de espionagem que poderiam ter colocado em risco o país, mas que Chambers tinha. Ele se referiu à questão das lealdades divididas através de uma crítica à famosa máxima de E. M. Forster: "Se eu tivesse de escolher entre trair meu país e trair meus amigos, eu espero ter a coragem de trair meu país"[7]. Trilling pensava que esse princípio geral – sempre preferir os amigos ao país – era tão sem sentido quanto o seu

---

[6] Introdução a Lionel Trilling, *The middle of the journey* [O meio da jornada], Nova York, New York Review of Books Classics, 1975, p. xix. A introdução conclui com a sentença "Em Whittaker Chambers havia muitos erros a serem apontados, mas nada que sei dele jamais me levou a duvidar de suas magnânimas intenções". As referências entre parênteses ao romance de Trilling inseridas no texto pertencem a essa edição.

[7] Trilling a Dickstein, 7 de abril de 1975 (não publicado).

inverso. Ele via a evocação de tais princípios como uma escapatória, uma maneira de se evitar a necessidade de se permanecer no nível do concreto e do complexo – o nível no qual Dewey achava que a inteligência operava.

The middle of the journey é, entre outras coisas[8], um pleito por esse tipo de concretude e complexidade, pelo trabalho que a figura central de Chambers, o personagem Gifford Maxim, chama desdenhosamente de "a inteligência crítica humanista". John Laskell, o *alter ego* de Trilling no romance, luta por se diferenciar tanto das certezas apocalípticas de Maxim quanto do idealismo pedante dos Croome. Os Croome nunca questionaram as mentiras stalinistas que, naqueles dias, enchiam as páginas do *The Nation* e do *The New Republic*. Maxim, em contraste, é um membro desiludido do Partido Comunista clandestino. Por sua ordem, suspeita Laskell, ele cometera um assassinato. Tendo deixado o Partido, Maxim agora teme por sua vida.

Apesar de Laskell não ser ele próprio um comunista, mas apenas um *liberal sincero*, útil em comitês preocupados com as moradias populares (p. 37), ele não obstante "tem de constatar um sentimento de repulsa", cada vez que ouve falar de alguém que deixou o Partido (p. 73). Ele sempre supôs que a afirmação de que o Partido Comunista Americano era dirigido por Moscou era meramente um mito espalhado pela imprensa reacionária. Mas agora as revelações

---

[8] É também uma meditação sobre a percepção da proximidade da morte que chega com a meia-idade e sobre a incapacidade de um certo tipo de pessoa suportar o pensamento da morte. Esse aspecto do romance é proeminente nos capítulos iniciais, mas é gradualmente suplantado por um relato das relações dos vários personagens com o Partido Comunista. *The middle of the journey* é, segundo a leitura que faço dele, dois livros em um – um sobre doença, morte e a finitude humana e outro sobre a situação dos intelectuais de Nova York em relação ao Partido Comunista dos EUA. Os dois livros juntam-se pelos quadris de maneira um tanto desastrada na primeira página do capítulo 10 (p. 272 da edição de 1975), em que a recusa, "*à la* Duquesa de Guermantes", de Nancy Croome em considerar a possibilidade da morte de Laskell está conectada à sua incapacidade de ter dúvidas sobre a URSS.

de Maxim o estão forçando a questionar essa suposição (p. 14). No momento em que ganha coragem para contar aos Croome sobre a saída de Maxim, ele começa a se perguntar se é Maxim que ficou paranoico ou ele próprio que havia sido ingênuo (p. 167-8). O leitor pode facilmente imaginar que Laskell, após o final do romance, seguirá a mesma trajetória de Trilling – tornar-se um liberal da guerra fria, votando em Truman em vez de Wallace e achando as acusações de Chambers contra Hiss perfeitamente plausíveis.

Nancy Croome, contudo, não tem nenhuma intenção de mudar sua maneira de pensar sobre o que quer que seja. Ela despreza os meros liberais. Ela tinha pretendido ajudar Maxim em seu trabalho clandestino para o Partido, mas agora se recusa a compartilhar uma refeição com ele (p. 245). Quando Maxim diz que ele agora não consegue ver uma grande diferença entre os comunistas e os nazistas, os Croome se sentem mais aliviados, pois percebem que não estão lidando com uma opinião política, mas com um transtorno mental (p. 255). Quanto mais eles se afastam de Maxim com horror e incredulidade, contudo, mais Laskell passa a ver Nancy e Arthur Croome como mais frios, duros e perigosos do que ele havia imaginado. No final, Laskell diz com seus botões que "acredito que Maxim esteja dizendo a verdade por causa do que eu aprendi sobre os Croome" (p. 272). Havia então, descobre ele, "um grande vazio em seu pensamento – era o lugar em que o Partido e o Movimento haviam estado. Era também o lugar em que Nancy e Arthur haviam estado" (p. 273).

No clímax do romance, Maxim, um molestador truculento que dramatiza a si próprio, explica a Laskell que a inteligência deweyana é obsoleta, pois o futuro pertence a pessoas como ele próprio e os Croome – pessoas de uma vontade insubmissa. Ele e os Croome, explica, encontram-se em extremos irreconciliáveis – ao passo que Laskell ainda está tentando mediar inteligentemente entre esses extremos, tentando se tornar um ser humano maduro (p. 353). "Você se orgulha", diz ele a Laskell, "dessa flexibilidade mental. Mas é tarde demais para isso – o Renascimento está morto... Talvez ele ressurja novamente. Mas não por um longo tempo, não até que os Croome e eu tenhamos vencido e nos estabelecido contra a anarquia deste mundo"(p. 355). Ele insiste em que Laskell cometa o que ele chama de "o ato supremo da inteligência crítica humanista – quando ela percebe o poder de persuasão do argumento e aceita sem questionar o fato de sua própria extinção". Laskell responde que ele não aceita nada sem questionar. Maxim retruca que não importa se ele questiona ou não. Laskell revida, como Orwell teria feito, que essa é a única coisa que importa (p. 356).

Os Croome, previsivelmente, sentem-se indignados pela afirmação de Maxim de que ele e eles se parecem. Mas Trilling escreveu seu romance para tornar clara essa semelhança. As últimas palavras que Nancy Croome diz a Laskell são: "O que Maxim disse na outra noite – você não acredita nisso, não é? Sobre ele e nós estarmos juntos contra você. Como se isso pudesse algum dia ser verdade". Laskell responde: "Eu espero que não seja verdade", sabendo perfeitamente bem que é (p. 360). O dogmatismo truculento de Maxim, ainda totalmente seguro de si, mesmo após ter trocado de lado, e a recusa infantil dos Croome em escutar qualquer coisa que não queiram ouvir, são duas maneiras em que se manifesta a falta de *inteligência crítica humanista*.

Para Maxim, assim como para os Chambers, a vida não vale a pena ser vivida a menos que se seja uma figura solitária e heroica, enfrentando sozinha os horrores da época e ainda assim em contato com algo onipotente, implacável, imprevisível e, contudo, redentor – o Partido, a História ou Deus. Quando um colega da revista *Time* pergunta a Chambers como ele aguentou a pressão, ele responde: "Eu não posso realmente ser derrotado porque há um

Poder do meu lado"[9]. Os Croome, assim como os Hiss, não pretendem ser heroicos, mas têm convicções de que são invulneráveis a objeções. Chambers lembrou-se de que, quando enumerou os crimes de Stalin para persuadir os Hiss a deixar o Partido juntamente com ele, Priscilla Hiss retrucou que um tal relato não passava de "masturbação mental".

Maxim e Chambers sabem que a certeza é impossível, mas assim como Kierkegaard – um dos autores favoritos de Chambers – eles acham que o cavaleiro da fé não tem necessidade, ou desejo, de certeza. Os heróis kierkegaardianos, nietzschianos e dostoievskianos sabem que a busca da certeza é uma escapatória, e que o compromisso absoluto não tem nada a ver com a capacidade de vencer discussões ou convencer os adversários. Os Croome e os Hiss, assim como os habitantes presunçosos e pedantes do que Kierkegaard chamava de "a Cristandade", sabem o que é necessário para se salvar, e sabem que todas as pessoas decentes, honestas e inteligentes sabem disso. Eles percebem que há pessoas que se afastaram da luz rompendo com o Partido, mas não veem razão para continuar a falar com essa gente.

As pessoas que tentam alcançar o que Maxim chama de "inteligência crítica humanista" fazem o melhor que podem para resistir à tentação de pensar sua própria identidade moral como sendo autossuficiente e absoluta, em vez de ser mais uma criatura do tempo e do acaso. Nem Maxim nem os Croomes jamais serão capazes de admitir que são tais criaturas. Mas o leitor do romance é levado a imaginar que Laskell dedicará o restante de sua vida a adquirir

---

[9] Whittaker Chambers, *Witness* [Testemunha], Washington, Regnery, 1952, p. 479. Ver também p. 793-4, em que Chambers explica que "o grande corpo da nação" manteve sua mente aberta sobre o caso Hiss, e que "foi ele quem [...] produziu as forças que poderiam vencer uma luta cuja natureza conspícua é a de que ela praticamente não tinha liderança. Desde o primeiro momento eu estive em contato com aquela enorme força, para a qual eu estava fazendo um esforço, e da qual eu retirava forças".

o tipo de aptidão negativa que permite a alguém conviver com a incerteza moral. *The middle of the journey* é, entre outras coisas, a tentativa de Trilling de se defender contra as acusações de ser um pequeno-burguês fraco e indeciso, uma figura como Woody Allen, nunca muito seguro de quem é ou do que deve ser feito. Ele sabia que era assim que Laskell olhava tanto para Maxim como para os Croome. Ele escreveu esse romance para explicar por que as pessoas como Laskell e ele próprio não tinham nada do que se envergonhar.

Se essa leitura do romance está correta, Trilling está dizendo que não apenas Maxim e Chambers, mas também os Croome e os Hiss, são pessoas de honra, e que essa honra tem pouco a ver com a escolha pessoal de uma posição política. Ela tem muito pouco a ver com o fato de alguém terminar por se revelar um assassino, um traidor ou um mentiroso – ou de alguém ser condenado pelo julgamento da História. Suspeito que Trilling pensava que Alger Hiss não tinha motivos ignóbeis, assim como Chambers. O fato de Chambers delatar seu antigo amigo foi ditado por suas crenças sobre o que era necessário para salvar o mundo. Assim como a disposição de Hiss de passar as últimas 48 horas de sua vida repetindo as mesmas velhas mentiras: que ele nunca tinha sido um comunista, nunca tinha espionado e era a vítima indefesa de uma vasta conspiração. Alfred Kazin, em um artigo de 1978 intitulado "Por que Alger Hiss não pode confessar", disse que várias conversações com Hiss o haviam convencido do "patriotismo apaixonado" deste. Elas o deixaram perceber que ele via seus serviços para o New Deal e para a inteligência soviética como sendo da mesma espécie. Ambos eram produtos de suas esperanças para o futuro de seu país. Kazin predisse que Hiss "irá para o túmulo acreditando que foi um melhor americano do que você ou eu"[10].

---

[10] Alfred Kazin, "Why Alger Hiss can't confess" [Por que Alger Hiss não pode confessar], reeditado em *Alger Hiss, Whittaker Chambers and the schism in the american soul* [Alger Hiss, Whittaker Chambers e a fissura na alma americana],Wilmington, ISI Books, 2002, p. 220.

Penso que Trilling estava certo ao pensar que tanto Chambers como Hiss não tinham motivos ignóbeis. Eles eram tão honestos quanto Orwell, ou quanto o próprio Trilling. Ambos foram, em vários momentos, espiões e perjuros, mas eles espionavam e mentiam pelos tipos certos de razões. Eles estavam servindo às necessidades da humanidade conforme entendiam essas necessidades. A moral da história é que o fato de sermos honestos, sermos fiéis aos nossos ideais, não tem nada a ver em particular com a história que a História vai contar sobre nós. Pois os historiadores estão mais interessados nas consequências de nossas ações do que em nossos motivos. Os romancistas, pelo fato de estarem interessados em ambos, ajudam-nos a nos reconciliar com o fato de que os dois podem ter pouco a ver um com o outro. Com isso, eles nos ajudam a nos libertar de ideias que herdamos do cristianismo e de Kant – ideias que sugerem que aqueles que pegaram o mau caminho pecaram contra a luz.

Trilling nem sempre se ateve às crenças deweyanas que lhe atribuí. Em seu ensaio de idolatria "George Orwell and the politics of truth" [George Orwell e a política da verdade], seu tratamento de Orwell lembra o de Hitchens. "O tom moral de [Homenagem à Catalunha]", diz ele, efusivo, "é inigualavelmente simples e verdadeiro." "Se perguntarmos o que Orwell defende", continua Trilling, "a resposta é: a virtude de não ser um gênio, ou de enfrentar o mundo com nada além de sua simples, direta e desiludida inteligência [...]" Orwell, continua ele, é um dos poucos que "além de ser bons, têm a simplicidade, o vigor físico e a atividade que nos permitem dizer deles que são homens virtuosos". Tais passagens nos fazem recordar o quanto Woody Allen gostaria de ter sido Humphrey Bogart, e a observação de Trilling de que Hemingway era o único escritor de sua época que ele invejava[11]. Mas elas não nos mostram o melhor de Trilling.

Orwell trabalhou muito para criar uma obra que parecesse simples e verdadeira de uma maneira única. Assim como Hemingway, ele cultivava a simplicidade e o vigor físico como as flores frágeis que são. Ele queria que seus leitores reagissem exatamente como Trilling e Hitchens o fizeram. Ainda assim, não há nada censurável, nada hipócrita, nas tentativas de Orwell e Hemingway de obter tais reações. Tanto de um ponto de vista deweyano como de um ponto de vista aristotélico, essas tentativas não são uma questão de pretender ter uma virtude que nos falta, mas antes de adquirir gradualmente uma virtude realizando ações características dos que já as adquiriram. Só poderíamos achar esses esforços hipócritas se acreditássemos que virtudes como essas não podem ser o resultado de um trabalho duro, mas são genuínas apenas se resultarem de uma simples e direta relação com a divindade – o tipo de relação que Kant, mas não Aristóteles nem Dewey, achava que os seres humanos poderiam alcançar.

A fantasia de que essa relação direta é possível encontra-se consubstanciada na frase infeliz de Trilling "a política da verdade". Ela sugere que tudo o que temos de fazer para evitar erros políticos é sermos honestos. Mas não existe uma tal política, assim como não há uma ciência da verdade. Galileu não praticou uma tal ciência. Ele não abriu caminho através da superstição e do preconceito com a espada da virtude intelectual. Simplesmente teve algumas ideias brilhantes e revolucionárias que, da maneira como as coisas se passaram, valeram a pena.

Galileu tornou-se, merecidamente, um dos heróis dos tempos modernos, e Orwell, não menos merecidamente, um dos heróis do

---

[11] Cf. Diana Trilling, *The beginning of the journey* [O início da jornada], Nova York, Harcourt, Brace, 1993, p. 417.

século XX. A admiração por pessoas como essas, que tiveram a coragem de resistir às opiniões recebidas na época, é inteiramente apropriada, e até mesmo necessária. Pois onde não há veneração por heróis e heroínas, haverá pouco idealismo moral e, portanto, pouco progresso moral. Mas deveríamos ter em mente o que o falecido Bernard Williams disse, em seu célebre ensaio "Moral luck" [Sorte moral], sobre outro herói: Gauguin. Gauguin abandonou suas responsabilidades e sua família e, ousadamente, zarpou para os mares do Sul. Nós lhe perdoamos tudo porque os quadros que ele pintou no Taiti eram excelentes.

Mas suponhamos, diz Williams, que eles tivessem sido irremediavelmente banais. Então Gauguin teria sido o equivalente pictórico de Alger Hiss – produzindo quadros lamentáveis década após década, fiel à sua visão mas, ainda assim, incapaz de perceber que a história da pintura o havia ignorado. Ele teria se assemelhado a um daqueles valentes e imaginativos contemporâneos de Leibniz que argumentavam que Aristóteles estava certo e Galileu errado, e tentaram inutilmente fazer voltar o relógio da ciência. Tais pessoas são exemplos da irrelevância da honra, da honestidade e da coragem para o julgamento da História. A história da política, assim como a história da ciência, está escrita do ponto de vista de como as coisas chegaram a nos parecer agora.

Assim como a idolatria é necessária para o progresso moral, assim também o é a aversão. Mas podemos ter aversão por uma pessoa ao mesmo tempo em que lhe concedemos, por pouco que seja, que seus erros foram honestos. Os abolicionistas ficaram desgostosos com a decisão de Lee de lutar para preservar a escravidão, mas nunca lhes ocorreu negar que Lee fosse um homem honrado. Ninguém gostaria de compartilhar uma refeição com Eichmann ou Suslov, mas podemos imaginar facilmente que as histórias que esses homens contaram a si próprios sobre quem eles eram e o que estavam fazendo tinham a mesma coerência que as que Orwell e Trilling contaram a si mesmos sobre a própria vida, e como nós contamos a nós mesmos sobre a nossa.

A honestidade e a honradez são medidas pelo grau de coerência das histórias que as pessoas contam a si próprias ou em que chegam a acreditar. A maioria das pessoas é capaz de construir um romance sobre a própria vida em que elas aparecem, se não como heróis ou heroínas, pelo menos como boas. É isso o que há de verdade na afirmação de Sócrates de que ninguém comete o mal conscientemente. Mas se pensarmos, como o cristianismo e Kant o fizeram, que as pessoas são más apenas porque se afastaram deliberadamente da luz, então consideraremos a maioria dessas histórias como desonestas e autoilusórias. Pensar dessa maneira é inferir, como fez Platão, que a coerência não é suficiente para a bondade, para chegar à conclusão de que deve haver algum recurso além da coerência – alguma estrela brilhante para nos orientar, visível para qualquer mente honesta.

Platão estava errado. O melhor que podemos fazer, quando fazemos escolhas morais ou políticas, ou quando decidimos entre teorias científicas ou convicções religiosas, é elaborar uma história da maneira mais coerente que pudermos. Mas fazer isso não assegurará que o julgamento da História ficará do nosso lado. Se o fato de perseverarmos em nossas histórias nos tornará objetos de admiração ou de aversão para futuras gerações é algo inteiramente além de nosso controle. Os oficiais que, honrando seus juramentos, se recusaram a aderir à conspiração de Stauffenberg para matar Hitler, parecem muito mal. Os que quebraram seus juramentos e foram torturados até a morte após a conspiração ter fracassado parecem de fato muito bem. Mas não havia nenhuma estrela sobre a qual um dos grupos tenha fixado seu olhar, enquanto o outro o virava em outra direção.

A ausência de uma tal estrela implica que homens e mulheres honrados são bastante propensos a ser objetos de aversão. Ela também implica que o julgamento da História muito provavelmente será errado, já que nossos descendentes remotos também não disporão de tal estrela. Mas isso não significa que deveríamos, ou poderíamos, parar de fazer julgamentos morais. Ainda podemos dizer que, mesmo se os nazistas tivessem ganho a guerra e sido capazes de reescrever todos os livros de história, Stauffenberg teria feito a coisa certa. Mesmo que suspeitemos que a inteligência crítica humanista possa brevemente tornar-se uma curiosidade histórica, deveríamos censurar nossos filhos quando eles mostram sinais de estarem se tornando mais como Gifford Maxim, ou como Nancy Croome, do que como John Laskell.

II
O LUGAR DA FILOSOFIA NA CULTURA

5
Grandeza, profundidade e finitude

A filosofia ocupa um importante lugar na cultura apenas quando as coisas parecem estar caindo aos pedaços – quando crenças há muito arraigadas e amplamente aceitas estão ameaçadas. Em períodos assim, os intelectuais interpretam o passado em termos de um futuro imaginado. Eles oferecem sugestões sobre o que pode ser preservado e o que deve ser descartado. Aqueles cujas sugestões tiverem sido as mais influentes ganham então um lugar na lista dos "grandes filósofos". Por exemplo, quando a oração e o clericalismo começaram a ser vistos sob suspeita, Platão e Aristóteles acharam maneiras para que pudéssemos nos agarrar à ideia de que os seres humanos, ao contrário dos animais que perecem, têm uma relação especial com os poderes que governam o universo. Quando Copérnico e Galileu extinguiram a imagem do mundo que havia confortado Tomás de Aquino e Dante, Espinosa e Kant ensinaram à Europa como substituir o amor de Deus pelo amor à Verdade, e como substituir a obediência à vontade divina pela pureza moral. Quando as revoluções democráticas e a industrialização nos forçaram a repensar a natureza do vínculo social, Marx e Mill se apresentaram com algumas sugestões úteis.

No decorrer do século XX não houve crises que trouxessem à tona novas ideias filosóficas. Não ocorreu nenhuma luta de proporções comparáveis à que Andrew White descreveu memoravelmente como a guerra entre a ciência e a teologia. Tampouco aconteceram convulsões sociais que tornassem irrelevantes as sugestões de Mill ou de Marx. À medida que a alta cultura se tornou mais amplamente secularizada, as classes educadas da Europa e das Américas se tornaram complacentemente materialistas em sua compreensão de como as coisas funcionam. Na batalha entre Platão e Demócrito – que Platão descreveu como travada entre os deuses e os gigantes –, os intelectuais ocidentais desceram para ficar, de uma vez por todas, do lado dos gigantes. Também se tornaram complacentemente utilitaristas e experimentalistas em suas avaliações das iniciativas sociais e políticas propostas. Eles mantiveram a mesma visão utópica: a de uma comunidade global em que os direitos humanos são respeitados, a igualdade de oportunidade é assegurada, e as chances para a felicidade humana são com isso aumentadas. A discussão política de hoje em dia é sobre como esse objetivo pode ser alcançado.

O consenso entre os intelectuais deslocou a filosofia para as margens da cultura. Controvérsias, como as existentes entre Russell e Bergson, Heidegger e Cassirer, Carnap e Quine, Ayer e Austin, Habermas e Gadamer, ou Fodor e Davidson, tiveram pouca ressonância fora dos limites dos departamentos de filosofia. As explicações dos filósofos sobre como a mente está relacionada ao cérebro, ou sobre como pode haver um lugar para os valores no mundo dos fatos, ou sobre como o livre-arbítrio e o mecanicismo podem ser reconciliados já não intrigam a maioria dos intelectuais contemporâneos. Esses problemas, preservados em âmbar como "problemas de filosofia" acadêmicos, ainda capturam a imaginação de alguns estudantes brilhantes. Mas ninguém afirmaria que a sua discussão é crucial para a vida intelectual. A resolução desses mesmos problemas era extremamente importante para os contemporâneos de

Espinosa, mas quando os professores de filosofia de hoje insistem em que eles são "perenes", ou que eles permanecem sendo "fundamentais", ninguém escuta. A maioria dos intelectuais de nossos dias põe de lado alegações de que as nossas práticas sociais requerem fundamentos filosóficos com a mesma impaciência que demonstram quando alegações similares são feitas para a religião.

Mas mesmo que a luta entre os deuses e os gigantes tenha terminado, duas outras controvérsias descritas por Platão permanecem vivas. A primeira é a disputa entre a filosofia e a poesia – uma querela que foi revitalizada pelo movimento romântico e que agora toma a forma de uma tensão entre as "duas culturas" de C. P. Snow. Tal disputa é sobre se os seres humanos atingem o melhor de si – empregam seus poderes especiais da maneira mais plena – quando utilizam a razão para descobrir como as coisas realmente são, ou quando usam a imaginação para transformar a si próprios. A segunda é a disputa que Platão descreveu como a existente entre os filósofos e os sofistas. Ela é entre os que pensam que há uma importante virtude chamada "o amor da verdade" e outros que acham que não há.

O impasse entre Nietzsche e Platão que domina uma boa parte do que tem sido escrito recentemente em filosofia condensa ambas as disputas. Essa oposição, diferentemente das disputas mais provincianas que mencionei anteriormente, ainda é capaz de capturar a imaginação de intelectuais materialistas e utilitaristas de bom senso. Seria um exagero dizer que ela se encontra no centro da vida contemporânea, mas certamente a melhor maneira de nós, professores de filosofia, atrairmos a atenção das pessoas fora da nossa disciplina é levantar a questão de saber se Platão estava certo ao dizer que os seres humanos podem transcender a contingência através da busca da verdade, ou se Nietzsche tinha razão ao considerar tanto o platonismo como a religião como fantasias escapistas.

A disputa que os filósofos têm com os poetas não é a mesma que a disputa com os sofistas, por razões que exporei em breve. Mas os poetas e os sofistas têm muito em comum – especialmente suas dúvidas sobre a ideia de que a ciência natural deveria servir de modelo para o resto da alta cultura. Ambos veem com suspeita o que eu chamarei de "grandeza universalista" – o tipo de grandeza atingido pela matemática e pela física matemática.

Tanto os números quanto as partículas elementares exibem a imperturbabilidade tradicionalmente atribuída ao divino. O estudo de ambas produz estruturas de grande beleza, estruturas que são divinas em sua altivez, sua indiferença para com as preocupações humanas. O mesmo impulso que levou Platão a pensar que o que ele chamava de "verdadeiramente real" deveria se parecer mais com um número do que com um torrão de terra conduziu muitos filósofos recentes a considerar a moderna ciência física como a estrutura abrangente com a qual o questionamento filosófico deve ser conduzido. Assim, vemos Quine identificando a questão "existe uma realidade da matéria?" com a questão "isso faz alguma diferença para as partículas elementares?". Um grande número de outros filósofos tem se dedicado a "naturalizar a epistemologia" e a "naturalizar a semântica". Essas são tentativas de se descrever a mente e a linguagem em termos que levem em conta o fato de que o que é pensado e o que é significado são supervenientes ao comportamento das partículas físicas. Apesar de os intelectuais em geral concordarem com satisfação que a ciência física nos diz como as coisas funcionam, muitos filósofos contemporâneos ainda são platonistas o suficiente para pensar que ela faz mais do que isso. Eles pensam que ela nos diz o que é verdadeiramente real.

Filósofos desse tipo frequentemente descrevem a batalha que travam contra colegas que os descrevem como "irracionalistas", "renegadores da verdade" ou "sofistas" como uma defesa da ciência contra seus inimigos. Muitos desses filósofos pensam da ciência natural o que os intelectuais pré-galileanos pensavam da religião – como sendo a área da cultura em que os seres humanos atingem o melhor de si, porque estão mais dispostos a reconhecer as reivindicações de algo que transcende o humano. A hostilidade contra a ciência é, na opinião deles, uma forma de degradação espiritual. Assim, Bertrand Russell, no início do século passado, reagiu contra uma linha de pensamento que William James chamava de "pragmatismo" e que seu amigo de Oxford, F. C. S. Schiller, chamava de "humanismo", escrevendo o que segue:

> A grandeza da alma não é promovida por esses filósofos que assimilam o universo no Homem. O conhecimento é a forma de união entre o Eu e o não Eu; como toda união, ela é prejudicada pela dominação e, portanto, por qualquer tentativa de forçar o universo a entrar em conformidade com o que encontramos em nós mesmos. Há uma tendência filosófica amplamente difundida em direção à perspectiva que nos diz que o Homem é a medida de todas as coisas, que a verdade é feita pelo homem [...] Esta perspectiva [...] é falsa; mas, além de ser falsa, ela tem como efeito roubar a contemplação filosófica de tudo o que lhe dá valor [...] O intelecto livre verá como Deus poderia ver, sem um aqui e agora, sem esperanças e medos [...] calma, desapaixonadamente, com o único e exclusivo desejo de conhecimento – conhecimento impessoal, puramente contemplativo, tanto quanto é possível ao homem alcançar[1].

Em nossa própria época, Thomas Nagel compartilha do desprezo de Russell por aqueles que acreditam que, como William James

---

[1] Bertrand Russell, *The problems of philosophy* [Os problemas da filosofia], Buffalo, Prometheus Books, 1988, cap. XV, p. 160 e outros trechos.

colocou, "o rastro da serpente humana está por toda parte". Nagel descreve o que ele chama de "a estrutura mais externa de todos os pensamentos" como "uma concepção do que é objetivamente o caso – o que é o caso sem uma qualificação subjetiva ou relativa"[2]. Em resposta aos pragmatistas e historicistas que argumentam que toda a justificação é feita à nossa luz – à luz de uma época e um lugar particulares –, Nagel retruca:

> [...] alegações no sentido de que um tipo de julgamento expressa um ponto de vista local são inerentemente objetivas em sua intenção. Elas sugerem um quadro das fontes verdadeiras desses julgamentos que os coloca em um contexto incondicional. O julgamento de relatividade ou condicionalidade não pode ser aplicado ao julgamento da própria relatividade [...] Pode ser que haja alguns subjetivistas, que talvez chamem a si próprios de pragmatistas, que apresentam o subjetivismo como aplicando-se até a si próprios. Mas neste caso o que eles dizem não pede uma resposta, já que é apenas um relato do que o subjetivista acha agradável dizer[3].

Russell e Nagel compartilham do gosto de Platão pela grandeza universalista. Eles também se identificam com sua convicção de que não há meio caminho entre reconhecer as reivindicações da estrutura incondicional mais externa do pensamento e simplesmente dizer o que achamos mais agradável. Como Platão, eles veem os seres humanos se confrontando com uma escolha entre lutar pelo universal e o incondicional e dar livre curso aos seus desejos idiossincráticos injustificáveis. Assim, a sugestão dos pragmatistas de

---
[2] Thomas Nagel, *The last word* [*A última palavra*, ed. Unesp, 2001], Oxford: Oxford University Press, 2001, p. 16
[3] Idem, p. 14-5.

que a matemática e a física sejam consideradas simplesmente como úteis para o aperfeiçoamento da situação do homem, como ferramentas para se lidar com nosso meio ambiente, causa em Russell, assim como em Nagel, a impressão de ser tanto um sintoma de indolência moral quanto de erro intelectual.

Em prévios trabalhos tentei defender as respostas dadas por Russell a James e reafirmar a defesa de Protágoras preparada por Schiller, vinculando o pragmatismo ao romantismo. Mas é importante enfatizar a diferença entre um pragmatista e o tipo de romântico que aceita a distinção platônica entre razão e paixão e então exalta a paixão às expensas da razão. Os pragmatistas encontram pouca utilidade seja para a distinção entre razão e paixão seja para a distinção entre objetivo e subjetivo. Neste capítulo, portanto, colocarei em contraste as duas disputas que estive examinando: a que existe entre a filosofia e a poesia e a disputa entre os neoplatonistas como Russell e Nagel e os neossofistas como eu próprio.

Para trazer à luz a diferença, evocarei duas distinções que Juergen Habermas formulou em seu livro *The philosophical discourse of modernity* [O discurso filosófico da modernidade] – distinções que considero de valor inestimável em sua tentativa de contar uma história sobre a história da filosofia moderna. A primeira é a que Habermas faz entre o que ele chama de "razão centrada no sujeito" e "razão comunicativa". A razão centrada no sujeito é uma invenção platônica: ela consiste em uma suposta conaturalidade entre a mente de cada ser humano e a natureza das coisas. Platão descreveu essa conaturalidade em termos da preexistência da alma em um mundo imaterial. Descartes, Russell e Nagel a pressupõem quando afirmam que tudo o que temos de fazer para atingir uma estrutura transcultural e anistórica mais externa do pensamento é substituir a confusão conceitual pela claridade conceitual.

O que Habermas chama de "racionalidade comunicativa", por outro lado, não é um dom humano natural, mas um conjunto de práticas sociais. Ela é encontrada, em alguma medida, sempre que as pessoas estejam propensas a escutar o outro lado, a conversar exaustivamente sobre as coisas, a discutir até que áreas de concordância sejam encontradas e a cumprir os acordos resultantes. Pensar a razão como sendo centrada no sujeito é acreditar que os seres humanos possuem uma faculdade que os torna capazes de contornar a conversação – de esquivar-se da opinião e dirigir-se diretamente ao conhecimento. Substituir a razão centrada no sujeito pela racionalidade comunicativa é ver a verdade como aquilo que provavelmente resultará de uma conversação livre e imaginativa. É pensar o conhecimento como a realização de um consenso, antes de como um estado mental que goza de uma relação mais estreita com a realidade do que com a opinião.

Concordar com Habermas que a razão é comunicativa e dialógica em vez de centrada no sujeito e monológica é substituir a responsabilidade para com um padrão não humano por uma responsabilidade para com outros seres humanos. É baixar nosso olhar do incondicional sobre nós para a comunidade em torno de nós. Tal substituição nos permite aceitar com equanimidade a sugestão de Kuhn de que é mais acertado pensar que os cientistas resolvem enigmas do que pensar que eles revelam gradualmente a natureza das coisas. Ela nos ajuda a nos limitar às esperanças de sucessos pequenos, finitos e transitórios e a desistirmos da esperança de participação em uma grandeza duradoura.

Já falamos muito sobre a primeira distinção de Habermas. A segunda é entre permanecer fiel à racionalidade e buscar o que ele chama de "um outro da razão". Habermas utiliza o último termo para caracterizar coisas como a intuição mística, a inspiração poética, a fé religiosa, o poder da imaginação e uma autoexpressão autêntica – fontes de convicção que têm sido apresentadas como superiores à razão.

Assim como as ideias claras e distintas de Descartes, cada um desses outros da razão é apresentado como um atalho para a conversação, conduzindo diretamente à verdade. Se estamos em contato com um tal outro, não necessitamos conversar com outros seres humanos. Se temos algo como o que Kierkegaard chamava de "fé", ou se podemos incorrer no que Heidegger chamava de "Denken", não importará se outras pessoas possam ou não ser persuadidas a compartilhar de nossas crenças. Seria depreciativo para o "outro da razão" relevante forçar essas crenças na arena da conversação, fazê-las competir no mercado das ideias.

Habermas sugeriu que vou longe demais quando nego que a validade universal é o objetivo do questionamento. Ele pensa que meu repúdio a esse objetivo e meu entusiasmo pelo que Heidegger chamou de *Welterschliessung* – revelação do mundo – são concessões infelizes feitas ao romantismo, que me colocam em má companhia. Mas eu considero a insistência de Habermas em que conservemos o ideal da validade universal como uma concessão infeliz feita ao platonismo. Por se prender a ela, parece-me, Habermas permanece sob o domínio da tradição filosófica que nos sobrecarregou com a ideia da razão como uma faculdade humana que de alguma forma está em sintonia com o verdadeiramente real.

Levar às últimas consequências o projeto de Habermas de substituir uma concepção da razão centrada no sujeito por uma concepção comunicativa, parece-me, nos deixaria sem nenhuma necessidade de utilizar qualquer noção de validade universal[4]. Pois isso nos deixaria pensar que um questionamento racional não teria outro objetivo além de resolver os problemas transitórios do dia a dia. Tanto Habermas quanto eu desconfiamos da metafísica. Mas, ao

---

[4] Retomo meus desacordos com Habermas sobre a utilidade da noção de validade universal em "Universalism and truth" [Universalismo e verdade], em *Rorty and his Critics* [Rorty e seus críticos], Oxford, Blackwell, 2000.

passo que ele pensa que devemos encontrar uma interpretação não metafísica da noção de validade universal para evitar as seduções do romantismo, eu penso que essa noção e a metafísica permanecem de pé ou são derrubadas juntas.

Uma maneira de expressar nosso desacordo é dizer que eu atribuo a Habermas o papel que ele atribui a Hegel – o de alguém que quase atinge a posição filosófica correta, mas falha ao dar o último passo crucial. Um dos argumentos centrais de Habermas em *The philosophical discourse of modernity* é o de que Hegel quase, mas não suficientemente, rompeu o domínio das concepções de racionalidade centradas no sujeito. Ele chegou muito perto de substituí-lo, de uma vez por todas, pelo que Terry Pinkard chamou de "a doutrina da socialidade da razão". Essa doutrina sustenta que um ser humano individual não pode ser racional só por si próprio, pelas mesmas razões por que ele não pode utilizar a linguagem só por si próprio. Pois a menos e até que tomemos parte no que Robert Brandom chama de "o jogo de dar e perguntar por razões", nós permanecemos bestas irracionais.

Habermas pensa que se Hegel tivesse conseguido persistir nessa linha proto-wittgensteniana de pensamento, nós poderíamos ter sido poupados de antirracionalismos pós-hegelianos agressivos, como os de Kierkegaard, Bergson, Nietzsche, Heidegger, Sartre, Foucault e outros. Mas para que Hegel pudesse dar esse salto, ele teria de abandonar a ideia de conhecimento absoluto. Ele teria de dar às costas a Parmênides, Platão, e à busca de um tipo de grandeza que só se torna possível quando a dúvida é eliminada, quando não resta, aos participantes na conversação, nada a mais a dizer, e assim a História – e talvez até mesmo o tempo – possa chegar a um final. Para fazer isso, Hegel teria de desistir da confluência do divino e do humano ao qual se dirigia seu sistema. Ele teria de se contentar com a ideia de que a conversação da humanidade poderá seguir um caminho imprevisível por tanto tempo quanto dure nossa espécie – resolvendo problemas particulares à medida que eles surgem e, ao superar as consequências desses problemas, gerar novos problemas.

Uma maneira de dar continuidade à crítica de Hegel feita por Habermas é dizer que Hegel assumiu a tarefa impossível de reconciliar a ideia romântica de que o futuro humano poderia tornar-se inimaginavelmente diferente – inimaginavelmente mais rico – do que o passado humano, com a ideia grega de que o tempo, a História e a diversidade são distrações de uma unicidade eterna. Assim como Goethe, muito da grandeza de Hegel reside no fato de ele ter elevado as tensões entre o mundano e o eterno, entre os clássicos e os românticos, e não no seu sucesso em sintetizá-las. É como se a astúcia da razão tivesse se servido de Hegel para intensificar essa tensão, advertindo-nos com isso contra a tentativa de uma tal síntese.

John Dewey, o maior dos esquerdistas hegelianos, deu atenção a essa advertência. Dewey não via utilidade, seja para a teodiceia, seja para o ideal de conhecimento absoluto. Ele estava interessado apenas em ajudar as pessoas a resolver problemas, e não tinha nenhum desejo nem de grandeza nem de profundidade. Seu abandono de ambos esses objetivos terminou por fazer que fosse rejeitado como sendo um burguês tedioso, o que era bem o que Russell pensava a seu respeito. Tanto Russell quanto Heidegger julgavam Dewey incapaz de elevar-se ao nível espiritual para o qual a filosofia deveria ser conduzida.

Uma das razões por que Dewey é meu herói filosófico é que eu penso que teria sido uma boa ideia que os filósofos se aburguesassem, parassem de tentar elevar-se ao nível espiritual em que Platão e Nietzsche se confrontam. De fato, seria melhor se eles parassem de pensar em termos de níveis de maneira geral, cessassem de se imaginar ascendendo às alturas ou mergulhando nas profundezas. Para poder desenvolver esse argumento, passo agora de uma metáfora universalista de ascensão a uma estrutura abrangente que transcende o meramente humano para uma metáfora romântica de descenso ao fundo absoluto da alma humana.

Um dos críticos mais violentos de Dewey, Arthur Lovejoy, também era um eminente historiador de ideias. Nessa última condição, ele insistiu em que já era tempo de deixar de lado a oposição banal entre classicismo e romantismo – para tratá-la como um dispositivo historiográfico excessivamente utilizado e desgastado, ele listou um grande número de movimentos intelectuais que haviam sido rotulados de "romantismo" e mostrou não apenas que não havia nada que os vinculasse, como também que alguns deles se opunham diretamente entre si.

Isaiah Berlin é um dos poucos historiadores de ideias que teve a coragem de desafiar Lovejoy em seu próprio terreno e insistir que ele estava enganado a respeito disso. "*Houve* um movimento romântico", insiste Berlin. "E havia algo de central nele: ele criou uma grande revolução na consciência, e é importante descobrir o que isso é"[5]. Berlin reaviva a noção de romantismo opondo-a não apenas ao classicismo, como também ao universalismo. Com isso, ele o transforma em um termo de contraste filosófico, ao invés de literário. Ele chama de universalismo "a espinha dorsal da tradição ocidental", e diz que foi essa espinha dorsal que o romantismo "quebrou"[6]. O romantismo, diz Berlin, foi "a mais profunda e mais duradoura de todas as mudanças na vida do Ocidente"[7].

Antes do final do século XVIII, afirma Berlin, os pensadores ocidentais estavam bastante de acordo entre si a respeito de três

---

[5] Isaiah Berlin, *The roots of romanticism* [As raízes do romantismo], Princeton, Princeton University Press, 2001, p. 20.
[6] Idem, p. 21.
[7] Idem, p. XIII

preceitos: primeiro, todas as questões genuínas podem ser respondidas. Segundo, todas essas respostas podem ser descobertas através de meios conhecidos – meios que, como diz Berlin, "podem ser aprendidos e ensinados a outras pessoas". Terceiro, todas essas respostas são compatíveis umas com as outras. Elas todas se encaixam em uma Verdade Una. Como Berlin habilmente coloca, os pensadores ocidentais viam a vida humana como uma tentativa de resolver um quebra-cabeça. Ele descreve o que chamei de sua obsessão pela grandeza universalista como segue:

> Deve haver alguma maneira de fazer as peças se encaixarem. O ser onissapiente, o ser onisciente, seja ele Deus ou uma criatura terrena onisciente – qualquer que seja a maneira como prefiramos concebê-la –, é um princípio capaz de fazer todas as peças se encaixarem em um padrão coerente. Alguém que faça isso saberá como o mundo é; o que as coisas são, o que elas têm sido, o que elas serão, quais são as leis que as governam, o que é o homem, qual a relação do homem com as coisas e, portanto, do que o homem necessita, o que ele deseja, e como obter isso[8].

Os próprios escritos filosóficos de Berlin são elaborados em torno de sua convicção de que as peças, na verdade, não se encaixarão. O tema de seu mais conhecido ensaio, "Two concepts of liberty" [Dois conceitos de liberdade], é o de que alguns bens são incompatíveis uns com os outros. Não importa com qual configuração sociopolítica concordemos, algo será sempre perdido. Alguém terá de sofrer. Essa é uma perspectiva com a qual Dewey certamente concordaria inteiramente.

Como Berlin conta a história, a Revolução Francesa forçou a nos confrontarmos com a incompatibilidade. A unidade da Verda-

---

[8] Idem, p. 23.

de não pode ser reconciliada com o fato de que "Danton [...], um revolucionário sincero que cometeu certos erros, não merecia morrer, e ainda assim Robespierre estava perfeitamente certo ao executá-lo"[9]. A reação romântica a esse paradoxo, diz Berlin, foi atribuir a mais alta importância a valores como "integridade, sinceridade, prontidão em sacrificar a própria vida por alguma luz interior, dedicação a algum ideal pelo qual vale a pena tanto viver quanto morrer"[10]. Visto de um ponto de vista platônico, isso equivaleria a dar à paixão a supremacia sobre a razão e à autenticidade a supremacia sobre a conversabilidade.

Berlin sumariza a reação romântica contra a pressuposição de que sempre existe uma resposta certa à questão "o que deve ser feito?" dizendo que o que Hegel chamava de "a colisão do bem com o bem" "deve-se não a um erro, mas a algum tipo inevitável de conflito, entre elementos soltos vagando pelo mundo, entre valores que não podem ser reconciliados. O que importa é que as pessoas deveriam dedicar-se a esses valores com tudo o que tem de si"[11].

O pragmatismo difere do romantismo por levar a sério a colisão do bem com o bem, ao mesmo tempo em que permanece tendo suspeitas da dedicação total e do compromisso apaixonado. Os pragmatistas acham que Danton e Robespierre – e, já que falamos nisso, Antígona e Creon – deveriam ter tentado mais chegar a algum tipo de acordo. A tradição platônica insiste em que as colisões do bem com o bem são sempre ilusórias, porque haverá sempre uma coisa certa a fazer. As peças do enigma que se recusam obstinadamente a se encaixar devem ser descartadas como sendo meras aparências. Mas, para os pragmatistas, o conflito intelectual e moral é tipicamente uma questão de crenças que foram adquiridas

---

[9] Idem, p. 13.
[10] Idem, p. 8.
[11] Idem, p. 13.

na tentativa de servir a um bom propósito ficando no caminho de crenças que foram desenvolvidas no curso de servir a um outro bom propósito. A coisa a fazer, dizem eles, não é descobrir o que é real e o que é meramente aparente, mas encontrar algum compromisso que permitirá a ambos os lados alcançar pelo menos um pouco do bem a que originalmente aspiravam. Isso geralmente significa reconsiderar a situação que fez surgir os vários problemas, achando uma maneira de pensar a seu respeito que satisfaça os dois lados. Como os pragmatistas concordam com James que a verdade é o bem a caminho da crença, e como consideram o conflito do bem com o bem inevitável, eles não acham que a grandeza e a finalidade universalistas possam ser alcançadas. Compromissos engenhosos entre bens antigos produzirão novos conjuntos de aspirações e novos projetos, e novas colisões entre essas aspirações e esses projetos, eternamente. Nunca escaparemos do que Hegel chamava de "a luta e o trabalho do negativo", mas isso serve apenas para dizer que permaneceremos sendo criaturas finitas, os filhos de tempos e lugares específicos.

A ideia de Platão de que "o Bem" é o nome de algo perfeitamente unificado, algo como o Uno de Parmênides, ajudou-o a ver todos os bens que ele apreciava como sendo compatíveis uns com os outros. Autor tanto de poemas de amor como de provas matemáticas, ele queria que ambos servissem a um único propósito. Se colocarmos o *Fedro* lado a lado com a *República*, poderemos ver Platão tentando harmonizar a atração que sentia pelos homens jovens a quem dedicava seus poemas, seu amor por Sócrates e suas esperanças por uma cidade justa, com sua paixão pela certeza demonstrativa. Ao insistir, como diz Nietzsche, que apenas o racional pode ser belo, e ao identificar a verdadeira beleza com a derradeira realidade, ele conseguiu convencer a si próprio de que a feia colisão entre o bem e o bem podia ser colocada de lado como sendo uma mera aparência.

Segundo a explicação de Berlin, a grandeza imperturbável de um mundo novo e radiante que Platão afirmava haver vislumbrado dominou a imaginação do Ocidente até o movimento romântico. Graças aos pensadores da idade heroica da filosofia, como Espinosa e Kant, o ideal da grandeza universalista foi capaz de sobreviver à secularização da alta cultura. Pois esses filósofos sugeriram maneiras de conservar a perspectiva de quebra-cabeça do questionamento mesmo após termos nos tornado democríticos em nossa compreensão de como as coisas funcionam. Eles sugeriram maneiras pelas quais a Verdade poderia permanecer Una, de como ela ainda poderia ser considerada tanto como um objeto apropriado de aspiração erótica quanto como um aliado invulnerável.

O movimento romântico fez o melhor que pôde para separar o que Platão pensava que havia integrado. Ele caçoou da tentativa de Platão de fundir a certeza matemática com o êxtase erótico. Ele se recusou a pensar que a pessoa ou cidade ou o livro em particular que alguém ama com todo o coração, toda a alma e toda a mente seja um disfarce temporário adotado por algo eterno e infinito, algo que não seja ele próprio sujeito à contingência ou ao fracasso. Ele abandonou a ideia de uma estrutura superabrangente que eventualmente se revelaria a todos que se esforçassem em pensar objetivamente. Para citar novamente Berlin:

> O que o romantismo fez foi questionar a noção de que em questões de valor, política, moral e estética há coisas tais como critérios objetivos que operam entre os seres humanos de maneira tal que alguém que não utilize esses critérios seja simplesmente um mentiroso ou um louco, o que só é verdadeiro na matemática e na física[12].

---
[12] Idem, p. 140.

O romantismo, em outras palavras, questionou a pressuposição comum a Platão, Kant e Habermas de que há algo como "um melhor argumento" – melhor não em referência à sua capacidade de convencer alguma audiência específica, mas porque possui validade universal. A ideia de que há uma coisa certa a fazer e em que acreditar, não importa quem sejamos, e a ideia de que os argumentos são intrinsecamente bons ou maus, não importa quem seja chamado para avaliá-los, são complementares. Os pragmatistas rejeitam ambas as ideias. Meu desacordo fundamental com Habermas diz respeito à sua tentativa de conservar a noção do argumento intrinsecamente melhor ao mesmo tempo em que adota uma teoria da socialidade da razão. As duas parecem-me ser, como penso que pareciam a Dewey, água e óleo.

Se concordarmos com Berlin que os românticos desintegraram a perspectiva de quebra-cabeça do questionamento, então estaremos inclinados a admitir que o questionamento não necessita ter um objetivo maior do que o de resolver problemas quando eles surgem. Mas Berlin, assim como Dewey, reconhecia que a esperança platônica de falar com uma autoridade que não seja meramente a de um determinado tempo e lugar sobreviveu no seio do romantismo e engendrou o que Habermas chama de "os outros da razão". A abordagem de Berlin do contraste entre o universalismo e o romantismo nos faz ver que uma das ideias mais importantes que os românticos assimilaram da tradição ontoteológica foi a de "infinito".

"Infinito" é um termo ambíguo que os universalistas e românticos utilizam de diferentes maneiras. A ideia de infinito do universalismo é a de algo que contém tudo o mais e, portanto, algo contra o que nada mais possui poder. Dizer que Deus é infinito é dizer que nada exterior a ele pode afetá-lo, muito menos desviá-lo de seus propósitos. A ideia de infinito do romantismo é diferente. É a ideia essencialmente reativa de remover todos os obstáculos, em particular todas as limitações impostas pelo passado humano, todos os quais estão inculcados na maneira com que falamos e pensamos atualmente. A ideia romântica de infinito tem mais a ver com a figura de Prometeu do que com a de Sócrates. É a ideia da perfeita liberdade desconectada da ideia do perfeito conhecimento e da afiliação ao invulnerável.

Berlin utiliza os termos "profundeza" e "profundidade" para descrever a versão romântica do infinito. Eis uma passagem em que ele discorre em detalhe sobre o sentido que os românticos deram a esses termos:

> Quando digo que Pascal é mais profundo que Descartes [...] ou que Kafka é um escritor mais profundo que Hemingway, o que exatamente estou tentando transmitir, sem sucesso, através dessa metáfora? [...] De acordo com os românticos – e esta é uma de suas maiores contribuições para o entendimento em geral – o que eu quero dizer com profundidade, apesar de eles não a tratarem por esse nome, é a inesgotabilidade, a inabrangibilidade [...] [No] caso de uma obra que é profunda, quanto mais digo mais resta a ser dito. Não há dúvida de que, apesar de tentar descrever em que consiste a sua profundidade, logo que falo se torna claro que, não importa por quanto tempo fale, novos abismos se abrirão. Não importa o que eu diga, sempre terei de deixar reticências no final[13].

Platão pensava que a conceitualização e a discussão mais cedo ou mais tarde nos levariam até uma parada total, a um ponto em que não se abririam mais abismos. Sua esperança de que a discussão eventualmente nos levasse a um ponto em que seria

---

[13] Idem, p. 102-3.

desnecessário deixar reticências no final resume a perspectiva de quebra-cabeça da situação humana – a perspectiva de que há um grande significado global para a vida humana em geral, em lugar de apenas pequenos significados transitórios construídos por indivíduos e comunidades e que são abandonados por seus sucessores.

Os românticos se convenceram de que a conceitualização e a argumentação sempre deixam reticências no final, e então concluíram que é o poeta, ou, mais geralmente, o gênio imaginativo, que nos salvará da finitude, e não o dialético socrático. Berlin diz que Friedrich Schiller introduziu, "pela primeira vez no pensamento humano", a noção de que "os ideais não são absolutamente para serem descobertos, mas para serem inventados; não são para serem encontrados, mas criados, criados como a arte é criada"[14]. Simultaneamente, Shelley dizia à Europa que o poeta vislumbra as sombras gigantescas que a futuridade lança sobre o presente. Para ambos, o poeta não encaixa os eventos entre si de maneira a fornecer lições sobre o futuro, mas nos estimula a dar às costas ao passado e nos incita a ter esperanças de que nosso futuro seja maravilhosamente diferente.

Já falamos o suficiente sobre a abordagem de Berlin da revolta contra o universalismo. Quando tal revolta foi modulada em um tom filosófico, o resultado foi uma série de tentativas de se revelar um outro para a razão. Os filósofos fizeram tais tentativas porque achavam que a *profundidade* fornecia uma certa legitimidade que substituiria a legitimidade que reside no acordo universal. Um acordo é, para muitos dos românticos, e mais recentemente para Foucault, simplesmente uma maneira de se obter uma conformidade às crenças e instituições atuais. Para os românticos, a profundidade não produz acordo, ela é um trunfo no acordo.

---

[14] Idem, p. 8.

Na dialética que se estende através dos dois últimos séculos de pensamento filosófico, que Habermas sumariza em sua obra *Philosophical discourse* [Discurso filosófico], os universalistas censuram cada novo outro da razão por colocar em perigo tanto a racionalidade como a solidariedade humanas. Os românticos respondem que o que tem sido chamado de racionalidade não passa de tentativas disfarçadas de se eternizar os costumes e as tradições. Os universalistas dizem, justificadamente, que abandonar a busca de acordo intersubjetivo é abandonar as restrições ao poder que têm tornado possível alcançar uma certa medida de justiça social. Os românticos dizem, com a mesma plausibilidade, que aceitar a ideia de que apenas aquilo com que todos podem concordar merece ser considerado como verdade é render-se à tirania do passado sobre o futuro.

Formular a oposição nesses termos me leva de volta à minha tese central: que o pragmatismo, e sua defesa do antropocentrismo de Protágoras, deveria ser visto como uma alternativa tanto para o racionalismo como para a ideia de que podemos recorrer a um outro da razão. A resposta pragmatista à dialética que Habermas sintetiza em *The philosophical discourse of modernity* é dizer que falar da validade universal é simplesmente uma maneira de dramatizar a necessidade de acordo intersubjetivo, ao passo que o ardor e a profundidade românticos são simplesmente maneiras de dramatizar a necessidade de novidade, a necessidade de sermos imaginativos.

Nenhuma das necessidades deveria ser elevada acima ou autorizada a excluir a outra. Assim, em lugar de fazer perguntas epistemológicas sobre fontes de conhecimento, ou perguntas metafísicas sobre o que há para ser conhecido, os filósofos poderiam se contentar em fazer o que Dewey tentou fazer: ajudar seus concidadãos a equilibrar a necessidade de consenso com a necessidade de novidade. Sugerir como se pode atingir esse equilíbrio não é algo, é claro, que os professores de filosofia sabem fazer melhor do que os membros de outras disciplinas acadêmicas. Sugerir maneiras de se alcançar esse equilíbrio é o trabalho de quem quer que ambicione reformular a cultura circundante. É por isso que persistir no humanismo de F. C. S. Schiller – em sua tentativa de reabilitar a afirmação de Protágoras de que o homem é a medida de todas as coisas – significaria abandonar a ideia de que há um tipo especial de atividade, chamada "filosofar", que desempenha um papel cultural diferenciado.

Sob a perspectiva de cultura que estou sugerindo, o progresso intelectual e moral é alcançado ao se fazer afirmações, que parecem absurdas a uma geração, se tornarem o senso comum das gerações posteriores. O papel dos intelectuais é efetuar essa mudança explicando como novas ideias poderiam, se fossem experimentadas, resolver, ou desfazer, os problemas criados pelas antigas. Nem a noção de validade universal nem a de acesso privilegiado à verdade são necessárias para se realizar esse último propósito. Podemos trabalhar na direção de um acordo intersubjetivo sem sermos iludidos pela promessa de validade universal. Podemos introduzir e recomendar novas e surpreendentes ideias sem atribuí-las a uma fonte privilegiada. O que tanto os universalistas platônicos quanto os românticos do outro da razão acham mais exasperante no pragmatismo é a sua sugestão de que nunca seremos purificados nem tampouco transfigurados por nos basearmos em uma tal fonte, e nunca faremos nada mais do que experimentar fazer bricolagens com nós mesmos.

Se pensarmos que fazer bricolagens experimentalistas é tudo o que jamais conseguiremos fazer, então suspeitaremos tanto das metáforas universalistas de grandeza quanto das metáforas românticas de profundidade, pois ambas sugerem que uma sugestão para uma bricolagem adicional poderá ser reforçada por estar vinculada a algo que, nas palavras de Russell, não seja meramente do aqui e do agora – algo como a natureza intrínseca da realidade ou as profundezas extremas da alma humana. Em contraste, a perspectiva de Berlin de que o melhor que podemos fazer em política é resolver satisfatoriamente tantos conflitos quanto possível exibe a mesma atitude pragmatista da perspectiva de Kuhn de que o melhor que podemos fazer em ciência é resolver as anomalias à medida que elas surgem. Mas, para pensadores como Russell e Nagel, o acordo universal sobre a conveniência de uma instituição política ou a verdade de uma teoria científica não é, como para os pragmatistas, apenas uma circunstância social feliz, mas também um sinal de que estamos chegando mais perto da verdadeira natureza do homem ou da natureza.

Os românticos que apreciam metáforas de profundidade são mais capazes que os universalistas de resistir ao chamariz da perspectiva de quebra-cabeça da realidade e da teoria da verdade correspondente. Mas eles frequentemente cometem os erros de que Habermas os acusa: negligenciam sua responsabilidade de fazer sugestões imaginativas plausíveis, explicando como as novas instituições e as novas teorias poderiam resolver os problemas com os quais as antigas instituições e as velhas teorias não puderam lidar. Os românticos frequentemente nos dizem que o que é necessário é a autenticidade, e não os argumentos, como se o fato de que tivessem tido uma ideia nova fosse suficiente para eximi-los da responsabilidade de explicar a utilidade daquela ideia.

Assim, quando Cristo é descrito como o caminho, a verdade e a luz, ou quando Heidegger nos diz que Hitler é a realidade presente e futura da Alemanha, a afirmação é que nossas antigas ideias, nossos velhos problemas e nossos antigos projetos deveriam simplesmente ser deixados de lado, para que nossa mente possa ser completamente arrebatada pelo novo. Em vez de ficarmos estupefatos com a grandeza sobre-humana, olharemos com reverência a ousadia prometeica. Em lugar de nos ser dito que nos elevamos ao nível da Verdade imutável, nos será dito que finalmente fomos colocados em contato com nosso eu mais profundo.

Se abandonarmos as metáforas de altura, não veremos nem a capacidade de atingir um acordo universal sobre alguma versão atualizada dos *Principia* de Newton nem a necessidade de se ter um respeito universal pelas provisões da Declaração de Direitos Humanos de Helsinki como uma indicação de que esses documentos de alguma forma correspondem à realidade. Tanto a possibilidade de um sistema de explicação científica plenamente unificado como a de uma civilização moderna na qual os direitos humanos são respeitados são inspiradoras. Mas o valor inspiracional, obviamente, não é um indicador confiável de validade. Tanto o apelo a algo superabrangente e invulnerável quanto o apelo a algo inefável e exaustivamente profundo são *slogans* de propaganda, truques de relações públicas – maneiras de prender a nossa atenção.

Se pudéssemos chegar a ver tais apelos como artifícios, poderíamos nos tornar capazes de prescindir de palavras como "intrínseco", "autêntico", "incondicional", "legítimo", "básico" e "objetivo". Poderíamos nos entender bem com expressões de louvor ou censura tão banais como "confere com os dados", "parece plausível", "faria mais mal do que bem", "ofende nossos instintos", "pode ser que valha a pena tentar" e "é ridículo demais para ser levado a sério". Os pragmatistas que acham suficiente esse tipo de banalidades pensam que nenhum poeta ou profeta inspirado deveria defender a utilidade de suas ideias apelando para sua suposta fonte em algum outro da razão. Tampouco qualquer defensor do *status quo* deveria apelar para a evidência do acordo intersubjetivo para defender a universalidade e necessidade da crença sobre a qual foi atingido um consenso. Mas ainda podemos valorizar o acordo intersubjetivo após termos abandonado tanto a perspectiva de quebra-cabeça das coisas quanto a ideia de que possuímos uma faculdade chamada "razão" que está de alguma forma sintonizada com a natureza intrínseca da realidade. Ainda podemos valorizar a novidade e o poder da imaginação, mesmo depois de termos abandonado a ideia romântica de que a imaginação se encontra sintonizada dessa maneira.

Concluirei retornando ao contraste entre a época em que a filosofia era algo central na vida intelectual e os dias de hoje. A razão principal para a marginalização da filosofia, como disse anteriormente, é a mesma razão pela qual a guerra entre a ciência e a teologia parece bizarra – o fato de que hoje em dia somos todos materialistas e utilitaristas do senso comum. Mas há uma razão adicional. É que as disputas que, no decorrer dos séculos XIX e XX, gradualmente substituíram a guerra entre os deuses e os gigantes – as disputas entre a filosofia e a poesia e entre a filosofia e a sofística – se tornaram elas próprias tediosas.

Os intelectuais dos tempos recentes ficaram cansados de assistir à moda filosófica oscilar de um lado para o outro entre os entusiastas da permanência da grandeza, como Russell e Nagel, e os celebrantes da profundidade inefável, como Bergson e Heidegger. Tornou-se mais difícil persuadi-los de que o destino da civilização depende ou de evitar os excessos do racionalismo científico ou de se precaver contra o irracionalismo frívolo dos literatos. As discussões sobre relativismo entre pragmatistas como eu próprio e aqueles que nos denunciam como *os renegadores da verdade* despertam apenas um interesse muito fraco. A ideia de que os fundamentos filosóficos de nossa cultura necessitam de atenção ou reparo atualmente parece tola, já que faz muito tempo desde que alguém achou que ela tinha fundamentos, filosóficos ou outros quaisquer. Apenas os professores de filosofia ainda levam a sério a ideia cartesiana de uma *ordem natural de razões*, uma estrutura inferencial anistórica e transcultural que dita a prioridade das questões que os filósofos colocam sobre as questões propostas pelos outros intelectuais.

Talvez a melhor maneira de descrever a diminuição de interesse despertado pela filosofia entre os intelectuais é dizer que o infinito está perdendo o seu charme. Estamos nos tornando finitistas do senso comum – pessoas que acreditam que quando morremos apodrecemos, que cada geração resolverá velhos problemas apenas ao criar novos, que nossos descendentes voltarão o olhar sobre muito do que fizemos com um desprezo incrédulo e que o progresso em direção a uma maior justiça não é nem inevitável nem impossível. Estamos nos contentando em ver a nós mesmos como uma espécie de animal que cria a si próprio à medida que avança. A secularização da alta cultura que pensadores como Espinosa e Kant ajudaram a promover nos levou a adquirir o hábito de pensar horizontalmente em vez de verticalmente – descobrindo como poderíamos providenciar um futuro ligeiramente melhor em vez de erguer o olhar para uma estrutura superabrangente ou descendê-lo em profundidades inefáveis. Os filósofos que pensam que tudo isso é justamente como deveria ser podem extrair um certo remorso de sua sempre crescente irrelevância.

6
A filosofia como um gênero transitório

Verdade redentora

Questões como "Existe a verdade?" ou "Você acredita na verdade?" parecem tolas e inúteis. Todo mundo sabe que a diferença entre crenças verdadeiras e falsas é tão importante quanto a que existe entre alimentos nutritivos e nocivos. Além disso, uma das principais realizações da filosofia analítica recente foi ter demonstrado que a aptidão para se empregar o conceito de "crença verdadeira" é uma condição necessária para ser um usuário da linguagem e, portanto, um agente racional.

Não obstante, a pergunta "Você acredita na verdade ou você é um desses pós-modernistas frívolos?" é frequentemente a primeira que os jornalistas fazem aos intelectuais que lhes cabe entrevistar. Ela desempenha agora o papel anteriormente atribuído à pergunta "Você acredita em Deus ou você é um daqueles ateus perigosos?". Os intelectuais do tipo literário têm de ouvir com frequência que não amam a verdade suficientemente. Tais repreensões são feitas no mesmo tom com que seus predecessores eram lembrados de que o temor ao Senhor era o início da sabedoria.

Obviamente, o sentido da palavra "verdade" evocada por essa pergunta não é o sentido cotidiano. Ninguém está preocupado com uma mera nominalização do adjetivo "verdadeiro". A questão "Você acredita que a verdade existe?" é uma forma abreviada para algo como "Você pensa que há um ponto terminal natural para o questionamento, uma maneira como as coisas realmente são, e que a compreensão do que essa maneira é nos dirá o que fazermos com nós próprios?".

Aqueles que, como eu, se veem acusados de frivolidade pós-modernista não pensam que haja um tal ponto terminal. Nós pensamos que nosso questionamento é apenas outro nome para *resolução de problemas*, e não podemos imaginar um questionamento sobre como os seres humanos deveriam viver, sobre o que deveríamos fazer de nós, chegando a um ponto final. Pois as soluções dos velhos problemas produzirão novos problemas para sempre, e assim por diante. Assim como ocorre com o indivíduo, também na sociedade e na espécie cada estágio de maturação vai superar prévios dilemas apenas através da criação de novos.

Empregarei o termo "verdade redentora" para um conjunto de crenças que deveriam terminar, de uma vez por todas, com o processo de reflexão sobre o que fazer com nós mesmos. A verdade redentora, se existisse, não seria esgotada por teorias sobre como as coisas interagem de forma causal. Ela teria de satisfazer uma necessidade a que a religião e a filosofia tentaram atender. Essa necessidade é a de encaixar tudo – cada coisa, pessoa, evento, ideia e poema – em um único contexto, um contexto que de alguma forma se revelará natural, destinado e único. Seria o único contexto que importaria para o propósito de dar forma à nossa vida, porque seria o único em que essa vida apareceria como realmente é. Acreditar na verdade redentora é crer que existe algo que está para a vida humana como as partículas elementares estão para os quatro elementos – algo que é a realidade além da aparência, a única descrição verdadeira do que está acontecendo.

A esperança de que um tal contexto possa ser encontrado é uma versão do que Heidegger chamou a esperança de autenticidade – a esperança de tornarmo-nos a nossa própria pessoa, em lugar de não passarmos da criação de nossa educação e de nosso ambiente. Como enfatizou Heidegger, para atingirmos a autenticidade nesse sentido não é necessário *rejeitarmos* o nosso passado. Em vez disso, pode ser uma questão de reinterpretar esse passado de maneira a torná-lo mais adequado para os nossos próprios propósitos. Mas é essencial haver vislumbrado uma ou mais alternativas para os propósitos que a maioria das pessoas considera evidentes, e ter escolhido entre essas alternativas – e com isso, em certa medida, criado a nós próprios. Como nos conta Harold Bloom, a importância de se ler muitos livros é conscientizar-se de um grande número de propostas alternativas, e a importância *disso* é tornar-se um eu autônomo[1]. Autonomia, nesse sentido não kantiano e distintamente bloomiano, é exatamente a mesma coisa que a autenticidade heideggeriana. É o traço distintivo do intelectual.

Definirei um intelectual como alguém que anseia pela autonomia bloomiana e tem sorte o suficiente para ter o dinheiro e a disponibilidade para fazer algo a respeito: visitar diferentes igrejas ou gurus, ir a diferentes teatros e museus e, acima de tudo, ler muitos livros diferentes. A maioria dos seres humanos, mesmo aqueles que possuem os requisitos dinheiro e disponibilidade, não são intelectuais. Se eles leem livros não é porque buscam a redenção, mas porque desejam ser entretidos ou distraídos, ou porque desejam se

---
[1] Harold Bloom, *How to read and why* [*Como e por que ler*, Objetiva, 2001], Nova York, Scribner, 2000.

tornar mais aptos a executar algum propósito antecedente. Eles não leem livros para descobrir que propósitos têm. Os intelectuais os fazem.

Da religião até a literatura, passando pela filosofia

Equipado com essas definições de "verdade redentora" e "intelectual", posso agora apresentar minha tese. A de que, desde o Renascimento, os intelectuais do Ocidente avançaram passando por três estágios: primeiro eles esperaram ser redimidos por Deus, depois pela filosofia e agora pela literatura. A religião monoteísta oferece uma esperança de redenção através do estabelecimento de uma relação com uma pessoa não humana extremamente poderosa. A crença nos artigos de uma fé pode ser apenas secundária para uma tal relação. Para a filosofia, contudo, a crença verdadeira é essencial: a redenção pela filosofia consistiria em adquirir um conjunto de crenças que representem as coisas da única maneira como elas realmente são. A literatura, enfim, oferece a redenção ao se travar conhecimento com uma variedade de seres humanos tão grande quanto possível. Como ocorre com a religião, a crença verdadeira nesse caso pode ser de pouca importância.

Do interior de uma cultura literária, a religião e a filosofia aparecem como gêneros literários. Como tais, elas são opcionais. Assim como um intelectual pode optar por ler muitos poemas mas poucos romances, ou muitos romances mas poucos poemas, da mesma forma ele pode ler muita filosofia, ou muitos escritos religiosos, mas relativamente poucos poemas e romances. A diferença entre as leituras dos intelectuais literários de todos esses livros e outras leituras deles é que o habitante de uma cultura literária considera os livros como tentativas humanas de atender a necessidades humanas, antes do que o reconhecimento do poder de um ser que é o que é à parte de tais necessidades. "Deus" e "Verdade"são, respectivamente, os nomes religiosos e filosóficos desse tipo de coisa.

A transição da religião à filosofia começou com a revitalização do platonismo no Renascimento, o período em que os humanistas começaram a fazer as mesmas perguntas sobre o monoteísmo cristão que Sócrates fizera sobre o panteão de Hesíodo. Sócrates sugeriu a Eutífron que a questão verdadeira não era saber se nossas ações agradavam aos deuses, mas antes saber quais deuses tinham a perspectiva correta sobre quais ações deveriam ser feitas. Quando esta última questão foi novamente levada a sério, o caminho estava aberto para a conclusão de Kant de que até mesmo o Santíssimo dos Evangelhos deve ser julgado à luz da nossa própria consciência.

A transição de uma cultura filosófica para uma cultura literária começou logo após Kant, na época em que Hegel nos advertiu de que a filosofia pinta cinza sobre cinza apenas quando uma for-ma de vida já envelheceu. Essa observação ajudou a geração de Kierkegaard e Marx a perceber que a filosofia nunca iria preencher o papel redentor que o próprio Hegel havia reivindicado para ela. As reivindicações supremamente ambiciosas de Hegel para a filosofia eram contraprodutivas. Seu sistema mal havia sido publicado quando começou a ser lido como uma *reductio ad absurdum* de uma certa forma de vida intelectual.

Desde a época de Hegel, os intelectuais vêm perdendo fé na filosofia. Isso equivale a perder fé na ideia de que a redenção pode vir sob a forma de crenças verdadeiras. Na cultura literária que tem emergido durante os últimos duzentos anos, a questão "Isso é verdade?" deu lugar à questão "O que há de novo?". Hegel achava que essa mudança era um declínio, um deslocamento do pensamento sério para uma mera curiosidade mexeriqueira[2]. Na abordagem que

---

[2] Cf. as considerações sobre *das Gerade* e *die Neugier* nas seções 35 e 36 de *Sein und Zeit* [*Ser e tempo*, Vozes, 2006]. Martin Heidegger, *Sein und Zeit*, Tubingen, Max Niemeyer Verlag, 1967, p. 167-73.

ofereço, contudo, essa mudança constitui um avanço. Ela representa uma substituição desejável de más questões como "O que é o Ser?", "O que é verdadeiramente real?" e "O que é o homem?" pela questão sensata "Alguém tem quaisquer ideias novas sobre o que nós, seres humanos, poderíamos conseguir fazer de nós mesmos?".

Em sua forma pura, não diluída pela filosofia, a religião é uma relação com uma pessoa não humana. Essa relação pode ser de obediência adoradora, de comunhão extática, de confidência silenciosa ou alguma combinação entre elas. Mas é apenas quando a religião se mistura com a filosofia que essa relação redentora não cognitiva com uma pessoa começa a ser mediada por um credo. Foi apenas quando o Deus dos filósofos começou a substituir o Deus de Abraão, Isaac e Jacó que a crença verdadeira foi considerada essencial para a salvação.

Para a religião, em sua forma não contaminada, o argumento não é mais importante do que a crença. Tornar-se um Novo Ser em Cristo, como insistia Kierkegaard, não é a mesma coisa que ser forçado a admitir a verdade de uma proposição no decorrer de uma reflexão socrática, ou como resultado da dialética hegeliana. Na medida em que a religião exige a crença em uma proposição, ela é, como disse Locke, uma crença baseada no crédito do proponente antes de ser apoiada por um argumento. Mas as crenças são irrelevantes para a devoção especial do crente ignorante, para Deméter, ou para a Virgem de Guadalupe. É essa irrelevância que intelectuais como São Paulo, Kierkegaard e Karl Barth – atletas espirituais que se aprazem com o fato de que sua fé é uma loucura para os gregos – esperam recapturar.

Para levar a sério a ideia de que a redenção pode chegar sob a forma de crenças verdadeiras, devemos acreditar que uma vida que não possa ser defendida por argumentos não merece ser vivida, e que uma argumentação persistente conduzirá todos os questionadores ao mesmo conjunto de crenças. A religião e a literatura, na medida em que não forem contaminadas pela filosofia, não compartilham nenhuma dessas convicções. Uma religião não contaminada pode ser monoteísta no sentido de que uma comunidade pode julgar essencial adorar apenas um deus em particular. Mas a ideia de que só pode *existir* um único deus, que o politeísmo é contrário à razão, é uma ideia que só podemos sustentar após a filosofia ter nos convencido de que as reflexões de todos os seres humanos devem conduzir ao mesmo resultado.

Da maneira como estou empregando os termos "literatura" e "cultura literária", uma cultura que substituiu religião e filosofia pela literatura não encontra redenção nem em uma relação não cognitiva com uma pessoa não humana nem em uma relação cognitiva com proposições, mas em relações não cognitivas com outros seres humanos, relações mediadas por artefatos humanos, tais como livros e prédios, pinturas e canções. Tais artefatos possibilitam uma percepção de maneiras alternativas de ser humano. Esse tipo de cultura abandona uma pressuposição comum à religião e à filosofia – a de que a redenção deve vir de uma relação com algo que não é apenas mais uma criação humana.

Kierkegaard disse acertadamente que a filosofia começou a se constituir como rival da religião quando Sócrates sugeriu que nosso próprio autoconhecimento era um conhecimento de Deus – que não tínhamos necessidade de ajuda de uma pessoa não humana, porque a verdade já se encontrava dentro de nós. Mas a literatura começou a se constituir como rival da filosofia quando pessoas como Cervantes e Shakespeare começaram a suspeitar que os seres humanos eram, ou deveriam ser, tão diversos que não havia sentido pretender que todos eles levassem uma única verdade em seu íntimo. Santayana assinalou esse sísmico deslocamento cultural em seu ensaio "The absence of religion in Shakespeare" [A ausência de religião em Shakespeare][3]. Esse ensaio poderia muito bem ser chamado "A ausência de religião ou filosofia em Shakespeare", ou simplesmente "A ausência da verdade em Shakespeare".

Sugeri anteriormente que "Você acredita na verdade?" é uma pergunta que pode ganhar tanto sentido quanto urgência se for reformulada como "Você acredita que haja um único conjunto de crenças que pode desempenhar um papel redentor na vida de todos os seres humanos, que pode ser racionalmente justificado para todos os seres humanos sob condições de comunicação ideais e que constituirá portanto o ponto terminal natural do questionamento?". Responder "sim" a essa questão reformulada é aceitar a filosofia como o guia da vida. É concordar com Sócrates que há crenças que são tanto passíveis de justificação racional quanto capazes de nos mostrar o que fazer com nossas vidas. A premissa da filosofia é de que há uma maneira como as coisas realmente são – uma maneira como a humanidade e o resto do universo são e sempre serão, independentemente de quaisquer necessidades e interesses humanos meramente contingentes.

Não é certo que Homero, ou mesmo Sófocles, vissem muito sentido nessa sugestão. Antes que Platão a tivesse concebido, a constelação de ideias necessária para torná-la inteligível não estava disponível. Cervantes e Shakespeare compreenderam a sugestão de Platão, mas desconfiaram de seus motivos. Sua desconfiança os levou a enfatizar a diversidade e minimizar a semelhança – a salientar as diferenças entre os seres humanos em lugar de procurar por uma natureza humana comum. Essa mudança de ênfase enfraquece a influência da pressuposição platônica de que todos os tipos diferentes de pessoas deveriam ser ordenados em uma hierarquia,

---

[3] George Santayana, "The absence of religion in Shakespeare", *em Interpretations of poetry and religion* [Interpretações de poesia e religião], Cambridge, MIT Press, 1990, p. 91-101.

julgada com base em seu relativo sucesso em atingir um único objetivo. Iniciativas como a de Cervantes e Shakespeare ajudaram a criar um novo tipo de intelectual – um que não aceita como natural a disponibilidade da verdade redentora, e não está muito interessado em saber se Deus ou a Verdade existem.

Essa mudança ajudou a criar a alta cultura de hoje, na qual a religião e a filosofia se marginalizaram. Certamente, ainda há inúmeros intelectuais religiosos – e até mesmo alguns filosóficos. Mas os jovens estudiosos em busca de redenção atualmente olham primeiro para romances, peças e poemas. O tipo de livros que no século XVIII era visto como marginal hoje se tornou o tipo principal. Os autores de Rasselas e Cândido ajudaram a viabilizar, mas dificilmente poderiam ter previsto, uma cultura em que o romance se tornou o principal veículo de instrução moral.

Para os membros da cultura literária, a redenção deve ser alcançada entrando-se em contato com os limites atuais da imaginação humana. É por isso que a cultura literária está sempre em busca de novidades, em vez de tentar escapar do transitório para o eterno. É uma premissa dessa cultura que apesar de a imaginação apresentar limites, esses limites são capazes de ser estendidos indefinidamente[4]. A imaginação consome interminavelmente seus próprios artefatos. Ela é sujeita ao tempo e ao acaso assim como as moscas e os vermes, mas enquanto ela perdurar e preservar a memória do passado, continuará a transcender seus prévios limites.

O tipo de pessoa a que estou me referindo como *intelectual literário* pensa que a vida que não é vivida na proximidade dos limites da imaginação humana não vale a pena ser vivida. O intelectual literário substitui a ideia socrática de autoexame e autoconhecimento pela ideia de alargamento do eu ao travar conhecimento

---

[4] Estendo essa posição em "Pragmatismo e romantismo", neste volume.

com outras maneiras de ser humano. Ele acha que quanto mais livros nós lermos, mais maneiras de ser humano levarmos em consideração, mais humanos nos tornamos – e quanto menos tentados por sonhos de uma fuga do tempo e do acaso, mais convencidos de que não podemos contar com nada a não ser uns com os outros. A grande virtude da cultura literária é que ela diz aos jovens intelectuais que a única fonte de redenção é a imaginação humana, e que este fato deveria causar orgulho em vez de desespero.

Do ponto de vista dessa cultura, a filosofia foi um estágio transitório no desenvolvimento de uma crescente autossuficiência. A tentativa da filosofia de substituir Deus pela Verdade requer a convicção de que um conjunto de crenças que pode ser justificado a todos os seres humanos também atenderá às necessidades de todos os seres humanos. Mas a ideia era um compromisso inerentemente instável entre a ânsia masoquista de nos submetermos ao não humano e a necessidade de sentirmos o devido orgulho por nossa humanidade. A verdade redentora é uma tentativa de encontrar algo que não é feito por seres humanos, mas com o que os seres humanos têm uma relação especial e privilegiada que não é compartilhada com os animais. A natureza intrínseca das coisas é como um deus em sua independência de nós e, ainda assim – nos dizem Sócrates e Hegel –, o autoconhecimento será suficiente para que entremos em contato com ela. Uma maneira de se considerar a questão da busca pelo conhecimento de uma tal quase-divindade é como Sartre a via: ela é uma paixão fútil, uma tentativa predestinada ao fracasso de se tornar um para-si-em-si. Mas seria melhor considerar a filosofia como uma de nossas maiores realizações imaginativas, similar à invenção dos deuses.

Os filósofos frequentemente descrevem a religião como uma tentativa primitiva e insuficientemente reflexiva de filosofar.

Mas, como disse anteriormente, uma cultura literária plenamente autoconsciente consideraria tanto a religião como a filosofia como gêneros literários amplamente obsoletos, ainda que gloriosos. Elas constituem gêneros nos quais tem se tornado cada vez mais difícil escrever, mas seus substitutos poderiam nunca ter surgido se não tivessem sido lidos como desvios da religião e, posteriormente, como desvios da filosofia. A religião e a filosofia eram degraus, estágios em um contínuo processo de maturação.

O auge da filosofia: a metafísica idealista e materialista

Na esperança de tornar essa abordagem da filosofia um gênero transitório mais plausível, direi algo a respeito de dois grandes movimentos nos quais ela atingiu o seu auge. A filosofia começou a obter o seu merecido reconhecimento quando os pensadores do Iluminismo não precisaram mais se esconder por trás das máscaras usadas por Descartes, Hobbes e Espinosa e puderam ser abertamente ateus. Tais máscaras puderam ser abandonadas após a Revolução Francesa. Esse evento, tornando plausível o fato de que os seres humanos pudessem construir um novo paraíso e uma nova terra, fez que Deus parecesse bem menos necessário do que antes.

Essa recém-encontrada autossuficiência produziu dois grandes sistemas metafísicos. Primeiro vieram os metafísicos do idealismo alemão e, em segundo lugar, a reação contra o idealismo que foi a metafísica materialista, a apoteose dos resultados da ciência natural. O primeiro movimento pertence ao passado. A metafísica materialista, contudo, ainda se encontra conosco. Ela é, na verdade, praticamente a única versão de verdade redentora atualmente disponível. É o último grito de hurra da filosofia, sua última tentativa de evitar ser rebaixada à condição de gênero literário.

Este não é o lugar de recapitular a ascensão e queda do idealismo alemão nem de elogiar o que Heidegger chamou de "a grandeza, fôlego e originalidade do mundo espiritual". É suficiente para os meus propósitos dizer que Hegel, o mais original dos idealistas, acreditava ele próprio que havia dado a primeira prova satisfatória da existência de Deus e a primeira solução satisfatória para o tradicional problema teológico do mal. Ele era, a seus próprios olhos, o primeiro teólogo natural plenamente bem-sucedido – o primeiro a reconciliar Sócrates com Cristo ao demonstrar que a encarnação não havia sido um ato de benevolência da parte de Deus, mas uma necessidade. "Deus", disse Hegel, "tinha de ter um Filho", porque a eternidade não é nada sem o tempo, Deus não é nada sem o homem, a Verdade não é nada sem a sua emergência histórica.

Aos olhos de Hegel, a esperança platônica de escapar do temporal para o eterno era um estágio primitivo, ainda que necessário, do pensamento filosófico – um estágio que a doutrina cristã da encarnação nos auxiliou a superar. Agora que Kant havia aberto o caminho para que pudéssemos ver a mente e o mundo como interdependentes, acreditava Hegel, estamos em posição de fazer com que a filosofia possa conciliar a distinção kantiana entre o fenomenal e o numenal, da mesma forma como a estadia de Cristo na Terra superou a diferença entre Deus e o homem.

A metafísica idealista parecia tanto verdadeira como demonstrável para algumas das melhores mentes do século XIX. Josiah Royce, por exemplo, escreveu livro após livro argumentando que Hegel estava certo: uma simples reflexão na poltrona sobre as pressuposições do bom senso, exatamente o tipo de exercício da filosofia que Sócrates praticava e recomendava, nos levará a reconhecer a verdade do panteísmo tão seguramente quanto a reflexão sobre os diagramas geométricos nos conduzirá ao teorema de Pitágoras.

Mas o veredicto da cultura literária sobre a metafísica foi habilmente formulado por Kierkegaard quando ele disse que, se Hegel tivesse escrito no final de seus livros "tudo isso foi apenas uma experimentação de pensamento", ele teria sido o maior pensador que jamais existiu, mas que, de certo modo, não passou de um bufão[5].

Eu reformularia a posição de Kierkegaard da seguinte maneira: se Hegel tivesse sido capaz de parar de pensar que havia nos dado a verdade redentora e afirmasse, em vez disso, que havia nos dado algo *melhor* do que a verdade redentora – a saber, uma maneira de reunir todos os produtos prévios da imaginação humana em uma única perspectiva –, ele teria sido o primeiro filósofo a admitir que um produto cultural melhor do que a filosofia havia chegado ao mercado. Ele teria sido o primeiro a conscientemente substituir a filosofia pela literatura, assim como Sócrates e Platão foram os primeiros a conscientemente substituir a religião pela filosofia. Mas, em vez disso, Hegel se apresentava (pelo menos parte do tempo) como tendo descoberto a Verdade Absoluta, e homens como Royce encararam seu idealismo com uma seriedade que atualmente nos impressiona tanto pela simpatia como pelo ridículo[6]. Assim, coube a Nietzsche, em *O nascimento da tragédia*, sugerir que a premissa comum a Sócrates e Hegel deveria ser rejeitada, e que a invenção da ideia de autoconhecimento era uma grande realização imaginativa que sobreviveu à sua utilidade.

Entre a época de Hegel e a de Nietzsche, contudo, surgiu o segundo dos grandes sistemas filosóficos. Ele mantinha a mesma relação com Demócrito e Lucrécio que o idealismo alemão havia

---

[5] S. Kierkegaard, *Papers and journals: A selection* [Escritos e diários: uma seleção], Londres, Penguin, 1996, p. 182.

[6] Comento a abordagem de Hegel feita por Royce e coloco-a em contraste com as de Dewey, Sellars e Brandom em "Some american uses of Hegel" [Algumas utilizações americanas de Hegel], em *Das Interesse des Denkens: Hegel aus heutiger Sicht*, Paderborn, Fink Verlag, 2003.

mantido com Parmênides e Plotino. Ele tentava colocar a ciência natural no lugar tanto da religião como da reflexão socrática – para fazer que a investigação empírica nos fornecesse exatamente o que Sócrates pensava que ele nunca poderia nos dar: a verdade redentora.

Em meados do século XIX, havia se tornado claro que a matemática e a ciência empírica iriam se tornar as únicas áreas da cultura nas quais seria concebível esperar obter unanimidade e acordo racional – as únicas disciplinas aptas a fornecer crenças improváveis de serem derrubadas com o desenrolar da História. Elas eram as únicas fontes de resultados cumulativos e, portanto, de candidatos aceitáveis para o status de uma compreensão da maneira como as coisas são em si mesmas. A ciência natural unificada ainda parece ser, para muitos intelectuais, uma resposta às preces de Sócrates.

Por outro lado, praticamente todo mundo no século XIX havia passado a concordar com Hume que o modelo de sucesso cognitivo de Platão – a matemática – nunca chegaria a nos oferecer nada de redentor. Apenas uns poucos neopitagóricos excêntricos ainda julgavam que a matemática ofereceria algo além de um interesse prático e estético. Assim, os positivistas do século XIX inferiram que a moral da história era que a única outra fonte de acordo racional e verdade inabalável, a ciência empírica, simplesmente tinha de ter uma função redentora. Como a filosofia sempre havia ensinado que uma abordagem que unisse tudo em um todo coerente teria um valor redentor, e como o colapso da metafísica idealista deixara o materialismo como a única abordagem ainda existente, os positivistas concluíram que a ciência natural era tudo de que a filosofia sempre necessitaria (ou pelo menos que, como Quine colocou uma vez, a filosofia da ciência natural é filosofia suficiente).

O projeto de dar um *status* redentor à ciência empírica ainda parece atraente para dois tipos de intelectuais contemporâneos. O primeiro é o tipo de filósofo que insiste em que a ciência natural atinge a verdade objetiva de uma maneira que nenhuma outra parte da cultura consegue fazer. Esses filósofos usualmente insistem que o cientista natural é o possuidor paradigmático das virtudes intelectuais, em especial o amor pela verdade, que raramente podem ser encontradas entre os habitantes da cultura literária. O segundo é o tipo de cientista que anuncia que o último trabalho realizado em sua disciplina tem profundas implicações filosóficas: que os avanços na biologia evolucionária ou na ciência cognitiva, por exemplo, fazem mais do que nos dizer como as coisas funcionam e do que são feitas[7]. Esses avanços também nos dizem, segundo esses cientistas, algo sobre como viver, sobre a natureza humana, sobre o que realmente somos.

Examinarei esses dois grupos de pessoas separadamente. O problema com a tentativa dos filósofos de considerar o cientista empírico como um paradigma de virtude intelectual é que o amor do astrofísico pela verdade não parece ser diferente do amor à verdade do filologista clássico ou do historiador baseado em arquivos. Todas essas pessoas estão se esforçando por conseguir entender corretamente alguma coisa. Assim como também, a propósito, o mestre carpinteiro, o perito contador e o cirurgião cuidadoso. A necessidade de entender a coisa direito é fundamental para que todas essas pessoas se reconheçam como sendo quem são e é o que torna as suas vidas dignas de serem vividas.

Certamente, se não houvesse pessoas cujas vidas estão centradas em torno dessa necessidade, nunca teríamos ido muito longe no caminho da civilização. O livre exercício da imaginação só é possível em razão da infraestrutura que as pessoas não imaginativas construíram. Sem artesãos, não há poetas. Sem engenheiros para

---

[7] Trato desse tipo de tentativa de substituir a filosofia pela ciência em "Philosophy-envy" [Inveja da filosofia], Daedalus, outono de 2004, p. 18-24.

fornecer a tecnologia de um mundo industrializado, haveria poucas pessoas com dinheiro suficiente para enviar seus filhos para serem iniciados em uma cultura literária. Mas não há razão para considerar que as contribuições da ciência natural para essa infraestrutura têm uma significação moral ou filosófica que está ausente nas contribuições do carpinteiro, do contador e do cirurgião.

John Dewey pensava que o fato de o físico matemático gozar de maior prestígio que o artesão experiente é um infeliz legado da distinção platônico-aristotélica entre as verdades eternas e a verdade empírica, da elevação da contemplação ociosa sobre a atividade prática suada. Essa posição poderia ser reafirmada dizendo-se que o prestígio do teórico científico é um legado infeliz da ideia socrática de que aquilo que todos podemos concordar como sendo verdade, em consequência de um debate racional, é o reflexo de algo mais além do fato da concordância – da ideia de que o acordo intersubjetivo, sob condições de comunicação ideais, é um sinal de correspondência com a maneira como as coisas realmente são.

O debate atual entre os filósofos analíticos sobre se a verdade é uma questão de correspondência à realidade e o debate paralelo sobre a negação de Kuhn de que a ciência esteja se aproximando assimptoticamente do verdadeiramente real são disputas entre aqueles que acham que a ciência empírica realiza pelo menos algumas das esperanças de Platão e aqueles que pensam que essas esperanças deveriam ser abandonadas. Os primeiros filósofos consideram que seja uma questão de senso comum inquestionável que acrescentar um tijolo ao edifício do conhecimento é uma questão de alinhar com mais precisão o pensamento e a linguagem com a maneira como as coisas realmente são. Seus adversários intelectuais consideram que esse assim chamado senso comum não passa do que Dewey pensava dele: uma relíquia da esperança religiosa de que a redenção possa vir do contato com algo não humano e supremamente poderoso. Abandonar essa ideia, a ideia que conecta a filosofia com a religião, significaria reconhecer tanto a capacidade dos cientistas em acrescentar tijolos ao edifício do conhecimento quanto a utilidade prática das teorias científicas para a previsão, ao mesmo tempo insistindo na irrelevância de ambas essas realizações para a busca da redenção.

Esses debates entre os filósofos analíticos têm pouco a ver com as atividades do segundo tipo de pessoas – as que eu rotulei de "metafísicos materialistas", um grupo que inclui cientistas que pensam que o grande público deveria tomar interesse pelas últimas descobertas sobre os genomas, pela localização cerebral, pelo desenvolvimento infantil ou pela mecânica quântica. Tais cientistas sabem bem dramatizar o contraste entre as antigas teorias científicas e as teorias novas em folha, mas não sabem explicar por que deveríamos nos importar com a diferença. Eles são como críticos de arte e literatura que são bons em indicar as diferenças entre as pinturas e as poesias de alguns anos atrás e as que são produzidos agora, mas ruins em explicar porque essas mudanças são importantes.

Há, contudo, uma diferença entre tais críticos e o tipo de cientistas de que estou falando. Os primeiros usualmente têm o bom senso de evitar o erro que Clement Greenberg cometeu quando afirmou que o que é exposto nas galerias de arte este ano é consequência de todas as eras precedentes, e que há uma lógica interior à história dos produtos da imaginação que agora chegou ao seu resultado predestinado. Mas os cientistas ainda conservam a ideia de que o último produto da imaginação científica não é meramente um aperfeiçoamento do que foi previamente imaginado, mas também se encontra mais próximo da natureza intrínseca das coisas. É por isso que eles acham a sugestão de Kuhn, de que eles se consideram *resolvedores de problemas*, tão insultuosa. Sua retórica permanece sendo "Nós substituímos a Aparência pela

Realidade!", e não "Nós resolvemos alguns problemas muito antigos!" ou "Nós renovamos!".

O problema com essa retórica é que ela põe um brilhante verniz metafísico em um produto científico útil. Ela sugere que nós não apenas aprendemos mais sobre como predizer e controlar nosso meio ambiente e a nós mesmos, mas também fizemos algo mais – algo com uma significação redentora. Mas as sucessivas realizações da ciência moderna esgotaram sua significação filosófica quando tornaram claro que não existem assombrações – a descrição causal das relações entre eventos espaciotemporais não requer a operação de forças não físicas.

A ciência moderna, em resumo, nos ajudou a ver que, se desejamos uma metafísica, então a metafísica materialista é a única que temos. Mas ela não nos deu nenhuma razão para pensar que necessitamos de uma metafísica. A necessidade de uma metafísica durou apenas por tanto tempo quanto perdurou a esperança de uma verdade redentora. Mas, no momento em que o materialismo triunfou sobre o idealismo, essa esperança minguou. Assim, a reação de muitos intelectuais contemporâneos para as proclamações sensacionais de novas descobertas científicas é: "Isso é interessante, mas será que é realmente tão importante?". Essa reação não é, como pensava C. P. Snow, uma questão de literatos pretensiosos e ignorantes condescendendo com pesquisadores empíricos honestos e esforçados. É a reação perfeitamente razoável de alguém que está intrigado com os fins e só recebe informações sobre os meios.

A atitude da cultura literária em relação à metafísica materialista é, e deveria ser, algo como: ao passo que as tentativas tanto de Platão como de Hegel de nos oferecer algo mais interessante que a física foram tentativas louváveis de encontrar uma disciplina redentora para ser colocada em lugar da religião, uma metafísica materialista é apenas a física indo além de si mesma. A ciência moderna é uma maneira gloriosamente imaginativa de descrever as coisas, brilhantemente bem-sucedida nos propósitos para os quais foi desenvolvida – a saber, a predição e o controle de fenômenos. Mas ela não deveria pretender possuir o tipo de poder redentor reivindicado pela sua rival derrotada, a metafísica idealista.

As perguntas do tipo "Isso é realmente tão importante?" começaram a ser feitas pelos intelectuais literários do século XIX. Esses pensadores estavam gradualmente aprendendo, nas palavras empregadas por Nietzsche, a ver a ciência sob a ótica da arte, e a arte através da ótica da vida. Emerson, o mestre de Nietzsche, foi uma dessas figuras, assim como Baudelaire. Apesar de muitos desses intelectuais julgarem ter transcendido o romantismo, eles não obstante poderiam concordar com Schiller que a maturação posterior da humanidade será alcançada através do que Kant chamou de "o estético", e não através do que ele chamou de "o ético". Eles também endossariam a afirmação de Shelley de que a grande tarefa da emancipação humana dos sacerdotes e tiranos poderia ter sido realizada sem Locke, Hume, Gibbon, Voltaire e Rousseau, mas que

> excede a toda imaginação conceber o que teria sido a condição moral do mundo se Dante, Petrarca, Boccaccio, Chaucer, Shakespeare, Calderón, Lorde Bacon e Milton não tivessem existido; se Rafael e Michelangelo não tivessem nascido; se a poesia hebraica nunca tivesse sido traduzida, se um ressurgimento do estudo da literatura grega nunca tivesse ocorrido, se nenhum monumento de antigas sepulturas tivesse chegado até nós e se a poesia e a religião do mundo antigo tivessem sido extintas juntamente com a sua crença[8].

O que Shelley disse de Locke e Hume também poderia ter dito sobre Galileu, Newton e Lavoisier. O que cada um deles disse

---
[8] Percy Bysshe Shelley, *Shelley's poetry and prose* [Poesia e prosa de Shelley], Nova York, Norton, 1977, p. 695.

foi bem argumentado, útil e verdadeiro. Mas o tipo de verdade que é o produto de um argumento bem-sucedido não pode, pensava Shelley, melhorar nossa condição moral. Sobre aquilo que foi produzido por Galileu e por Locke, podemos razoavelmente perguntar: "Sim, mas é verdadeiro?". Mas há pouco sentido, como Shelley acertadamente pensava, em fazer essa pergunta sobre Milton. "Objetivamente verdadeiro", no sentido de "apto a ganhar um assento permanente de todos os futuros membros da cultura especializada relevante", é uma noção que jamais será útil aos intelectuais literários, pois o progresso da imaginação literária não é uma questão de acumular *resultados*.

Nós, os filósofos acusados de não termos respeito suficiente pela verdade objetiva – os que os metafísicos materialistas gostam de chamar de "relativistas pós-modernos"–, pensamos que a objetividade é uma intersubjetividade. Assim, podemos concordar com satisfação que os cientistas atingem a verdade objetiva de uma maneira diferente da dos literatos. Mas nós explicamos esse fenômeno sociologicamente, e não filosoficamente – ao enfatizar que os cientistas naturais estão organizados em culturas especializadas de uma maneira que os intelectuais literários não deveriam tentar se organizar. Podemos ter uma cultura especializada se concordamos com o que vamos obter, mas não se estamos nos perguntando que tipo de vida devemos desejar. Sabemos a quais propósitos as teorias científicas devem servir. Mas não estamos agora, nem nunca estaremos, em posição de dizer a quais propósitos os romances, os poemas e as peças de teatro devem servir. Pois tais livros redefinem continuamente nossos propósitos.

Cultura literária e política democrática

Terminarei tratando da relação da cultura literária com a política. A disputa entre os que veem com bons olhos a ascensão dessa cultura e os que desconfiam dela é em grande parte uma disputa sobre qual tipo de alta cultura estará mais apta a criar e manter o clima de tolerância que se desenvolve melhor em sociedades democráticas.

Aqueles que argumentam que uma cultura fundamentada na ciência é mais adequada para tal propósito colocam o amor à verdade no comando contra o ódio, a paixão, o preconceito, a superstição e todas as outras forças da desrazão das quais Sócrates e Platão afirmavam que a filosofia poderia nos salvar. Mas aqueles no outro extremo da discussão têm dúvidas sobre a oposição platônica entre razão e desrazão. Eles não veem necessidade em relacionar a diferença entre conversabilidade tolerante e má vontade obstinada em ouvir o outro lado com uma distinção entre uma parte mais elevada de nós mesmos que nos permite atingir a redenção ao entrar em contato com uma realidade não humana e outra parte que é meramente animal.

O ponto forte na argumentação dos que pensam que um devido respeito pela verdade objetiva, e portanto pela ciência, é importante para manter um clima de tolerância e boa vontade é que os argumentos são fundamentais tanto para a ciência quanto para a democracia. Tanto ao fazermos uma escolha entre teorias científicas alternativas quanto entre itens de legislação, desejamos pessoas que baseiem suas escolhas em argumentos – argumentos que partem de premissas que podem ser tornadas plausíveis para todos os que se importarem em examinar a questão.

Os sacerdotes raramente forneceram tais argumentos, tampouco os intelectuais literários. Portanto, é tentador pensar que existe uma preferência pela literatura em relação à ciência como uma rejeição dos argumentos em favor dos pronunciamentos oraculares – uma regressão a algo desconfortavelmente similar ao estágio pré-filosófico e religioso da vida intelectual ocidental. Visto dessa perspectiva, a ascensão da cultura literária parece com a traição dos intelectuais.*

Mas aqueles entre nós que se regozijam com o surgimento da cultura literária podem se contrapor a esse ataque dizendo que, apesar de a argumentação ser essencial para projetos de cooperação social, a redenção é uma questão individual e privada. Assim como a ascensão da tolerância religiosa dependeu de se fazer uma distinção entre as necessidades da sociedade e as necessidades do indivíduo, e de se dizer que a religião não era necessária para a primeira, a cultura literária também nos pede para desconectar a deliberação política dos projetos de redenção. Isso significa reconhecer que as esperanças privadas de autenticidade e autonomia deveriam ser deixadas em casa quando os cidadãos de uma sociedade democrática se congregam para deliberar sobre o que deve ser feito.

Dar esse passo equivale a dizer: a única maneira pela qual a ciência é relevante para a política é que os cientistas fornecem um bom exemplo de cooperação social, de uma cultura especializada na qual floresce a argumentação. Com isso, eles fornecem um modelo para a deliberação política – um modelo de honestidade, tolerância e confiança. Tal capacidade é uma questão de procedimento, e não de resultados, razão pela qual turmas de carpinteiros ou equipes de engenheiros podem fornecer um modelo tão bom quanto a Royal Society de Londres. A diferença entre um argumento ponderado sobre como resolver um problema surgido durante a construção de uma casa ou de uma ponte e um argumento ponderado sobre o que os físicos às vezes chamam de "teoria de tudo" é, nesse contexto, irrelevante, pois o que quer que seja que essa última teoria de tudo nos conte, ela não fará nada para nos fornecer, seja orientação política, seja redenção individual.

A afirmação que acabei de fazer pode parecer arrogante e dogmática, pois é certo que alguns resultados da investigação empírica

---

* Referência ao livro *La trahison des clercs*, de Julien Benda. (N. T.).

produziram, no passado, diferenças em nossa autoimagem. Galileu e Darwin afugentaram diversas variedades de assombrações ao demonstrar a suficiência de uma abordagem materialista. Com isso, eles tornaram muito mais fácil para nós a passagem de uma alta cultura religiosa para uma cultura secular e meramente filosófica. Portanto, meu argumento a favor da cultura literária depende da alegação de que livrar-se das assombrações, ou seja, de uma entidade causal que não interfere no comportamento das partículas elementares, esgota a utilidade da ciência natural tanto para propósitos redentores quanto propósitos políticos.

Não estou apresentando essa alegação como o resultado de um raciocínio ou entendimento filosófico, mas apenas como uma predição sobre o que o futuro nos reserva. Uma predição similar levou os filósofos do século XVIII a pensar que a religião cristã já havia feito quase tudo o que podia pela condição moral da humanidade, e que já era tempo de esquecermos a religião e colocar a metafísica, fosse idealista ou materialista, em seu lugar. Quando os intelectuais literários consideram que a ciência natural não tem nada a nos oferecer exceto um exemplo edificante de conversabilidade tolerante, eles estão fazendo algo análogo ao que os *philosophes* fizeram quando disseram que até o melhor dos padres não tinha nada a nos oferecer além de exemplos edificantes de caridade e abnegação. Reduzir a ciência de uma possível fonte de verdade redentora a um modelo de cooperação racional é o análogo contemporâneo à redução dos Evangelhos de uma receita para se atingir a eterna felicidade para um compêndio de bons conselhos morais. Foi esse o tipo de redução que Kant e Jefferson recomendaram e que os protestantes liberais dos últimos dois séculos gradualmente alcançaram.

Para colocar esse último argumento de outra forma: tanto a religião cristã quanto a metafísica materialista resultaram ser artefatos que consomem a si próprios. A necessidade de uma ortodoxia religiosa foi questionada pela insistência de São Paulo sobre o primado do amor. Os cristãos gradualmente perceberam que a religião do amor não podia pedir a todos que recitassem o mesmo credo. A necessidade de uma metafísica foi questionada pela capacidade da ciência moderna de enxergar a mente humana como um sistema nervoso excepcionalmente complexo e, portanto, de ver a si própria em termos pragmáticos e não metafísicos. A ciência nos mostrou como considerar a investigação empírica como a utilização desse equipamento fisiológico extra para se obter um domínio cada vez maior do meio ambiente, e não como uma maneira de substituir a aparência pela realidade. Assim como o século XVIII se tornou capaz de ver o cristianismo não como uma revelação de algo superior, mas em continuidade com a reflexão socrática, também o século XX se tornou capaz de ver a ciência natural não como uma revelação da natureza intrínseca da realidade, mas em continuidade com o tipo de solução de problemas práticos que os engenheiros sabem tão bem fazer.

Abandonar a ideia de que há uma natureza intrínseca da realidade a ser descoberta, seja pelos sacerdotes, seja pelos filósofos ou pelos cientistas, é desvincular a necessidade de redenção da busca por um acordo universal. É desistir da busca por uma descrição precisa da natureza humana e, portanto, de uma receita para se conduzir o homem à Boa Vida. Uma vez que essas buscas sejam abandonadas, a expansão dos limites da imaginação humana se apresentará para assumir o papel que a obediência ao divino desempenhou em uma cultura religiosa e o papel que a descoberta do que é verdadeiramente real desempenhou na cultura filosófica. Mas tal substituição não é razão para se abandonar a busca por uma única forma utópica de vida política – a Boa Sociedade Global.

7
Pragmatismo e romantismo

No cerne do pragmatismo existe a recusa em aceitar a teoria de correspondência da verdade e a ideia de que as crenças verdadeiras são representações precisas da realidade. No âmago do romantismo, encontra-se a tese da prioridade da imaginação sobre a razão – a afirmação de que a razão pode apenas seguir trilhas abertas pela imaginação. Esses dois movimentos são ambos reações contra a ideia de que existe algo de não humano no mundo que nos rodeia com o qual os seres humanos necessitam entrar em contato. Neste capítulo desejo traçar as conexões entre o repúdio de James e Dewey ao que Heidegger chamou de "a tradição ontoteológica ocidental" e a afirmação de Shelley de que a poesia "se encontra simultaneamente no centro e na circunferência do conhecimento".

Começarei com a busca do verdadeiramente real. O senso comum distingue entre a cor aparente de uma coisa e a sua cor real, entre os movimentos aparentes dos corpos celestiais e seus movimentos reais, entre um creme sem laticínios e um creme real e entre Rolex falsos e reais. Mas apenas aqueles que estudaram filosofia perguntam se os Rolex reais são *verdadeiramente* reais. Ninguém além deles leva a sério a distinção platônica entre a Realidade com R maiúsculo e a Aparência com A maiúsculo. Essa distinção é o alvará da metafísica.

Parmênides deu a partida no motor da tradição filosófica ocidental ao conceber a noção de Realidade com R maiúsculo. Ele tomou as árvores, as estrelas, os seres humanos e os deuses e os fez girar juntos em uma bolha harmoniosa a que chamou de "o Uno". Ele então tomou distância de sua bolha e a proclamou a única coisa merecedora de se ter conhecimento a respeito, mas eternamente incognoscível pelos mortais. Platão encantou-se com essa sugestão de algo ainda mais augusto e inacessível que Zeus, mas era mais otimista. Ele sugeriu que alguns poucos mortais talentosos poderiam, ao tomar Sócrates como exemplo, obter acesso ao que ele chamava de "o verdadeiramente real". Desde Platão, tem havido pessoas que se preocuparam em saber se podemos obter acesso à Realidade, ou se a finitude de nossas faculdades cognitivas tornam tal acesso impossível.

Ninguém, contudo, se preocupa em saber se temos acesso cognitivo a árvores, estrelas, cremes ou relógios de pulso. Sabemos como distinguir uma crença justificada sobre essas coisas de uma crença injustificada. Se a palavra "realidade" fosse utilizada simplesmente como um nome para o *conjunto* de todas essas coisas, não poderia ter surgido nenhum problema de acesso a ela. A palavra nunca teria sido escrita com maiúscula. Mas quando ela é utilizada no sentido que Parmênides e Platão lhe deram, ninguém pode dizer o que valeria como uma justificativa para uma crença sobre a coisa denotada por esse termo. Sabemos como corrigir nossas crenças sobre as cores de objetos físicos, ou sobre os movimentos dos planetas, ou sobre a procedência de relógios de pulso, mas não temos ideia de como corrigir nossas crenças metafísicas na natureza última das coisas. A metafísica não é uma disciplina, mas uma espécie de pátio de recreio intelectual.

A diferença entre coisas ordinárias e a Realidade é que, ao aprendermos a utilizar a palavra "árvore", adquirimos automaticamente muitas crenças verdadeiras sobre árvores. Como argumentou Donald Davidson, a maioria das nossas crenças sobre coisas como árvores deve ser verdadeira, pois, se alguém pensa que as árvores são tipicamente de cor azul e nunca crescem mais de meio metro, concluiremos que, seja o que for que essa pessoa esteja pensando, não se trata de árvores. O argumento de Davidson era de que devem haver muitas verdades comumente aceitas sobre uma coisa antes que possamos levantar a questão de saber se alguma crença particular a respeito é errônea. Uma vez que tenha surgido a questão, qualquer uma dessas verdades comumente aceitas poderá ser colocada em dúvida, embora, obviamente, não todas elas juntas. Só podemos discordar do senso comum sobre uma coisa se estivermos dispostos a aceitar a maior parte do restante que o senso comum tem a dizer a respeito. De outra forma, não seríamos capazes de dizer sobre o que estávamos falando.

Quando se trata da Realidade, contudo, não existe algo como o senso comum. Ao contrário do caso das árvores, não há banalidades que sejam aceitas tanto pelo vulgo como pelos doutores. Em alguns círculos intelectuais, podemos obter um acordo geral de que a natureza última da Realidade são os átomos e o vazio. Em outros, podemos obter um consenso de que é um ser imaterial, não espaciotemporal e divino. A razão pela qual as disputas entre os metafísicos sobre a natureza da Realidade parecem tão ridículas é que cada um deles se sente livre para escolher alguns de seus itens favoritos e reivindicar um privilégio ontológico para eles.

A ontologia permanece popular porque ainda relutamos em ceder ao argumento romântico de que a imaginação estabelece os limites do pensamento. No âmago tanto da antiga disputa da filosofia com a poesia quanto da disputa mais recente entre as culturas científica e literária, acha-se o temor dos filósofos, bem como dos cientistas, de que a imaginação possa de fato se esgotar. Esse temor é inteiramente justificado, pois a imaginação é a fonte da linguagem, e o pensamento é impossível sem linguagem. A repulsa contra tal afirmação foi causada por filósofos que ficaram obcecados pela necessidade de atingir um acesso à realidade não intermediado pela utilização da linguagem, ou anterior a ela[1]. Assim, antes que possamos nos livrar da ontologia, teremos de nos livrar da esperança de um tal acesso não linguístico. Isso implicará nos livrarmos da ideia de que a mente humana está dividida entre uma parte boa que nos põe em contato com o verdadeiramente real e uma parte ruim que se empenha em autoestimular e autossugestionar.

Para nos livrarmos desse aglomerado de más ideias, necessitamos pensar a razão não como uma faculdade rastreadora da verdade, mas como uma prática social – a prática de aplicar normas sociais na utilização de sinais e ruídos, tornando possível, com isso, utilizar palavras em lugar de pancadas como uma maneira de fazer que as coisas sejam feitas. Ser racional é simplesmente se conformar a essas normas. É por isso que o que é considerado racional em uma sociedade é considerado irracional em outra. A ideia de que algumas sociedades são mais racionais que outras pressupõe que tenhamos algum acesso a uma fonte de normatividade distinta das práticas das pessoas em torno de nós. A esperança de obter um tal acesso é uma outra forma da esperança de escapar da linguagem obtendo um acesso não linguístico ao real.

Deveríamos tentar pensar a imaginação não como uma faculdade que gera imagens mentais, mas como uma capacidade de mudar as práticas sociais propondo novas utilizações vantajosas de sinais e ruídos. Para sermos imaginativos, e não meramente fantasiosos, necessitamos tanto de fazer algo novo quanto de termos sorte suficiente para que nossa novidade seja adotada por nossos

---

[1] Trato dessa questão nas páginas finais de "Wittgenstein e a virada linguística", neste volume.

camaradas – incorporada em suas maneiras de fazer as coisas. A distinção entre fantasia e imaginação é a distinção entre novidades que não são assimiladas por nossos camaradas e as que o são. É por isso que pessoas como Sócrates e Nietzsche frequentemente pareciam lunáticas para alguns de seus contemporâneos e heróis para outros.

Na abordagem das capacidades humanas que estou delineando, o uso da persuasão em vez da força é uma inovação comparável à da represa do castor. A linguagem é uma prática social que teve início quando algum gênio se deu conta de que poderíamos utilizar ruídos, em vez de coerção física – persuasão, em vez de força –, para fazer que outros humanos cooperassem conosco. A linguagem decolou não graças a pessoas que deram nomes às coisas sobre as quais já estavam pensando a respeito, mas graças a proto-humanos que utilizaram ruídos de maneiras inovadoras, exatamente como os protocastores deram início à prática de construir represas deslocando gravetos e lama de maneiras inovadoras. Isso foi feito não por adicionar os nomes de objetos abstratos aos de objetos concretos, mas por descobrir maneiras de utilizar sinais e ruídos de maneiras não diretamente conectadas com as exigências do meio ambiente. A distinção entre o concreto e o abstrato é simplesmente a distinção entre expressões que são úteis para se fazer relatos perceptivos e as que são inadequadas para tal uso. Quais expressões correspondem às primeiras e quais às últimas é algo que depende das circunstâncias.

Sob essa perspectiva, expressões como "gravidade" e "direitos humanos inalienáveis" não deveriam ser consideradas como nomes de entidades cuja natureza permanece misteriosa, mas como ruídos e sinais cuja utilização, por vários gênios, deu origem a práticas sociais maiores e melhores. O progresso intelectual e moral não é uma questão de se aproximar de um objetivo antecedente, mas de ultrapassar o passado. As artes e as ciências se aperfeiçoaram ao longo dos milênios porque nossos engenhos ancestrais fizeram coisas novas não apenas com sementes, argila e minérios, mas com ruídos e sinais. Sob a perspectiva pragmatista que estou apresentando, o que chamamos de "conhecimento incrementado" não deveria ser entendido como um acesso incrementado ao Real, mas como uma capacidade incrementada de *fazer* coisas – de tomar parte em práticas sociais que tornam possível vidas humanas mais ricas e mais plenas. Essa riqueza incrementada não é o efeito de uma atração magnética exercida sobre a mente humana pelo verdadeiramente real nem pela capacidade da razão de penetrar sob o véu da aparência. Ela é uma relação entre o presente e o passado humanos, não uma relação entre o humano e o não humano.

A perspectiva que acabo de resumir foi frequentemente chamada de "idealismo linguístico". Mas esse termo confunde o idealismo, que é uma tese metafísica sobre a natureza última da realidade, com o romantismo, que é uma tese sobre a natureza do progresso humano. Essa última é uma abordagem apresentada por Shelley quando ele escreveu que "a imaginação é o instrumento principal do bem", uma máxima que Dewey depois citaria com aprovação.

William James sintetizou a perspectiva romântica do progresso na seguinte passagem:

> A humanidade não faz nada a não ser através de iniciativas da parte de inventores, grandes ou pequenos, e de imitações feitas pelos restantes entre nós – esses são os únicos fatores ativos no progresso humano. Indivíduos de gênio mostram o caminho e estabelecem os padrões, que as pessoas comuns então adotam e seguem. *A rivalidade entre os padrões é a história do mundo*[2].

---

[2] William James, "Essays, comments and reviews" [Ensaios, comentários e críticas], em *The works of William James* [As obras de William James], Cambridge, Harvard University Press, 1987, p. 109.

James faz eco ao ensaio de Emerson, "Circles" [Círculos]. Em "The life of man" [A vida do homem], Emerson escreve:

> [...] é um círculo em eterna expansão, o qual, partindo de um anel imperceptivelmente pequeno, arremete-se para o exterior por todos os lados para formar círculos novos e maiores – e assim interminavelmente. A extensão na qual esta geração de círculos, roda sem roda, seguirá depende da força ou da verdade da alma individual [...] Cada fato derradeiro é apenas o primeiro de uma nova série [...] *Não há exterior, nenhuma parede circundante, nenhuma circunferência para nós* [a ênfase é minha]. O homem termina sua história – como ela é boa! Como ela é final! Como ele põe uma nova face em todas as coisas! Veja só! Do outro lado, ergue-se também um homem e desenha um círculo em torno do círculo que acabamos de proclamar o contorno da esfera. Então nosso primeiro orador já não é um homem, mas apenas o primeiro orador. Seu único discurso é desenhar imediatamente um círculo exterior ao seu antagonista [...] No pensamento do amanhã há um poder para sublevar todos os vossos credos, todos os credos, todas as literaturas das nações [...] Os homens caminham como profecias da próxima era[3].

A mais importante afirmação que Emerson faz nesse ensaio é que não há uma parede circundante chamada "o Real". Não há nada fora da linguagem a que a linguagem tente se adequar. Cada realização humana é simplesmente uma plataforma de lançamento para uma realização maior. Nunca encontraremos descrições tão perfeitas que tornem sem sentido uma redescrição imaginativa.

Assim como James repetia Emerson, Emerson também fazia eco a Shelley e Coleridge. Eles também insistiram em que os

---

[3] Ralph Waldo Emerson, *Essays and lectures* [Ensaios e palestras], Nova York, Library of America, 1983, p. 405.

homens deveriam caminhar como profecias da próxima era e não com o temor de Deus ou à luz da Razão. Shelley, em sua "Defence of poetry" [Defesa da poesia], deliberada e explicitamente ampliou o significado do termo "poesia". Essa palavra, disse ele, "pode ser definida como 'a expressão da Imaginação'". Em seu sentido mais amplo, continua Shelley, a poesia é "inerente à origem do homem"[4] e é "a influência que não é movida, mas move"[5]. Ela é "algo divino [...] simultaneamente o centro e a circunferência do saber; e ela que abrange toda a ciência, e à qual a ciência deve se referir. Ela é ao mesmo tempo a raiz e a flor de todos os outros sistemas de pensamento"[6]. Exatamente como o Iluminismo havia escrito com maiúscula e deificado a Razão, Shelley e os outros românticos escreveram com maiúscula e deificaram a Imaginação.

Nietzsche, assim como Dewey e James, era um admirador de Emerson. Entre os três, a visão romântica do progresso começou a ser desembaraçada da afirmação idealista de que a natureza intrínseca da realidade é o Espírito e não a Matéria. Mas a contribuição de Nietzsche foi particularmente vital. Havia sido fácil para pessoas como Coleridge fundir o romantismo com a metafísica idealista – uma tentação à qual o próprio Emerson ocasionalmente sucumbiu. Pois uma metafísica do Espírito parecia o concomitante natural da afirmação de que não há uma descrição das coisas que não possa ser transcendida e substituída por outra descrição mais imaginativa. Mas em *O nascimento da tragédia*, Nietzsche reencenou a disputa entre a poesia e a filosofia. Ao tratar Sócrates como mais um criador de mitos, e não como alguém que empregava a razão para se

---

[4] Percy Bysshe Shelley, "Defence of poetry" [*Uma defesa da poesia e outros ensaios*, ed. Landmark, 2008], em *Shelley's Poetry and Prose* [A poesia e a prosa de Shelley], Nova York, Norton, 1977, p. 480.
[5] Idem, p. 508.
[6] Idem, p. 503.

libertar dos mitos, ele nos fez ver Parmênides e Platão como poetas vigorosos demais.

A maneira nietzschiana de encarar a tradição filosófica iniciada por esses dois tornou possível ver tanto o idealismo alemão quanto o empiricismo britânico como desdobramentos da ânsia de se encontrar um acesso sem intermediários ao real. Nietzsche nos ajudou a pensar essa ânsia como sendo o produto de uma relutância covarde em reconhecer nossa finitude. Ele retratou ambos esses movimentos como uma esperança de encontrar algo indescritível, algo que iria suplantar a poesia.

Em sua obra posterior, Nietzsche fez eco a Schiller e Shelley quando eles insistiram em que nos tornássemos "os poetas de nossas próprias vidas" (*die Dichter unseres Lebens*). Mas ele queria ir mais adiante. Ele repete incansavelmente que o mundo em que essas vidas são vividas é uma criação da imaginação humana. Em *A gaia ciência*, ele resume sua crítica de Sócrates e Platão na seguinte passagem:

> [O ser humano superior ilude a si próprio]: ele chama sua natureza de contemplativa e, com isso, negligencia o fato de que ele é também o próprio poeta e autor permanente da vida [*der eigentlich Dichter und Fortdichter des Lebens*] [...] Somos nós, os pensantes-sensitivos [*die Denkend-Empfindend*], que real e continuamente fazemos algo que ainda não existe: o mundo perpetuamente em desenvolvimento das avaliações, cores, pesos, perspectivas, escalas, afirmações e negações. Este poema que inventamos é constantemente internalizado, exercitado, traduzido em carne e realidade, aliás, em lugar-comum, pelos assim chamados seres humanos práticos (nossos atores). Apenas nós criamos o mundo que concerne os seres humanos![7]

---

[7] Friedrich Nietzsche, *A gaia ciência*, seção 301.

Uma interpretação conservadora dessa passagem a entenderia como dizendo que apesar de, obviamente, a natureza não ter sido feita por nós, ela não tem significação para nós até que a tenhamos preenchido. Revestimos a natureza com outro mundo, o mundo que nos diz respeito, o único mundo em que uma vida humana adequada pode ser conduzida. Os sentidos dão, tanto a nós quanto aos animais, acesso ao mundo natural, mas nós humanos superpusemos um segundo mundo ao internalizar um poema, fazendo com isso que os dois mundos pareçam igualmente inescapáveis. Fora das ciências naturais, a razão trabalha no interior de um segundo mundo, seguindo as sendas abertas pela imaginação. Mas, no interior dessas ciências, é a própria natureza que mostra o caminho.

Essa interpretação conservadora poderia ter satisfeito a Emerson. Ela dá um brilho plausível à afirmação de Shelley de que os poetas são os legisladores não reconhecidos do mundo, e é consistente com a abordagem da relação entre o cognitivo, a moral e a estética que Schiller ofereceu em *Letters on the aesthetic education of mankind*. Não obstante, tal interpretação é insuficientemente radical: ela não dá conta da polêmica de Nietzsche contra a distinção entre a Realidade e a Aparência – contra a ideia, comum aos gregos e à maioria dos filósofos analíticos contemporâneos, de que *existe* uma maneira em que a natureza é em si mesma, à parte das necessidades e dos interesses humanos.

Ele diz em *Nachlass* [Herança], por exemplo, que "A ideia dogmática de 'coisas que têm uma constituição em si mesma' é uma ideia com que devemos absolutamente romper"[8]. Ele explicita seu argumento como a seguir:

---

[8] Friedrich Nietzsche, *The will to power* [A vontade de poder, ed. Contraponto, 2008], Nova York, Random House, 1968, p. 558

Que as coisas possuem uma constituição em si própria bastante diferente da interpretação e da subjetividade é uma hipótese bastante fútil; ela pressupõe que a interpretação e a subjetividade não são essenciais; que uma coisa liberta de todas as suas relações ainda continuaria a ser uma coisa[9].

Em passagens como essa, Nietzsche repele a afirmação do senso comum de que existe uma maneira na qual a Realidade é independente da maneira em que os seres humanos a descrevem. Ele desdenhava igualmente a ideia kantiana mais sofisticada de que uma coisa-em-si incognoscível e não espaciotemporal espreita por detrás do mundo dos fenômenos. O ensinamento de Nietzsche, contudo, mantém uma certa semelhança com a afirmação de Hegel de que a Natureza é apenas um momento no desenvolvimento da autoconsciência do Espírito. Nietzsche certamente teria apoiado a insistência de Hegel de que não concebamos o conhecimento como um meio para entrarmos em contato com a Realidade, mas como uma maneira pela qual o Espírito amplia a si próprio. Mas Nietzsche difere de Hegel ao rejeitar a ideia de um ponto terminal natural para o progresso dessa autoconsciência – uma união final em que todas as tensões são resolvidas, na qual a aparência é esquecida e a verdadeira realidade revelada[10]. Diferentemente de Hegel, e como Emerson, Nietzsche está defendendo um argumento puramente negativo. Ele não está dizendo que apenas o Espírito é verdadeiramente real, mas que deveríamos parar de perguntar sobre o que é verdadeiramente real.

---

[9] Idem, p. 560.

[10] Alguns comentadores recentes da obra de Hegel fazem dela uma leitura radicalmente não metafísica. Eles questionam o compromisso de Hegel seja com a noção de "natureza intrínseca da realidade", seja com essa espécie de escatologia. Eles podem estar certos. Não confio suficientemente em meu próprio entendimento de Hegel para ter certeza sobre isso.

Nietzsche nunca desenvolveu essa perspectiva em detalhe nem conseguiu formulá-la claramente. Ela é, como muitos analistas observaram, impossível de se reconciliar com muitas outras coisas que ele disse. É obviamente incompatível, por exemplo, com a sua repetida sugestão de que ele próprio é o primeiro pensador pós-platônico a se ver livre da ilusão. A única crítica de seus predecessores que Nietzsche pode fazer consistentemente é, mais uma vez, a acusação de covardia: eles todos eram tímidos demais para romper com a descrição platônica da situação humana, hesitantes demais para esboçar um círculo maior ao que Platão havia traçado. Tampouco pode a profecia nietzschiana de uma era pós-metafísica ser conciliada com as passagens em escritos posteriores em que Nietzsche parece estar afirmando que a Vontade de Poder é a única coisa que é verdadeiramente real. Essas são as passagens tomadas por Heidegger para caricaturizar Nietzsche como *o último metafísico*, o proponente de um platonismo invertido.

Apesar das inconsistências próprias de Nietzsche, o antiplatonismo romântico que ele apresenta nas passagens que citei constitui uma posição filosófica coerente. Ela pode ser escorada e clarificada ao se articular a obra de Nietzsche com a de vários filósofos analíticos do século XX. Nas páginas seguintes, ensaiarei alguns argumentos apresentados por Wittgenstein e alguns outros desenvolvidos por Sellars, Davidson e Brandom. Penso que esses argumentos ajudam a dar um sentido plausível tanto à afirmação romântica de que a própria natureza é um poema que nós humanos escrevemos quanto à de que a razão pode apenas seguir as sendas abertas pela imaginação, apenas rearranjar os elementos que a imaginação criou.

Os filósofos analíticos que listei têm em comum o repúdio ao empiricismo. Eles desmascaram a ideia de que os animais e os seres humanos recebem informações sobre o mundo através de seus órgãos dos sentidos. Eles negam que os sentidos forneçam um núcleo sólido e imutável em torno do qual a imaginação tece círculos frágeis e efêmeros. Do seu ponto de vista, os sentidos não gozam de uma relação especial com a realidade que distinga seu desempenho do da imaginação.

A ideia de que eles não gozam de uma tal relação remonta à analogia platônica entre a mente e as tabuletas de cera, que Aristóteles remodelou na doutrina de que os órgãos dos sentidos percebem as qualidades do objeto sentido. Desde então, tem soado plausível descrever o sentido e a percepção como um processo de enfiar algo que estava fora do organismo dentro do organismo – seja por meio da identidade, como em Aristóteles, seja por meio da representação, como no empiricismo de Locke e na ciência cognitiva contemporânea. Segundo essa última abordagem, há uma grande diferença entre um mecanismo como um termostato, que simplesmente responde a mudanças no meio ambiente, e um organismo com um sistema nervoso capaz de conter *representações* do meio ambiente. O termostato apenas reage. O organismo adquire informações.

Sob a perspectiva antiempiricista, uma perspectiva que penso que teria sido bem recebida por Nietzsche, se ele a tivesse encontrado, não há diferença entre o termostato, o cão e o bebê pré-linguístico, exceto pelos diferentes graus de complexidade de suas reações aos estímulos do meio ambiente. Os animais e os bebês são incapazes de respostas discriminativas, mas não de adquirir informações. É que não há algo tal como a aquisição de informações até que haja linguagem para formular essas informações. A informação chegou ao universo quando os primeiros hominídeos começaram a justificar suas ações uns para os outros fazendo asserções e respaldando essas asserções com asserções posteriores. Só há informação onde há justificativa inferencial. Antes que se desenvolvesse a prática de se dar e perguntar razões, os ruídos que esses hominídeos faziam uns para os outros não transmitiam informações em nenhum sentido mais interessante do que o sentido com que o movimento das moléculas do meio ambiente transmite informações para o termostato, ou as enzimas digestivas transmitem informações para o conteúdo do estômago.

Aceitar essa descrição alternativa do sentido e da percepção significa abandonar a fábula tradicional sobre a linguagem e o aprendizado – na qual a linguagem teve início com as pessoas dando nomes a coisas sobre as quais elas já estavam pensando a respeito. É que, por essa explicação, toda a consciência que seja mais do que uma capacidade de responder diferenciadamente a estímulos variados é, como disse Wilfrid Sellars, "um assunto linguístico". Os animais, os girassóis, os termostatos e os bebês humanos produzem respostas diferenciadas, mas a consciência, a informação e o conhecimento só são possíveis após a aquisição da linguagem.

Na perspectiva comum a Sellars e a Wittgenstein, possuir um conceito é ser familiarizado com o uso de uma expressão linguística. Enquanto os empiricistas veem os conceitos como representações mentais, Sellars e Wittgenstein não veem utilidade para o que Quine chamou de "a ideia ideia". Abandonar essa ideia significa considerar a posse de uma mente como a posse de certas aptidões sociais – as aptidões requeridas para se dar e pedir razões. Ter uma mente não é ter um teatro dentro do crânio, com representações sucessivas dos arredores cintilando na tela. É a capacidade de utilizar a persuasão para se conseguir o que se quer.

Antes que houvesse intercâmbios conversacionais, sob essa abordagem, não havia nem conceitos, nem crenças, nem conhecimento. Pois dizer que um cão conhece seu dono, ou um bebê sua mãe, é dizer que uma fechadura sabe quando a chave certa foi inserida, ou que um computador sabe quando a senha correta foi digitada. Dizer que os olhos do sapo dizem algo ao cérebro do sapo é como dizer que uma chave de fenda diz alguma coisa ao parafuso. A linha divisória entre um mecanismo e algo categoricamente distinto de um mecanismo surge quando os organismos desenvolvem práticas sociais que permitem que esses organismos considerem as vantagens e desvantagens relativas das descrições alternativas das coisas. O mecanismo para, e a liberdade tem início, no ponto em que nos tornamos metalinguísticos – o ponto em que podemos discutir quais palavras melhor descrevem uma dada situação. O conhecimento e a liberdade são coetâneos.

Sob a perspectiva romântica que recomendo, a imaginação é a fonte de liberdade porque ela é a fonte da linguagem. Ela é, como Shelley colocou a questão, tanto raiz como flor. Não é que tenhamos primeiro falado uma linguagem que simplesmente relatava o que estava acontecendo em torno de nós e depois a ampliamos através da redescrição imaginativa. Pelo contrário, a imaginatividade remonta inteiramente ao início. Os conceitos de vermelhidão ou de redondez são criações tão imaginativas quanto a de Deus, a do pósitron e a da democracia constitucional. Conseguir que a palavra "vermelho" entrasse em circulação foi um feito equiparável ao de Newton persuadindo as pessoas a começarem a usar o termo "gravidade". Pois ninguém sabia o que era a vermelhidão antes que alguns dos primeiros hominídeos começassem a falar sobre as diferenças entre as cores das coisas, assim como ninguém sabia o que era a gravidade antes que Newton começasse a descrever uma força oculta que ajudava a explicar tanto as trajetórias balísticas quanto as órbitas planetárias. Foi necessário um gênio imaginativo para sugerir que todos fizessem o mesmo ruído quando vissem sangue, ou certas folhas de bordo no outono, ou o céu do oeste no crepúsculo. Foi apenas quando tais sugestões foram levadas a sério e colocadas em prática que os hominídeos começaram a possuir mente.

Quanto ao conceito de "redondo", não era óbvio que a lua cheia e os troncos das árvores tivessem alguma coisa em comum antes que algum gênio começasse a utilizar um ruído que traduziríamos como "redondo". Absolutamente nada era óbvio, porque a obviedade não é uma noção que possa ser aplicada a organismos que não utilizam a linguagem. Os termostatos, os animais e os bebês humanos pré-linguísticos não acham que nada seja óbvio, mesmo apesar de todos eles responderem aos estímulos de maneiras previsíveis. A noção de obviedade pré-linguística é inseparável da fábula cartesiana sobre um espectador sentado em um pequeno cinema no interior do crânio, assistindo a representações irem e virem, dando-lhes nomes ao passarem. Essa fábula é a que foi ridicularizada por Sellars quando ele descreveu a imagem empiricista da mente de uma criança confrontada com a variedade dos sentidos. "Este", diz a mente infantil para si mesma em sua pequena linguagem particular, "se destaca claramente. Aqui! E aqui! Não, isso não pode ser ele! A-ha! Eis um esplêndido espécime. Pelos métodos de Mill! Aquilo tem de ser o que mamãe chama de 'vermelho'!"[11].

Sob a perspectiva de Locke, a criança pré-linguística já sabe a diferença entre cores e formas, e entre vermelho e azul, antes de haver aprendido as palavras. Uma perspectiva oposta é sugerida por Nietzsche em outra passagem de *Nachlass* [Herança]. Lá ele escreve: "Em um mundo em que não há nenhum ser, é preciso que seja criado primeiro um certo mundo calculável de casos idênticos"[12]. Ele teria feito melhor se tivesse escrito "em um mundo onde não há conhecimento" em vez de "em um mundo onde não há nenhum ser". Se reescrevemos dessa maneira, podemos lê-lo dizendo que

---

[11] Wilfrid Sellars, "Is there a synthetic *a priori*?" [Existe um sintético *a priori*?], em *Science, Perception and Reality* [Ciência, percepção e realidade], Londres, Routledge, 1963, p. 309.

[12] Nietzsche, *The will to power*, p. 568.

não se pode ter conhecimento sem coisas identificáveis, e que não há algo tal como a identificação até que as pessoas possam empregar termos como "mesma forma" e "cor diferente". Nós só começamos a ter conhecimento quando podemos formular pensamentos como o de que esta coisa tem uma cor diferente da daquela outra, mas a mesma forma. A tradição empiricista atribui a capacidade de se ter esse pensamento aos animais e aos bebês pré-linguísticos. A perspectiva antiempiricista que proponho diz que não há mais razão para atribuí-la a eles do que atribuir o pensamento "Está mais frio do que costumava estar" a um termostato.

A imaginação, no sentido em que estou tentando usar o termo, não é uma capacidade distintivamente humana. Ela é, como já disse antes, uma aptidão para sugerir novidades socialmente úteis. Essa é uma aptidão que Newton compartilhava com certos castores ávidos e engenhosos. Mas dar e pedir razões *é* distintivamente humano, e é coextensivo à racionalidade. Quanto mais um organismo consegue obter o que quer pela persuasão, em vez da força, mais racional ele é. Ulisses, por exemplo, era mais racional que Aquiles. Mas não se pode usar persuasão se não se pode falar. Sem imaginação, não há linguagem. Sem mudança linguística, não há progresso moral ou intelectual. A racionalidade é uma questão de realizar movimentos permitidos em jogos de linguagem. A imaginação cria os jogos que a razão passa a jogar. Então, seguindo o exemplo de pessoas como Platão e Newton, ela continua a modificar esses jogos de maneira que jogá-los se torne mais interessante e lucrativo. A razão não pode sair do último círculo traçado pela imaginação. Nesse sentido, a segunda tem prioridade sobre a primeira.

A perspectiva nietzschiana que estive esboçando é frequentemente descrita como a doutrina de que tudo é *constituído* pela linguagem, ou de que tudo é *socialmente construído*, ou de que tudo é *dependente da mente*. Mas esses termos são terrivelmente enganosos. Palavras como "constituição", "construção" e "dependência", nos jogos de linguagem que são seus lares de origem, referem-se a relações causais. Elas são invocadas para explicar como algo passou a existir ou pode continuar a existir. Dizemos, por exemplo, que os EUA foram constituídos de treze colônias originais, que as casas de madeira são construídas por carpinteiros e que as crianças dependem dos pais para o seu sustento.

Mas os filósofos que dizem, enganosamente, que a vermelhidão, assim como a gravidade, é constituída pela linguagem, ou que a redondez, como o gênero, é uma construção social, não intencionam sugerir que um tipo de entidade foi trazido à existência por outro tipo. Eles não estão oferecendo uma hipótese absurda sobre as relações causais. Tais relações apenas mantêm em si o que Nietzsche chamou de "um certo mundo calculável de casos idênticos" – um mundo de objetos identificáveis. Podemos investigar as relações causais uma vez que tenhamos identificado tais objetos, mas não há propósito em se perguntar de onde vem o mundo que contém tais objetos. Podemos fazer perguntas paleontológicas sensatas sobre de onde vêm as árvores e os castores, e perguntas astrofísicas sensatas sobre de onde vêm as estrelas, mas não podemos dar um sentido à pergunta sobre de onde vêm os objetos espaciotemporais em geral.

Platão, no *Timeu*, fez essa má pergunta, e Agostinho e mais tarde os teólogos cristãos pensaram que poderiam respondê-la. Kant transpôs a questão em uma nova chave, e respondeu-a contando uma fábula imaginativa sobre como as intuições inefáveis – que são produzidas pela interação não causal da coisa-em-si com o eu-em-si – são impelidas dentro de uma forma espaciotemporal pelo ego transcendental. A incoerência flagrante da fábula de Kant logo deu má fama ao idealismo. Mas a perspectiva nietzschiana que tenho delineado abstém-se de quaisquer fábulas desse tipo, ao mesmo tempo em que, não obstante, preserva o que era verdadeiro no idealismo – a saber, a tese de que não há acesso cognitivo pré-conceitual aos objetos. Nosso único acesso cognitivo aos castores, árvores, estrelas, à nossa própria subjetividade ou ao ego transcendental reside em nossa capacidade de manejar com destreza expressões como "castor", "árvore", "estrela", "subjetivi-dade" e "ego transcendental".

O erro de Kant foi formular uma tese sobre a inseparabilidade das coisas identificáveis a partir de nossas descrições identificantes delas – sobre a impossibilidade de se ficar entre as palavras e seus objetos – como uma tese sobre de onde vêm essas coisas. Hegel, ao substituir o idealismo transcendental pelo absoluto, evitou esse erro. Mas formulou muitas de suas doutrinas em termos da distinção platônico-cartesiana entre ser material e ser imaterial, e parece ter sido inspirado pela esperança de transcender a condição humana finita – e atingir um domínio além do tempo e do acaso. Assim, o hegelianismo – talvez a mais imaginativa e original das realizações da tradição filosófica ocidental – gradualmente sucumbiu ao criticismo positivista. O historicismo que Hegel tomou de Herder teria de ser reformulado por filósofos pós-nietzschianos como Heidegger antes que pudesse ser desembaraçado das desajeitadas mas persistentes tentativas escatológicas de Hegel.

Os defensores da tradição platônica frequentemente interpretam perspectivas do tipo que estou apresentando como se afirmassem que nada era vermelho ou redondo antes de os primeiros hominídeos começarem a conversar, e que as montanhas passaram a existir apenas quando eles começaram a utilizar um ruído que significava "montanha". Mas isso é uma caricatura. O argumento antiempiricista de Wittgenstein não é sobre quando as coisas passaram a existir, mas sobre como a linguagem e o pensamento o fizeram. Nomear, como ele coloca a questão, é algo que requer muita *mise-en-scène* na linguagem: não adianta apontar para uma bola vermelha, exclamando "vermelho", e esperar que o bebê entenda que estamos dirigindo sua atenção para uma cor e não para uma forma. Wittgenstein parece ter sido o primeiro a observar que a imagem empirista da linguagem e do aprendizado requer que pensemos que os bebês falam consigo próprios em mentalês, a linguagem que a criança de Sellars estava pensando quando descobriu o que sua mãe chamava de "vermelho".

A questão sobre a consciência pré-linguística que contrapõe Wittgenstein, Sellars, Davidson e Brandom a Fodor e outros filósofos que botam suas esperanças na ciência cognitiva pode parecer afastada da questão sobre a prioridade da imaginação. Mas penso que ela é de fato decisiva para a questão de saber se Nietzsche estava certo em pensar o mundo como um poema e não como algo que nos comunica informações sobre si próprio através dos órgãos dos sentidos. Como respondemos a essa questão é algo que contribui em grande medida para decidir se pensaremos o progresso que os seres humanos fizeram durante os últimos milênios como uma questão de expansão de nossa imaginação ou como uma maior capacidade de representar a realidade com precisão.

Nietzsche pensava que o sucesso de Platão em colocar em circulação o termo "verdadeiramente real" havia sido uma grande realização imaginativa. Mas a resposta a um grande poema será sempre um poema ainda melhor, e é isso que Nietzsche pensou que estava escrevendo. Ele nos pedia para considerar *o mundo verdadeiro* como uma fábula, um mito confeccionado por Parmênides e Platão. O problema, dizia ele, não é que seja uma fábula, mas que seja uma fábula que já esgotou sua utilidade. Não deveríamos dizer que a esperança de conhecer a natureza intrínseca da Realidade foi uma ilusão, porque, como Nietzsche diz acertadamente, quando abandonamos a noção de um mundo verdadeiro, abandonamos também a noção de um mundo ilusório. A diferença entre um bom poema antigo e um poema novo melhor não é a diferença entre uma má representação da Realidade e uma melhor. É a diferença entre um círculo menor e um círculo maior.

Estou convencido de que Nietzsche escreveu o melhor poema. Da maneira como eu vejo as coisas, o movimento romântico marcou o início da tentativa de substituir uma narrativa contada pelos gregos filósofos por uma narrativa melhor. A velha fábula era sobre como os seres humanos poderiam conseguir voltar a entrar em contato com algo de que de alguma forma haviam sido alienados – algo que não é em si uma criação humana, mas que espreita e se opõe a todas as criações humanas. A nova fábula é sobre como os seres humanos lutam continuamente para superar o passado humano de maneira a criar um melhor futuro humano.

Platão disse que deveríamos tentar substituir a retórica pela lógica, o poder imaginativo pela aplicação de critérios. Ao traçarmos um caminho argumentativo de volta aos primeiros princípios, pensava Platão, podemos atingir um objetivo que ele descrevia como "atingir um lugar além das hipóteses". Quando tivermos atingido esse objetivo seremos imunes aos efeitos sedutores da redescrição, pois teremos estabelecido o mesmo tipo de *laço ostensivo* entre nós próprios e o verdadeiramente real que, sob a perspectiva empiricista, a percepção visual estabelece com as cores e as formas. Assim como não podemos negar a evidência de nossos sentidos – não podemos nos forçar a acreditar que algo é azul quando nossos olhos nos dizem que é vermelho –, o filósofo platônico também não pode se forçar a duvidar do que vê quando atinge o topo da linha dividida de Platão. Mas, para os poetas, a argumentação lógica – a conformidade com as regras da validade dedutiva – é apenas uma técnica retórica entre outras. Nietzsche e Wittgenstein sugerem ambos a substituição da metáfora platônica de ascensão ao indubitável pela metáfora de Emerson de círculos em perpétua expansão. Quando utilizou a figura da linha dividida para simbolizar a ascensão da opinião ao conhecimento, e quando usou a alegoria da caverna para o mesmo propósito, Platão estava reconhecendo implicitamente que a única maneira de escapar da redescrição era atingir um tipo de conhecimento que não fosse discursivo – um tipo que não dependesse da escolha de uma formulação linguística particular. Atingir uma verdade da qual a argumentação não pode nos demover é escapar do linguisticamente exprimível para o inefável. Apenas o inefável – aquilo que de nenhuma maneira é descritível – não pode ser descrito diferentemente.

Quando Nietzsche diz que uma coisa concebida à parte de suas relações não pode ser uma coisa, ele deveria ser lido como dizendo que, já que toda a linguagem é uma questão de se relacionar certas coisas com outras coisas, o que não é assim relacionado é algo a respeito do que não se pode falar. A linguagem estabelece relações ao vincular, por exemplo, o sangue com os crepúsculos e as luas cheias com os troncos das árvores. Ausência de descritibilidade significa ausência de relações e, portanto, o nosso único acesso ao indescritível deve ser o tipo de consciência direta que o empiricista tem da vermelhidão e que o místico tem de Deus. Boa parte da história da filosofia ocidental, de Plotino e Mestre Eckhart até Husserl e Russell, é a história da busca por essa consciência direta.

Como já disse anteriormente, Nietzsche via essa busca como um sintoma de covardia – da incapacidade de suportar o pensamento de que sempre viveremos e nos moveremos e estaremos com nosso ser dentro de uma nuvem de palavras, palavras que não passam da criação de criaturas humanas finitas em resposta a necessidades humanas finitas. Se o pragmatismo é de alguma importância – se existe alguma diferença entre o pragmatismo e o platonismo que pudesse eventualmente fazer alguma diferença para a prática –, não é porque ele entendeu corretamente algo que o platonismo entendeu errado. É porque a aceitação de uma perspectiva pragmatista mudaria a atmosfera cultural para melhor. Ela completaria o processo de secularização por nos deixar pensar que o desejo de um acesso não linguístico ao real é tão sem esperanças como o da redenção através de uma visão beatífica. Dar esse passo a mais em direção ao reconhecimento de nossa finitude conferiria uma nova ressonância à máxima de Blake "Todas as divindades residem no peito humano"[13]. E Yeats aludiu e aperfeiçoou o que Blake disse ao escrever:"Whatever flames upon the night/ Man's own resinous heart has fed" ["Qualquer que seja a chama que arde na noite/ Alimenta-se da resina do próprio coração humano"][14].

---

[13] William Blake, *O casamento do céu e do inferno*, São Paulo, Hedra, 2008.
[14] William Butler Yeats, *Two songs from a play* [Duas canções de uma peça de teatro].

8
Filosofia analítica e conversacional

A distinção entre filosofia *analítica* e *continental* é muito grosseira, mas proporciona uma maneira rude porém eficaz de se começar a classificar os professores de filosofia. Para dizer em qual escaninho um professor deve ser colocado, examine os livros e as edições de periódicos em suas estantes. Se ele tiver muitos livros da autoria e a respeito de Hegel e Heidegger, e nenhum escrito por Davidson ou Rawls, ele provavelmente ficará contente por ser descrito como continental, ou pelo menos por não ser descrito como analítico. Se sua escrivaninha estiver juncada de reimpressões anotadas do *The Journal of Philosophy, The Philosophical Quarterly* e *Philosophical Review*, ele pode seguramente ser rotulado como analítico.

Algumas vezes, contudo, encontramos um professor de filosofia que toma parte dos debates conduzidos por esses periódicos e também pode discutir doutamente sobre, por exemplo, a adequação da interpretação de Habermas sobre os motivos da *virada* de Heidegger. Umas poucas pessoas, tanto anglófonas quanto não anglófonas, podem facilmente passar de Rawls a Carl Schmitt, de Derrida a Wittgenstein ou de Foucault a Christine Korsgaard. Mas essa aptidão ainda é restrita a uma fração relativamente pequena dos filósofos do mundo.

A principal razão para essa ambidesteridade ser rara é que os estudantes que tentam se transformar em candidatos plausíveis para cargos docentes em filosofia só têm tempo para ler muito. Eles têm de agradar a muitos empregadores em potencial. Na maioria dos países europeus, os candidatos para esses cargos têm de aprender muito sobre a história das ideias antes de entrarem no mercado. Eles não podem se permitir empalidecer quando alguém lhes pergunta o que pensam sobre a relação entre Hobbes e Maquiavel, ou sobre Nietzsche preferir Sófocles a Sócrates. Nos países anglófonos, eles podem. Mas não podem se permitir ignorar as questões que têm sido debatidas nos volumes recentes dos periódicos de filosofia anglófonos – ou pelo menos algum subconjunto particular dessas edições.

Não importa quanta curiosidade intelectual um estudante tenha e o quanto ele possa gostar de ter pontos de vista sobre Kierkegaard, assim como sobre Kripke, ou sobre David Lewis tanto quanto sobre Schelling; simplesmente não há tempo suficiente. Portanto, se ele desenvolver ambidesteridade, isso só ocorrerá posteriormente em sua vida – usualmente quando ele ganhar estabilidade no emprego. Então ele poderá se permitir seguir seu próprio nariz em vez de agradar entrevistadores ou colegas veteranos.

Enquanto persistirem essas diferenças entre como conseguir empregos em vários lugares, a filosofia continuará a ser "cindida" grosseiramente entre linhas analíticas *versus* linhas continentais. Mas não é claro que essa cisão seja algo preocupante. O estudo acadêmico de filosofia, assim como o estudo acadêmico da literatura e diferentemente do das ciências naturais, tem sido sempre bastante provinciano. Assim como o ensino de graduação no estudo da literatura é tipicamente o estudo de uma única literatura nacional, o ensino de graduação em filosofia é tipicamente o estudo de livros e edições discutidos atualmente nos departamentos de filosofia do próprio país do estudante.

Foram poucos os alemães que dedicaram seu tempo a ler Léon Brunschvig durante um período em que nenhum estudante de filosofia francês poderia se permitir ignorá-lo; ou Croce, quando seu livro sobre Hegel estava sendo lido por todos os filósofos da Itália. Nos anos 1930, nos EUA, a maioria dos estudantes de filosofia em Harvard lia livros bastante diferentes do que os seus colegas nas universidades de Heidelberg, Pisa, Oxford ou mesmo Columbia. A noção de um estudante sobre as fronteiras da filosofia – das suas questões urgentes – será muito diferente dependendo do país e, até mesmo, da universidade em particular na qual ele realiza seus estudos.

A maioria dos professores de filosofia, em todos os países, nunca chega muito além dos horizontes que foram estabelecidos para eles pelos seus próprios professores. Assim, se nossos professores em Michigan assegurarem que Derrida é um charlatão, ou se nossos professores em Tübingen sugerirem que a semântica formal não passa de uma mistificação e a ciência cognitiva, de um desperdício de tempo e recursos, somos bem capazes de acreditar nessas proposições durante o resto de nossa vida. Idealmente, nós filósofos deveríamos estar sempre questionando nossas próprias pressuposições, mas, na verdade, não somos melhores nisso do que o resto das pessoas. A maioria dos filósofos analíticos sente um vago desprezo pela filosofia continental sem nunca ter lido muito dela. Muitos filósofos continentais desdenham a filosofia analítica sem tentar descobrir o que os filósofos analíticos pensam que estão fazendo.

Mas se a cisão analítico-continental é apenas o exemplo mais ostensivo de um provincianismo acadêmico familiar e bastante inevitável, por que produziria ela tão mais desconfiança e desprezo do que a cisão entre a astrofísica e a químico-física, ou entre a prática legal civil e a criminal, ou entre a literatura italiana e a germânica? Por que não considerá-la simplesmente como uma questão de pessoas diferentes sendo atraídas por diferentes especialidades dentro de uma única disciplina? A resposta é que as diferenças em formação profissional que descrevi deram origem a diferentes interpretações sobre a utilidade dos professores de filosofia e sobre o papel da filosofia na cultura. Pessoas que foram ensinadas de uma maneira podem adquirir uma autoimagem muito diferente de pessoas que foram ensinadas de outra. O desprezo que elas frequentemente sentem por pessoas cuja formação foi diferente resulta da suspeita de que essas pessoas são parasitas, aproveitando-se do prestígio de uma disciplina cuja natureza e função elas não conseguem entender.

A maior diferença em autoimagem é que o modelo da ciência natural permanece muito mais importante para muitos filósofos analíticos do que para a maioria dos filósofos continentais. Muito do que é feito por filósofos na França e na Alemanha parece aos filósofos analíticos como, na melhor das hipóteses, *mera* história intelectual – algo bastante diferente do tipo de resolução de problemas que é a atividade própria do filósofo. Muito do que é publicado em *Nous*, *Mind* e *The Journal of Philosophy* parece como um zumbido em um vácuo pseudocientífico para a maioria das pessoas que ensinam filosofia na Espanha, no Japão, na Polônia e no Brasil. Eles avaliavam o grupo, um tanto variado, de questões que os filósofos analíticos reúnem sob o cabeçalho *metafísica e epistemologia*, como, em grande parte, exemplos do que Berkeley chamava de "chutar a poeira e então reclamar que não se consegue enxergar". A discussão desses assuntos, que constituem o que os anglófonos chamam de "as áreas centrais" da filosofia, impressiona-lhes pela sua enorme irrelevância para os interesses que os levaram originalmente a estudar filosofia.

A questão de saber se a filosofia deveria pensar a si própria como uma ciência ou se ela poderia ser assimilada pela história intelectual pode parecer discutível sem referência a doutrinas filosóficas substantivas. Mas, na verdade, as questões metafísicas – questões sobre para o que serve a filosofia, se é que serve para algo, e sobre como ela é mais bem praticada – são inseparáveis de questões sobre a natureza do conhecimento, verdade e significado. Nas páginas a seguir delinearei uma tal questão, de maneira a mostrar como diferentes respostas a ela poderiam produzir, e ser produzidas por, diferentes perspectivas metafísicas.

A questão é: existe uma atividade tal como a *análise conceitual* ou podem os filósofos fazer mais do que descrever a sua utilização e, talvez, fazer recomendações para uma mudança na sua utilização? Nossa resposta a essa questão determinará se pensamos que Wittgenstein estava certo ao abandonar a ideia de uma teoria sistemática do significado e Quine, ao sugerir que a própria noção de "significado"era um remanescente do essencialismo aristotélico. Se eles estavam certos, é difícil se ater à ideia de que *claridade conceitual* é o objetivo do questionamento filosófico. Não podemos repudiar as distinções entre analítico e sintético e linguagem e fato e ainda distinguir entre *conceitual* e outras questões.

As questões metafísicas pairam nas asas dos debates sobre se o conteúdo de uma asserção varia de emissor a emissor e de audiência a audiência. Se não é esse o caso, se algo permanece invariável – os conceitos expressados pelas palavras que constituem a sentença –, então talvez existam realmente entidades com propriedades intrínsecas que a análise filosófica pode pretender especificar. Mas se o conteúdo varia dessa maneira, então os conceitos são como as pessoas – nunca exatamente iguais duas vezes, sempre se desenvolvendo, sempre amadurecendo. Podemos alterar um conceito ao mudar a sua utilização, mas não podemos entender bem um conceito de uma vez por todas e para sempre.

Robert Brandom argumentou que tratar conceitos pelo modelo de pessoas é algo central tanto no pensamento de Hegel quanto no pragmatismo[1]. A própria filosofia inferencialista da linguagem de Brandom é construída em torno da afirmação de que o conteúdo de uma sentença é um fluxo constante, o que não a torna pior. Sob sua perspectiva, as inferências extraídas de e para asserções feitas com a sentença constituem o único conteúdo que a sentença possui. Propriedades inferenciais não são construídas dentro da estrutura da linguagem, mas estão sempre à disposição de qualquer um quando os indivíduos e as comunidades se ocupam em revisar seus padrões de comportamento, linguístico e não linguístico[2]. Adotar a perspectiva de Brandom nos forçaria a abandonar a noção de que conceitos como "conhecimento" ou "moralidade" e "mente" ou "justiça" possuem características permanentes e estruturais que os filósofos podem distinguir, e que o vulgo pode não ter notado.

Na ausência de uma tal noção, é difícil ver a história da filosofia como a maioria dos filósofos analíticos preferiria vê-la – como uma examinação contínua dos mesmos dados que foram examinados por Platão e Aristóteles, na esperança de finalmente compreender

---

[1] Cf. Robert Brandom, "Some pragmatic themes in Hegel's idealism: negotiation and administration in Hegel's account of the strucuture and content of conceptual norms" [Alguns temas pragmáticos no idealismo de Hegel: negociação e administração na descrição hegeliana da estrutura e do conteúdo das normas conceituais], *European Journal of Philosophy* 7, n. 2, 1999, p. 164-89. Brandom identifica "a tese idealista" com a perspectiva de que "a estrutura e a unidade do conceito são as mesmas da estrutura e da unidade do eu" (p. 164).

[2] Cf. Robert Brandom, *Making it explicit*, Cambridge, Harvard University Press, 1944, p. 587: "A relatividade dos endossamentos inferenciais explícitos aos repertórios deônticos de vários marcadores de pontos reflete a relatividade subjacente dos endossamentos inferenciais implícitos nos conceitos expressados por palavras particulares, de acordo com vários marcadores de pontos. Uma palavra – 'cão', 'estúpido', 'republicano' – tem uma significação diferente em minha boca do que na sua, porque na medida do que decorre de ela ser aplicável, as consequências de sua aplicação diferem para mim, em virtude de minhas diferentes crenças colaterais [e similarmente para as circunstâncias de aplicação – consideremos, por exemplo, 'assassinato', 'pornográfico', 'lírico']".

direito o conhecimento, a moralidade, a mente ou a justiça. A esperança de entender *algo* direito, de uma vez por todas e para sempre, exatamente como fazem os cientistas naturais, é acalentada pela maioria dos filósofos analíticos. Aqueles cuja autoimagem é construída em torno da esperança de acusar os filósofos que pensam que não há entidades estáveis chamadas "conceitos" ou "significados" de reduzir a filosofia a uma *mera conversação*.

No meu caso, pelo menos, essa acusação é bastante correta (ou seria correta se o *mera* fosse omitido). Como não penso que a filosofia algum dia será colocada na trilha segura de uma ciência, nem que seja uma boa ideia colocá-la lá, estou contente de ver os professores de filosofia realizando política cultural. Uma das maneiras de eles fazerem isso é sugerindo mudanças nos usos das palavras e colocando novas palavras em circulação – esperando com isso abrir caminho através dos impasses e tornar a conversação mais frutífera. Estou bastante disposto a abandonar o ideal de entender as coisas direito e substituí-lo pelo da ampliação do nosso repertório de autodescrições individuais e culturais. O propósito da filosofia, sob essa perspectiva, não é descobrir como algo *realmente* é, mas nos ajudar a crescer – nos tornar mais felizes, mais livres e mais flexíveis. A maturação de nossos conceitos e a crescente riqueza de nosso repertório conceitual constituem progresso cultural.

Como um exemplo de uma mudança em utilização que poderia facilitar a controvérsia filosófica, sugiro que abandonemos o termo "continental" e em vez disso contrastemos a filosofia analítica com a filosofia *conversacional*. Tal mudança deslocaria a atenção das diferenças entre os requisitos de emprego impostos aos jovens filósofos em diferentes regiões do mundo para a questão que acabo de delinear: a de saber se há algo que os filósofos possam entender direito.

O termo "entender direito", segundo penso, é apropriado apenas quando todas as pessoas interessadas no assunto extraem praticamente as mesmas inferências das mesmas asserções. Isso ocorre quando há um consenso sobre a meta da investigação na área e quando um problema pode ser especificado de uma tal maneira que é claro para todos os envolvidos o que será necessário para resolvê-lo. O senso comum fornece esse consenso para muitos dos assuntos que discutimos, e as culturas especializadas o fornecem para muitos outros. Dentro de tais culturas há um acordo, por exemplo, sobre quando um gene foi localizado, um composto químico foi analisado em seus elementos componentes ou um teorema foi provado. Todos os membros dessas culturas utilizam a expressão de referência relevante ("gene", "elemento", "prova") praticamente da mesma maneira. Eles também estão praticamente de acordo sobre o que existe, pois a confiança compartilhada na existência de uma certa categoria de entidade é indistinguível do consenso sobre a utilidade de certas expressões de referência[3].

A filosofia analítica, como um todo, não é, nem nunca foi, uma cultura especializada que se caracterize por consensos de longo prazo, quase universais, como esses. Os consensos que existiram foram sempre locais e transitórios. Os problemas sobre os quais os professores catedráticos dos departamentos de filosofia analítica escreveram suas dissertações com frequência parecem simplesmente esquisitos para os seus jovens colegas recentemente contratados. O espetáculo de gerações analíticas famintas pisando umas sobre as outras é, em minha opinião, o argumento mais forte em favor da filosofia conversacional. O fracasso dos filósofos analíticos em

---

[3] Brandom tratou da natureza da existência em *Making it explicit* nas p. 440 s. Desenvolvo seus pontos de vista sobre esse tema e aplico-os a um caso especial em "A política cultural e a questão da existência de Deus", neste volume. Alguns filósofos (inclusive, lamentavelmente, Quine) pensam que as questões ontológicas deveriam ser distinguidas das questões de utilidade. Antimetafísicos como Brandom e eu próprio, contudo, não veem utilidade na noção de "compromisso ontológico" nem na do projeto de, como coloca Quine, "detalhar a estrutura verdadeira e última da realidade".

desenvolver uma problemática transgeracional é a melhor razão para pensar que o *slogan* "vamos entender direito!" deve ser substituído por algo como "vamos tentar algo diferente!".

Contemplar esse fracasso nos ajuda a entender que a filosofia é o que sobra após termos classificado tanto o senso comum como todas as várias culturas especialistas[4]. Ela nunca se destinou a ser uma tal cultura. Sempre que tentou se tornar uma, ela degenerou em escolasticismo, em controvérsias que não são de nenhum interesse para alguém de fora da profissão filosófica. A ideia de que a crítica literária ou a filosofia deveriam tornar-se culturas especialistas é resultado de tentativas infelizes de espremer essas áreas da cultura em um sistema universitário feito sob medida para as necessidades de advogados, médicos e cientistas naturais[5].

Uma vez que abandonemos a noção de que certas coisas são "*explananda* naturais" – assuntos de preocupação para qualquer mente reflexiva em qualquer era e em qualquer sociedade –, deixaremos de ler Kant, Hegel, Wittgenstein, Austin ou Brandom, seja para *fazer* metafísica, epistemologia ou semântica, seja para tentar entender direito a realidade, o conhecimento ou o significado. Pensaremos, em vez disso, que elas expressam impaciência com uma certa mentalidade familiar e tentam entrincheirar um novo vocabulário, um que utilize velhas palavras de novas maneiras.

---

[4] Para uma boa descrição da distinção entre filósofos e membros de culturas especialistas, ver Isaiah Berlin, "Does political theory still exist?" [A teoria política ainda existe?], incluída em uma coleção de seus ensaios editada por Henry Hardy: *The proper study of mankind* [Estudos sobre a humanidade, Companhia das Letras, 2002], Nova York, Farrar, Straus and Giroux, 1998, p. 59-90. Ver em especial os argumentos que conduzem à afirmação de Berlin de que "Uma das caraterísticas distintivas mais seguras de uma questão filosófica [...] é que ficamos desconcertados desde o início, é o fato de não haver nenhuma técnica automática, nenhuma *expertise* reconhecida para se lidar com essas questões". (p. 62)

[5] Isso é negar que um curso especializado de leitura seja necessário para a produção, ou para a apreciação, de uma obra original, seja em filosofia ou em crítica literária. Mas há uma diferença entre ser instruído e ser *científico*, no sentido deste último termo, que é mais estreito do que o *wissenschaftlich* alemão – um sentido em que a física é tomada como uma ciência paradigmática.

Hegel estava expressando impaciência com o vocabulário utilizado por filósofos que, como Kant, insistiam na irredutibilidade da distinção sujeito-objeto. Para persuadir as pessoas a pararem de falar de maneira cartesiana e kantiana, ele ofereceu toda uma redescrição do conhecimento, do progresso moral e intelectual e de muitas outras coisas. Ele deu novos sentidos, especificamente hegelianos, aos velhos termos utilizados para discutir essas questões. O último Wittgenstein estava expressando impaciência com o seu próprio *Tractatus* e com a mentalidade filosófica compartilhada por Moore e Russell. Austin criticou duramente Ayer porque ficou impaciente com as tentativas de seus colegas de Oxford de encontrar algo que valesse a pena ser salvo no empiricismo britânico. Brandom não está dizendo: "Todos entenderam errado os conceitos e eu os estou entendendo direito". O que ele está dizendo se assemelha mais a: "As interpretações representacionistas do conteúdo semântico tornaram-se familiares e os problemas que elas suscitam, cada vez mais tediosos. Tentemos, portanto, uma interpretação inferencialista e vejamos se as coisas melhoram". *The phenomenology of spirit* [A fenomenologia do espírito] e *Making it explicit* [Tornando explícito], assim como *Philosophical investigations* [Investigações filosóficas] e *Sense and sensibilia* [Sentido e percepção] não são livros sobre os quais seja útil perguntar "O que exatamente eles entendem direito?", nem mesmo "O que eles estão *tentando* entender direito?". É mais útil perguntar: ajudaria começar a pensar dessa maneira?

Ao passo que a distinção entre analítico e continental é fundamentalmente geográfica e sociológica, a distinção entre analítico e conversacional que eu gostaria de colocar em seu lugar distingue entre diferentes autoimagens – imagens produzidas pela adoção de atitudes metafilosóficas diferentes. Estas, por sua vez, são tanto causa quanto efeito das respostas que damos a questões filosóficas de primeira ordem como as que concernem à natureza dos conceitos.

Prefiro a filosofia conversacional à analítica, assim definida, porque prefiro filósofos que são suficientemente historicistas para pensarem a si próprios como tomando parte em uma conversação e não como praticando uma disciplina quase científica. Apesar de minha admiração pelos escritos de muitos filósofos analíticos, e minha assídua citação deles, sou reticente quanto à filosofia analítica como matriz disciplinar. O problema é que os filósofos formados por essa matriz tendem a aceitar como fato consumado que os problemas que lhes foram ensinados a examinar durante o curso de graduação são, simplesmente em virtude desse próprio fato, importantes. Tal categoria de deformação profissional me parece mais danosa do que qualquer incapacidade característica dos filósofos conversacionais.

Uma razão pela qual há uma correlação aproximada entre a localização geográfica de um professor de filosofia e sua autoimagem é a de que a filosofia conversacional é mais popular nos países em que Hegel é um texto exigido aos estudantes avançados de filosofia. Ela é menos popular nos países em que o historicismo que ele introduziu na filosofia é visto com suspeita. Nesses países, os estudantes ainda tendem a passar diretamente de Kant a Frege. Pular Hegel auxilia-os a reter a ideia kantiana de que há estruturas permanentes de pensamento, consciência, racionalidade, linguagem ou de algo, a serem reveladas pelos filósofos, e sobre as quais o vulgo pode bem estar confuso. Aqueles que acreditam em tais estruturas tendem a pensar a filosofia analítica como dando continuidade à sequência de Descartes a Kant. Eles consideram a sequência Hegel-Nietzsche-Heidegger como uma divagação infeliz, que poderia ser negligenciada sem nenhum risco.

Em contraste, os filósofos que dedicaram bastante tempo a pensar sobre essas últimas três figuras usualmente são simpáticos à sugestão de Hegel de que a filosofia é a sua época contida no pensamento. Eles estão inclinados a pensar que a filosofia progride não ao resolver problemas, mas ao substituir velhos problemas por novos – os problemas criados por nossa utilização das palavras pelos problemas criados por outra utilização das palavras. A perspectiva dos historicistas faz que eles tenham dúvidas quanto à sugestão de Wittgenstein de que a meta da filosofia é uma *claridade completa* – uma apreensão não problemática da maneira como as coisas realmente são, que traria uma paz perpétua à filosofia (não apenas à filosofia aristotélica, ou à cartesiana, ou à fregiana, mas à própria filosofia). A filosofia, suspeitam eles, não poderá cessar de existir enquanto houver mudanças culturais – enquanto as artes, as ciências e a política produzirem coisas que não podem ser satisfatoriamente descritas quando as velhas palavras são utilizadas segundo as maneiras antigas. Ela também os torna suspeitosos da utilização imprudente feita por Wittgenstein do termo *nonsense* e simpáticos à sua sugestão alternativa de que tudo tem um sentido se lhe damos um sentido. Assim, eles veem sua tarefa não como a substituição do *nonsense* pelo sentido, mas como a substituição do uso razoável e coerente de certos termos por algo ainda melhor[6].

Substituir a distinção entre analítica e continental pela distinção entre analítica e conversacional, como uma descrição da cisão mais importante existente atualmente entre os professores de filosofia, pode nos ajudar a resistir à tentação de considerar essa cisão, seja como separando os que amam a verdade e a razão dos que preferem efeitos dramáticos e triunfos retóricos, seja como separando os broncos não imaginativos dos espíritos livres. Ela é melhor compreendida como a cisão entre duas maneiras bastante diferentes de pensar a situação humana – uma divisão tão profunda como

---

[6] Para mais sobre essa posição, cf. "Wittgenstein e a virada linguística", incluído neste volume.

a existente entre a perspectiva religiosa e a secular. Essa cisão tem se aprofundado desde que Hegel desafiou a versão kantiana da ideia platônica de que a filosofia poderia ser como a matemática – que ela poderia oferecer demonstrações conclusivas de verdades sobre características estruturais da vida humana, ao invés de simples resumos da maneira com que os seres humanos têm conduzido suas vidas até agora.

Para aqueles do lado neokantiano dessa cisão é ponto pacífico que Platão estava certo em postular uma matriz anistórica para o pensamento humano: em tentar cortar as coisas em suas articulações ao fazer distinções tais como entre conhecimento e opinião, realidade e aparência, razão e paixão e lógica e retórica. Aqueles do outro lado seguem Hegel ao pensar que essas distinções e muitas outras (p. ex. entre mente e corpo, subjetivo e objetivo, transcendental e empírico, realista e antirrealista, representacionista e inferencialista, kantiano e hegeliano, analítico e conversacional) são recursos temporários que mais cedo ou mais tarde se tornarão obsoletos.

Os hegelianos pensam que tornar indistintas as antigas distinções é uma das maneiras mais eficazes de tornar o futuro um aperfeiçoamento do passado. Enquanto os neokantianos gostam de citar a máxima do bispo Butler de que "uma coisa é o que é e nenhuma outra coisa", os neo-hegelianos pensam que uma coisa (e, *a fortiori*, uma disciplina acadêmica) é o que é em virtude de suas relações com tudo o mais, assim como uma palavra tem a utilização que tem por causa da maneira como todas as outras palavras na linguagem são utilizadas. Todas essas relações estão em um fluxo constante.

Entre aqueles que adotam essa perspectiva tanto para as coisas como para as palavras (que pode ser chamada de "relacionalismo", mas é usualmente chamada de "holismo"), incluem-se muitas pessoas que veem a si próprias como trabalhando, como elas dizem, "dentro da tradição analítica" (o próprio Brandom é um exemplo óbvio). Mas a maioria das pessoas que descreveriam a si próprias dessa maneira ainda desconfiam profundamente do holismo. Entre elas se incluem não apenas a maioria dos professores de filosofia anglófonos, mas também a maioria dos não anglófonos que pertencem a organizações como a Sociedade Europeia para a Filosofia Analítica. Eles percebem corretamente que um holismo completamente abrangente mais cedo ou mais tarde conduzirá a uma perspectiva conversacional da filosofia e, com isso, a levará para longe das ciências e em direção às humanidades. Eles consideram o devido profissionalismo filosófico como inseparável de uma certa forma de atomismo – uma certa interpretação do método e do tema dessa filosofia que tornará possível preservar a imagem platônica de se cortar as coisas em suas articulações.

Entre aqueles que gostariam de preservar essa imagem, incluem-se não apenas as pessoas que se identificam como *analíticas*, mas também muitos dos professores de filosofia europeus e asiáticos que veem pouca utilidade no que os anglófonos descrevem como *metafísica e epistemologia*. Algumas dessas pessoas se agarram à convicção de que a fenomenologia transcendental finalmente pôs a filosofia no caminho seguro de uma ciência. Mas muitos dos que há muito desistiram de Husserl ainda estão convencidos de que há algo *lá fora* que eles entenderam direito – algo, por exemplo, que Heidegger estava tentando entender direito quando falou sobre *die ontologische Differenz*, e Derrida ainda estava tentando entender direito quando falou sobre a *différance*. Eles ainda acreditam em algo como uma estrutura fixa e anistórica da existência humana que os filósofos deveriam tentar descrever com maior precisão. Eles simplesmente pensam que os anglófonos têm estado procurando essa estrutura nos lugares errados.

Os holistas neo-hegelianos, como eu próprio, não pensam que as condições sociológicas descritas acima, as condições que permitem que falemos de maneira útil sobre entender direito uma entidade, são preenchidas no caso da *différance* ou no de qualquer outro tópico especificamente filosófico. Assim, nós preferimos descrever Heidegger e Derrida como dois filósofos que nos oferecem neologismos imaginativos que ajudam a conter a nossa época no pensamento. Não vemos necessidade de distinguir acentuadamente entre as criações imaginativas oferecidas pelos filósofos e aquelas oferecidas pelos não filósofos. Portanto, não nos preocupamos com qual departamento de filosofia deveria assumir responsabilidade pelo estudo de Hegel, Freud, Heidegger, Nietzsche ou Derrida.

Essa despreocupação nos leva a buscar a companhia de historiadores intelectuais e estudantes de literatura, já que eles também frequentemente veem interesse nessas últimas figuras. Fazemos isso não porque pensamos que o estudo da história da filosofia nos leva a tentar encaixar essa história em um contexto histórico mais amplo. A história da topologia algébrica ou da biologia molecular não requer, presumimos nós, uma tal contextualização. Mas a história da filosofia, como a história do romance, assim o exige. Enquanto os neokantianos pensam que se pode ser um filósofo bem formado sem nenhum conhecimento particular da literatura e da história política, nós discordamos disso. Assim como o valor da obra de um filósofo, a nosso ver, não é uma questão de sua relação com *die Sache selbst,* mas com a obra de outros filósofos, assim também o valor da própria filosofia é uma questão de sua relação não com um tema, mas com o resto da conversação da humanidade.

A ênfase divergente que nós neo-hegelianos colocamos na história é paralela aos valores divergentes que colocamos na discussão metafilosófica. Os neokantianos estão sempre tentando escapar da metafilosofia e, como eles frequentemente colocam a questão, "dedicar-se a *fazer* alguma filosofia". Para nós, por outro lado, discutir o que a filosofia tem sido e pode vir a ser é uma maneira tão respeitável de se fazer filosofia quanto, por exemplo, discutir como colocar contextos referencialmente opacos em seu devido lugar em uma teoria semântica.

Ambas as discussões fazem parte da mesma conversação, pois para entender por que a opacidade referencial importa temos de pensar sobre por que os fundadores da filosofia analítica pretenderam o que pretenderam e tomaram as posições que tomaram – e qual deveria ser o propósito de uma semântica extensionalista. Enquanto os neokantianos pensam que apresentar um estudante aos problemas que os contextos opacos colocam para a semântica formal é suficiente para lhe dar um bom ponto de partida para se fazer alguma boa filosofia, os neo-hegelianos pensam que estudantes que nunca refletiram sobre qual possa ser a utilidade de uma teoria semântica são indesejavelmente inconversáveis. Esses estudantes correm o risco de escrever dissertações cuja meia-vida pode ser muito curta, e que serão ignoradas, ou mesmo ridicularizadas, pela próxima geração. A autoconsciência histórica e metafilosófica, pensamos nós, é a melhor precaução contra um escolasticismo estéril.

III
QUESTÕES ATUAIS NA FILOSOFIA ANALÍTICA

9
Um ponto de vista pragmatista sobre a filosofia analítica contemporânea

Este capítulo tem duas partes. Na primeira, discutirei as perspectivas de meu filósofo da ciência favorito, Arthur Fine. Fine tornou-se famoso por sua defesa de uma tese cuja discussão me parece central para a filosofia contemporânea, a saber: a de que não deveríamos ser nem realistas nem antirrealistas, e de que a questão do realismo e do antirrealismo como um todo deveria ser posta de lado. Sobre esse aspecto ele concorda com meus filósofos da linguagem favoritos, Donald Davidson e Robert Brandom. Considero que o crescente consenso sobre essa tese marca um avanço radical para um novo mundo filosófico. Nesse novo mundo não pensaremos mais que o pensamento ou a linguagem contém representações da realidade. Seremos liberados tanto da problemática do sujeito e do objeto que tem dominado a filosofia desde Descartes como da problemática da aparência e da realidade que tem estado conosco desde os gregos. Não seremos mais tentados a praticar a epistemologia nem a ontologia.

A segunda, e mais breve, porção deste capítulo consiste em algumas teses dogmáticas curtas e em *staccato* sobre a necessidade de se abandonar as noções interligadas de "método filosófico" e "problemas filosóficos". Considero a popularidade dessas noções uma infeliz consequência da superprofissionalização da filosofia que tem desfigurado essa área da cultura desde a época de Kant. Se adotarmos o ponto de vista não representacionista do pensamento e da linguagem, nos afastaremos de Kant, tomando a direção do historicismo de Hegel.

O historicismo não vê utilidade na ideia de que existem problemas filosóficos recorrentes para a resolução dos quais os filósofos empregaram vários métodos. Essa descrição da história da filosofia deveria, penso eu, ser substituída por uma exposição de como os filósofos, assim como outros intelectuais, fazem sugestões imaginativas para a redescrição da situação humana; eles oferecem novas maneiras de falarmos sobre nossas esperanças e temores, nossas ambições e nossas perspectivas. O progresso filosófico não é, portanto, uma questão de problemas que são resolvidos, mas de descrições que são aperfeiçoadas.

O famoso artigo de Arthur Fine, "The natural ontological attitude" [A atitude ontológica natural], inicia-se com a frase "O realismo está morto". Em uma nota de rodapé nesse artigo, Fine oferece uma criativa analogia entre realismo e teísmo.

> Em apoio ao realismo parece que há apenas aquelas *razões do coração* que, como diz Pascal, a razão desconhece. De fato, há muito tenho sentido que a crença no realismo implica em um profundo salto de fé, em nada diferente da fé que anima profundas convicções religiosas [...] O diálogo prosseguiria de maneira mais proveitosa, penso eu, se os realistas finalmente parassem de fingir que há um apoio racional para sua fé, que eles não possuem. Então poderíamos todos apreciar suas intricadas e eventualmente belas construções filosóficas (por exemplo, a do conhecimento, a da referência etc.), mesmo que para nós, os descrentes, elas pareçam apenas maravilhosos castelos no ar[1].

---

[1] Arthur Fine, "The natural ontological attitude", em sua obra *The shaky game: Einstein, realism and the quantum theory* [O jogo instável: Einstein, realismo e a teoria quântica], Chicago, University of Chicago Press, 1986, p. 116n.

Tentei expandir a analogia de Fine em um artigo chamado "Pragmatism as anti-authoritarianism" [O pragmatismo como um antiautoritarismo][2]. Sugeri que vemos uma devoção sincera ao realismo como a versão do Iluminismo à ânsia religiosa de se curvar perante um poder não humano. A expressão "A realidade como ela é em si mesma, à parte de suas necessidades e interesses humanos" é apenas, sob meu ponto de vista, mais um dos Nomes adulatórios de Deus. Nesse artigo, sugeri que considerássemos a ideia de que a física nos leva mais perto da realidade do que a moral como uma versão atualizada da reivindicação dos sacerdotes de manter um contato mais próximo com Deus do que os laicos.

Da maneira como vejo a filosofia contemporânea, a grande divisão existente é entre os representacionistas – as pessoas que acreditam que existe uma natureza intrínseca de realidade não humana que os humanos têm um dever de apreender – e os antirrepresentacionistas. Penso que F. C. S. Schiller estava na pista certa quando disse que "O pragmatismo [...] é na realidade apenas a aplicação do humanismo à teoria do conhecimento"[3]. Entendo que a posição de Schiller era que a afirmação humanista de que os seres humanos só têm responsabilidades uns com os outros implica em se abandonar tanto o representacionismo como o realismo.

Os representacionistas são necessariamente realistas, e vice-versa. Pois os realistas acreditam que há uma e apenas uma Maneira Pela Qual O Mundo É Em Si Mesmo, e que há áreas *duradouras* da cultura em que essa Maneira é revelada. Nessas áreas, dizem eles, há *fatos da questão* a serem descobertos, apesar de que em áreas mais efêmeras isso não ocorra. Em contraste, os antirrepresentacionistas acreditam que o progresso científico, assim como

---
[2] *Revue Internationale de Philosophie* 53, n. 207, 1999, p. 7-20.
[3] F. C. S. Schiller, *Humanism: philosophical essays* [Humanismo: ensaios filosóficos], 2. ed., Londres, Macmillan, 1912, p. xxv.

o moral, é uma questão de se achar maneiras sempre mais eficazes de enriquecer a vida humana. Eles não fazem distinção entre áreas duradouras e efêmeras da cultura além da distinção sociológica entre assuntos mais e menos controversos. Os realistas consideram os antirrepresentacionistas como antirrealistas, mas ao fazê-lo eles confundem descartar a distinção entre duradouro e efêmero com pregar a efemeridade universal.

Os intelectuais não podem viver sem *pathos*. Os teístas encontram *pathos* na distância entre o humano e o divino. Os realistas o encontram no abismo que separa o pensamento e a linguagem humanos da realidade como ela é em si própria. Os pragmatistas encontram-no no hiato entre a humanidade contemporânea e um utópico futuro humano em que a própria ideia de responsabilidade com relação a algo que não seja os outros seres humanos terá se tornado inconcebível, tendo como resultado a primeira cultura verdadeiramente humanista.

Se não gostamos da palavra *"pathos"*, a palavra "romance" também servirá. Ou podemos usar a expressão de Thomas Nagel: "a ambição de transcendência". O ponto importante é simplesmente que ambos os lados da filosofia contemporânea estão tentando gratificar uma das ânsias previamente satisfeitas pela religião. A história sugere que nós não podemos decidir qual forma de *pathos* é preferível para posicionar argumentos. Nem o realista nem o seu oponente antirrepresentacionista disporão algum dia de algo remotamente similar a um argumento arrasador, da mesma forma que o secularismo do Iluminismo tampouco dispunha de um tal argumento contra os teístas. Nossa escolha de *pathos* será determinada, como sugere acertadamente Fine, pelas razões de nossos corações.

A convicção realista de que simplesmente deve haver uma autoridade não humana para a qual os humanos possam se voltar tem estado, por um tempo muito longo, inserida no senso comum do Ocidente. Ela é uma convicção comum a Sócrates e a Luther, aos cientistas naturais ateus que dizem que amam a verdade e os fundamentalistas que dizem que amam a Cristo. Penso que seria uma boa ideia tecer novamente a rede de crenças e desejos compartilhados que constitui a cultura ocidental para se livrar dessa convicção. Mas fazer isso levará séculos, ou talvez milênios. Essa retecelagem, se algum dia ocorrer, resultará em que todos se tornarão verificacionistas do senso comum – incapazes de inflar as intuições às quais apelam os realistas e teístas da atualidade.

Para entender a necessidade de recorrer às razões do coração, considere um teísta a quem é dito que o termo "Deus", como utilizado na conclusão da discussão cosmológica, nada mais é do que um nome para a nossa ignorância. Considere então um realista a quem é dito que sua explicação para o sucesso da ciência não é melhor do que a explicação do doutor de Molière de como o ópio faz as pessoas dormirem. Então considere um pragmatista a quem é dito, talvez por John Searle, que seu verificacionismo confunde a epistemologia e a ontologia. Todos os três provavelmente não se deixarão perturbar por esses argumentos supostamente arrasadores. Mesmo que eles admitam que o ponto de vista de seu adversário não admite refutação, eles observarão, complacente e corretamente, que ele tampouco produz alguma convicção.

Frequentemente é dito que a religião foi refutada pela demonstração da incoerência do conceito de Deus. Quase tão frequentemente é dito que o realismo foi refutado pela demonstração da incoerência de noções, como "a natureza intrínseca da realidade" e "correspondência", e que o pragmatismo foi refutado ao ser evidenciado o seu hábito de confundir conhecer com ser. Mas ninguém acostumado a empregar uma expressão como "a vontade de Deus" ou "mundo independente da razão" para exprimir pontos de vista centrais para a sua percepção de como as coisas se conectam entre si provavelmente se deixará persuadir que seus conceitos relevantes são incoerentes. Tampouco algum pragmatista se deixará convencer de que a noção de algo real, mas indescritível em linguagem humana ou desconhecido por mentes humanas, possa ser tornado coerente. Um conceito, no final das contas, é apenas a utilização de uma palavra. Palavras e frases muito utilizadas e benquistas não são abandonadas simplesmente porque seus usuários foram encurralados em estreitas vielas dialéticas.

Na verdade, palavras e usos das palavras são de fato postos de lado. Mas isso ocorre porque palavras ou usos mais atrativos se tornaram disponíveis. O fato de que a religião tem desaparecido entre os intelectuais nos séculos recentes se deve aos atrativos de uma cultura humanista, não a deficiências internas do discurso dos teístas. E se Fine está certo quando diz que o realismo está desaparecendo entre os filósofos, isso se deve aos atrativos de uma cultura que é mais profunda e incondicionalmente humanista do que a oferecida pelo cientificismo arrogante que foi o legado mais infeliz do Iluminismo.

Por todas essas razões, não quero fazer eco aos ataques de Fine quando diz que o realista, assim como o teísta, carece de *sustentação racional* para suas crenças. A noção de "sustentação racional" não é oportuna quando se trata de propostas para se manter, ou abandonar, intuições ou esperanças tão profundamente arraigadas quanto aquelas às quais os teístas, os realistas e os antirrepresentacionistas recorrem. Como diz James acertadamente em "The will to believe" [A vontade de crer]: onde a argumentação parece sempre fracassar, as razões do coração conseguem e deveriam conseguir o que querem. Mas isso não significa que o coração humano sempre tem as mesmas razões, faz as mesmas perguntas e espera pelas mesmas respostas. O crescimento gradual do secularismo – o gradual aumento no número de pessoas que consideram o teísmo o que James chamou de "uma opção viva, monumental e forçada"– é testemunho da maleabilidade do coração.

Apenas quando o tipo de mudança cultural que eu otimisticamente tenho em vista estiver completa estaremos capacitados a começar a fazer o que Fine sugere – apreciar exposições tão intrincadas como a *Summa contra gentiles* e *Naming and necessity* como espetáculos estéticos. Algum dia o realismo poderá não ser mais "uma opção viva, monumental e forçada" para nós. Se esse dia vier, pensaremos que questões sobre a independência do real em relação à mente tem mesmo o estranho charme das questões sobre a consubstancialidade das Pessoas da Trindade. No tipo de cultura que espero que nossos remotos descendentes possam habitar, a literatura filosófica sobre o realismo e o antirrealismo terá sido esteticizada da mesma maneira que os modernos esteticizaram as disputas medievais sobre o *status* ontológico dos universais.

Michael Dummert sugeriu que muitos problemas filosóficos tradicionais se reduzem a questões sobre quais sentenças verdadeiras são tornadas verdadeiras pelos *fatos* e quais não são. Essa sugestão aproveita uma das piores ideias de Platão: a ideia de que podemos dividir a cultura entre as áreas duradouras, em que o não humano é encontrado e reconhecido, e as áreas efêmeras, em que estamos por conta própria. Tentar dividir a cultura em áreas mais duradouras e mais efêmeras é a expressão contemporânea mais familiar da esperança de que possa haver algo para com o qual os seres humanos tenham alguma responsabilidade além dos outros seres humanos. A ideia de uma área duradoura da cultura é a ideia de uma área na qual essa responsabilidade seja evidente. A sugestão de Dummett de que muitos debates filosóficos tem sido, e deveriam continuar a ser, sobre quais sentenças são bivalentes, equivale à afirmação de que os filósofos têm uma responsabilidade especial de descobrir onde o duradouro termina e o efêmero começa.

Uma boa parte da obra de Fine é dedicada a lançar dúvidas sobre a necessidade de traçar uma tal linha. Entre os filósofos da ciência, ele fez o possível para desinflar o sarcasmo arrogante de Quine de que a filosofia da ciência é filosofia suficiente. Seu ponto de vista de que a ciência não é especial nem diferente do resto da cultura sob qualquer aspecto filosoficamente interessante se coaduna com a tentativa de Davidson e Brandom de colocar todas as sentenças verdadeiras em um mesmo nível e, com isso, apagar ainda mais a linha entre o duradouro e o efêmero. Fine, Davidson e Brandom nos ajudaram a compreender como parar de pensar o progresso intelectual como uma questão de se aumentar a firmeza do ajuste ao mundo não humano. Eles nos ajudam a representá-lo, pelo contrário, como o nosso ser sendo forçado pelo mundo não humano a tecer novamente suas redes de crença e desejo de maneiras que nos tornam mais capazes de conseguir o que queremos. Uma cultura plenamente humanista, do tipo que tenho em vista, emergirá apenas quando abandonarmos a pergunta "Conheço o objeto real, ou apenas uma de suas aparências?" e substituí-la pela pergunta "Estou utilizando a melhor descrição possível da situação na qual me encontro, ou posso improvisar uma ainda melhor?".

Os "NOA papers"[4] [Os estudos de NOA] se encaixam bem com a afirmação de Davidson de que não podemos fazer bom uso da noção de "realidade independente da mente" e com a tentativa sellarsiana de Brandom de interpretar tanto o significado quanto a referência como funções dos direitos e das responsabilidades dos participantes em uma prática social. Os escritos desses três filósofos se fundem, em minha imaginação, para formar uma espécie de manifesto para o tipo de movimento antirrepresentacionista na filosofia cujas aspirações humanistas delineei.

Ocasionalmente, contudo, encontro passagens ou linhas de pensamento na obra de Fine que constituem obstáculos aos meus

---

[4] Entre esses trabalhos estão incluídos, além de "The natural ontological attitude" e "And not anti-realism either" [E tampouco o antirrealismo] (ambos em *The shaky game*, de Fine), o Posfácio a de *The shaky game* e "Unnatural attitudes: realist and instrumentalist attachments to science" [Atitudes não naturais: anexos realistas e instrumentalistas à ciência], revista *Mind* n. 95, abril de 1986, p. 149-79.

esforços sincréticos. A seguinte passagem em "The natural ontological attitude" [A atitude ontológica natural] de Fine me faz pausar:

> Quando a NOA nos aconselha a aceitar como verdadeiros os resultados da ciência, entendo que devemos tratar a verdade da maneira referencial usual, de modo que uma sentença (ou enunciado) seja verdadeira apenas caso as entidades referidas se encontrem nas referidas relações. Dessa forma, a NOA sanciona a semântica referencial ordinária e nos compromete, através da verdade, com a existência dos indivíduos, das propriedades, das relações, dos processos etc. referidos pelos enunciados científicos que aceitamos como verdadeiros[5].

Ler essa passagem me deixa incerto quanto a se Fine pretende ler todas as sentenças que aceitamos como verdadeiras – as sentenças aceitas após a leitura de obras de crítica literária tanto quanto as aceitas após a leitura de livros científicos acadêmicos – "apenas caso as entidades referidas se encontrem nas referidas relações". Davidson é mais claro a esse respeito. Ele pensa que a sentença "A perseverança mantém a honra radiante" é verdadeira nesse sentido, da mesma maneira que "O gato está sobre o capacho", "F = MA" e qualquer outra sentença é verdadeira. Mas Davidson pensa que isso ocorre em parte porque ele não pensa que a referência tenha algo a ver com um compromisso ontológico. Tal compromisso é uma noção para a qual ele não vê utilidade, assim como não vê utilidade na distinção entre sentenças tornadas verdadeiras pelo mundo e aquelas tornadas verdadeiras por nós.

Fine, infelizmente, parece ver utilidade no compromisso ontológico. De fato, suspeito que ele insiste na "semântica referencial

---

[5] Fine, "NOA", p. 130.

ordinária" porque pensa que o posicionamento de uma tal semântica possa ajudar-nos a decidir quais compromissos ontológicos queremos ter. Mas estaria mais de acordo com a tendência global do pensamento de Fine se ele descartasse essa lamentável ideia quineana ao invés de tentar reabilitá-la. A NOA, diz Fine, "procura deixar a ciência falar por si própria e confia em nossa capacidade natural de captar a mensagem sem precisar depender de aparelhos de surdez metafísicos ou epistemológicos"[6]. Por que, então, sou tentado a perguntar a Fine, você insistiria em um aparelho de surdez semiótico como "semântica referencial ordinária"? Fine recomenda que paremos de tentar "conceber a verdade como algo substancial", algo que pode "atuar como um limite para as aspirações humanas legítimas"[7]. Mas se aceitarmos essa recomendação, ainda iremos querer dizer, como Fine faz, que estamos "comprometidos, através da verdade, à existência" disso ou daquilo?

Para sustentar minha sugestão de que a noção de compromisso ontológico é uma noção da qual Fine poderia perfeitamente prescindir, citarei outra de suas instrutivas observações sobre a analogia entre a religião e o realismo. A resposta de Fine para a pergunta "Você acredita em X?", para os X, tais como elétrons, dinossauros e DNA, é: "Considero a questão da crença como sendo a questão de saber se se deve aceitar as entidades ou questionar a ciência que as respalda"[8]. Então, em resposta à objeção "Mas 'acreditar em' não significa que eles existem real e verdadeiramente lá fora no mundo?", Fine diz que ele não está certo de que seja esse o caso. Ele frisa que "aqueles que acreditam na existência de Deus não pensam que esse é o significado [que eles anexam à afirmação], pelo menos

---

[6] Fine, "And not anti-realism either", p. 63.
[7] Idem, ibidem.
[8] Fine, Posfácio a *The shaky game*, p. 184.

não em qualquer sentido ordinário de "real e verdadeiramente lá fora no mundo".

Considero que esse ponto da analogia é que pessoas inquestionável e infilosoficamente religiosas não necessitam distinguir entre falar sobre Deus como elas falam e acreditar em Deus. Dizer que elas acreditam em Deus e que elas habitual e seriamente falam sobre Deus são duas maneiras de se dizer a mesma coisa. Similarmente, um físico asseverar que acredita em elétrons e dizer que não questiona a ciência que fundamenta o que se diz sobre elétrons são duas maneiras de se asseverar a mesma coisa. A crença não pode contar como uma razão para uma atitude de não questionamento, e vice-versa.

Quando Kant e Tillich perguntam aos devotos se talvez eles não estejam realmente falando sobre um ideal regulador ou sobre um símbolo de preocupação derradeira e não sobre a existência de um ser, os devotos estão bastante certos em ficar irritados e não dar resposta. Os físicos ficariam igualmente irritados se perguntados se pensam que os enunciados sobre elétrons são verdadeiros ou apenas empiricamente adequados. O teísta não vê razão para que ele devesse recorrer à teologia natural, ou analisar o significado de "é", ou distinções entre o simbólico e o existencial e o fatual e o empírico, pois ele incorpora a conversa sobre Deus em sua vida – exatamente da mesma maneira que um físico incorpora a conversa sobre elétrons na sua vida e que todos nós incorporamos a conversa sobre dólares e centavos na nossa.

Estaria de acordo com a posição humanista global que delineei anteriormente dizer que não há ações chamadas "assentimento" ou "compromisso" que possamos realizar que nos colocarão em uma relação com um objeto diferente daquela de simplesmente falar sobre esse objeto em sentenças cuja verdade nós incorporamos em nossas vidas.

A ideia de um compromisso ontológico condensa uma confusão entre o compromisso existencial por um lado e uma declaração de satisfação com uma maneira de falar ou com uma prática social de outro. Um compromisso existencial, como bem disse Brandom em *Making it explicit*, é uma afirmação de ser capaz de fornecer um endereço para um certo termo singular dentro de "um espaço estruturado desde que mapeado por certos designantes canônicos"[9]. Negar a existência de Pégaso, por exemplo, é negar que "uma trajetória espaciotemporal contínua possa ser traçada conectando a região do espaço-tempo ocupada pelo orador àquela ocupada por Pégaso". Negar que a tia Fanny de Sherlock Holmes existe é negar que ela pode ser relacionada aos designantes canônicos no texto de Conan Doyle da maneira em que Moriarty e Mycroft podem. E assim por diante para outros endereços de termos singulares, tais como os fornecidos para os números complexos pelo espaço estruturado dos inteiros.

Colocar a questão da maneira de Brandom enfatiza o fato de que o discurso metafísico, o discurso do compromisso ontológico, não nos fornece um tal espaço estruturado, pois não há acordo sobre designantes relevantes que possam ser considerados canônicos. Esse discurso é, em vez disso, um discurso em que expressamos nossa preferência ou aversão, nossa paciência ou impaciência com várias práticas linguísticas.

Como salvaguarda contra uma vinculação entre a semântica referencial e o compromisso ontológico, é útil ter em mente a insistência de Davidson de que não deveríamos tratar a referência como "um conceito a ser analisado ou interpretado independentemente em termos de conceitos não linguísticos"[10]. A referência é antes,

---

[9] Robert Brandom, *Making it explicit*, Cambridge, Harvard University Press, 1994, p. 444.
[10] Donald Davidson, *Inquiries into meaning and truth* [Investigações sobre significado e verdade], Oxford, Oxford University Press, 1984, p. 219.

diz ele, "uma postulação de que necessitamos para implementar a teoria da verdade"[11]. Para Davidson, uma teoria da verdade para a linguagem natural "não explica a referência, pelo menos neste sentido: ela não atribui nenhum conteúdo empírico diretamente às relações entre nomes ou predicados e objetos. Essas relações recebem um conteúdo indiretamente quando isso ocorre com as sentenças T"[12]. Se pressupomos que uma teoria que permite a dedução de todas as sentenças T é tudo de que precisamos no sentido do que Fine chama de "semântica referencial ordinária", então a referência já não diz respeito a um compromisso ontológico. Tal compromisso ontológico parecerá supérfluo para qualquer pessoa que aceite os resultados tanto da física quanto da crítica literária (como Fine coloca) "da mesma maneira em que aceitamos a evidência de nossos sentidos".

Talvez, contudo, Fine concordasse tanto com Davidson sobre a natureza da noção de referência quanto comigo sobre a necessidade de considerar que a crítica literária e a física produzem verdade – e referência – exatamente do mesmo tipo. Que ele talvez o fizesse é o que sugere o fato de ele ter dito que aqueles que aceitam a NOA estão "sendo solicitados não a distinguir entre tipos de verdade ou modos de existência ou coisas semelhantes, mas apenas entre as próprias verdades em termos de centralidade, graus de crença e coisas semelhantes"[13].

Essa última citação se coaduna com a observação de Fine de que "a NOA se encontra basicamente em conflito com o temperamento que procura limites definidos separando a ciência da pseudociência, ou que está inclinado a conceder o título de 'científico' como uma

---
[11] Idem, p. 222.
[12] Idem, ibidem.
[13] Fine, "NOA", p. 127.

fita azul em um bode premiado"[14]. Ela se coaduna também com o último parágrafo de seu recente discurso presidencial na APA (Associação Filosófica Americana), no qual ele diz que "o primeiro passo em falso em toda essa área é a noção de que a ciência é especial e que o pensamento científico é diferente de qualquer outro"[15]. Se prosseguirmos na direção dessas observações acrescentando que não há mais propósito em se utilizar noções tais como "referência" e "atitude ontológica" em relação à física do que em relação à crítica literária, então pensaremos que ninguém deveria se preocupar em ter mais coisas em sua ontologia do que as que existem no céu e na terra. Parar de dividir a cultura entre áreas duradouras e efêmeras equivaleria a cessar de compor duas listas: a maior contendo nominalizações de cada termo utilizado como sujeito de uma sentença e a menor contendo todas as coisas que se encontram no céu e na terra.

Antes de deixar o assunto da referência e do compromisso ontológico, gostaria de observar que a passagem que citei sobre a "semântica referencial ordinária" foi utilizada por Alan Musgrave para ridicularizar a afirmação de Fine de que tinha uma posição distinta da dos realistas[16]. Musgrave teria tido menos munição, acredito eu, se Fine não apenas tivesse omitido essa passagem, mas também sido mais explícito ao admitir que a NOA, como disse ultimamente Jarrett Leplin, "não é uma alternativa para o realismo e o antirrealismo, mas uma apropriação da filosofia

---

[14] Fine, "And not anti-realism either", p. 62.

[15] Arthur Fine, "The viewpoint of no one in particular" [O ponto de vista de ninguém em particular], *Proceedings and Addresses of the American Philosophical Association* [Procedimentos e Discursos da Associação Americana de Filosofia] n. 72, novembro de 1998, p. 19.

[16] Cf. "NOA's ark – Fine for realism" [A arca de NOA – Fine pelo realismo], de Alan Musgrave, em *The philosophy of science* [A filosofia da ciência], Oxford: Oxford University Press, 1996, p. 45-60.

como um todo, pelo menos no metanível"[17]. Leplin está certo ao dizer que a

> ideia de Fine de que "as ideias científicas falam por si próprias", de que é possível "tirar" delas as respostas para todas as questões filosóficas legítimas sobre a ciência, não pode ser harmonizada com a rica tradição de debate filosófico entre cientistas sobre a interpretação adequada das teorias.

Penso, portanto, que Fine não deveria ter tomado ao pé da letra o debate entre Einstein e Bohr nem tentado reabilitar noções como "compromisso ontológico". Ele deveria concordar com Leplin que "a filosofia da ciência, no papel de intérprete e avaliadora do empreendimento científico, e o realismo em particular, como tal uma filosofia da ciência, são supérfluos"[18]. Sentimos a necessidade de um intérprete, de um avaliador e de um homem de relações públicas apenas enquanto pensávamos que a ciência era privilegiada por uma relação especial com a realidade não humana, e que os cientistas naturais calçavam as sandálias dos sacerdotes.

II

Com isso encerro minha abordagem em termos gerais das novas e maravilhosas perspectivas filosóficas que vejo Fine, Davidson e Brandom nos abrirem. Agora gostaria de explicar por que todos que apreciam essas perspectivas deveriam olhar com suspeita a noção de "método filosófico" e a ideia de que a filosofia sempre lidou, e sempre lidará, com os mesmos problemas recalcitrantes. Apresentarei a seguir dezesseis teses metafilosóficas que resumem minhas próprias suspeitas.

---
[17] Jarrett Leplin, *A novel defense of scientific realism* [Uma defesa inédita do realismo científico], Nova York/Oxford, Oxford University Press, 1997, p. 174.
[18] Idem, p. 139.

Tese um: Uma recente *chamada de trabalhos* para uma grande conferência filosófica se refere à "metodologia analítica que tem sido tão amplamente adotada na filosofia do século XX [e que] tentou resolver os problemas filosóficos extraindo o significado de nossos enunciados". Tais descrições da filosofia do século XX são ubíquas, mas me parecem seriamente enganosas. "Extrair o significado de nossos enunciados" é uma maneira pré-quineana de descrever a prática dos filósofos de parafrasear enunciados de maneiras que promovam seus muito diversos propósitos. Seria despropositado pensar que as discordâncias entre Carnap e Austin, Davidson e Lewis, Kripke e Brandom, Fine e Leplin ou Nagel e Dennett surgiram de significados divergentes que eles próprios acreditam ter encontrado em certos enunciados. Esses clássicos impasses filosóficos não são suscetíveis de serem resolvidos por meio de maneira mais cuidadosas e precisas de se extrair significados.

Tese dois: Os filósofos que acabo de mencionar pertencem a uma matriz disciplinar comum, ou pelo menos foram educados nela – uma matriz disciplinar em que a maioria dos membros dos departamentos de filosofia anglófonos também foram educados. Filósofos educados dessa maneira não praticam um método comum. O que os une é antes um interesse compartilhado na questão "O que aconteceria se transformássemos velhas questões filosóficas sobre a relação do pensamento com a realidade em questões sobre a relação da linguagem com a realidade?".

Tese três: Dummett está errado em pensar que tais transformações sugerem que a filosofia da linguagem é a primeira filosofia. Sua imagem do resto da filosofia estando ocupado pela análise de "típicos específicos de sentença ou formas especiais de expressão"[19],

---

[19] Michael Dummett, "Can analytical philosophy be systematic, and ought it to be?" [Pode a filosofia analítica ser sistemática, e deve sê-lo?], em sua obra *Truth and other enigmas* [A verdade e outros enigmas], Cambridge: MA, Harvard University Press, 1978, p. 442.

análises que podem ser orientadas ou corrigidas por descobertas sobre a natureza do significado feitas por filósofos da linguagem, não tem relevância para os argumentos efetivamente invocados pelos filósofos analíticos.

Tese quatro: As diversas respostas à questão da relação entre a linguagem e a realidade dadas pelos filósofos analíticos de fato se dividem ao longo das mesmas linhas que já dividiram os realistas dos idealistas. Mas Dummett está errado em pensar que esta divisão anterior foi marcada pelo desacordo entre quais sentenças foram tornadas verdadeiras pelo mundo e quais por nós. Em vez disso, a divisão entre Bain e Bradley, ou entre Moore e Royce, era entre os atomistas representacionistas e os holistas não representacionistas. Esses últimos são as pessoas a quem Brandom se refere como seus companheiros inferencialistas. Eles incluem todas as pessoas tradicionalmente identificadas como *idealistas*, assim como os representacionistas incluem todos os tradicionalmente identificados como *empiricistas*.

Tese cinco: Os antirrepresentacionistas não utilizam um método diferente do dos representacionistas, a menos que usemos o termo "método" como sinônimo de "programa de pesquisa", "ideia principal", "abordagem básica" ou "motivação fundamental". Tais usos são enganosos. O termo "método" deveria se restringir a procedimentos consensuais para a resolução de disputas entre afirmações concorrentes. Um procedimento assim foi o que Ayer e Carnap, por um lado, e Husserl, por outro, pensaram haver sido recentemente descoberto. Eles estavam errados. Nagel e Dennett não apelam mais para tais procedimentos do que Cassirer e Heidegger o fizeram. Nem a análise lógica nem a fenomenologia produziram nada parecido com o procedimento para se resolver disputas filosóficas que os fundadores tinham em vista.

Tese seis: Quando "método" é utilizado nesse sentido restrito, significando "procedimento de decisão neutro", não existe algo como um método filosófico ou científico. Existem apenas acordos locais e específicos sobre procedimentos no interior de culturas especializadas específicas como a espectroscopia estelar, a lógica modal, a lei do almirantado, a semântica de mundos possíveis ou a filologia sânscrita. Não há um método compartilhado pelos geólogos e físicos de partículas, mas não empregado pelos advogados e críticos literários. Tampouco há um método compartilhado por Kripke e Davidson, ou por Nagel e Dennett, que seja mais peculiarmente filosófico do que um toma lá dá cá argumentativo ordinário – o tipo de intercâmbio conversacional que é tão frequente fora das matrizes disciplinares quanto dentro delas.

Tese sete: A ideia de que a filosofia deveria ser colocada no caminho seguro da ciência é tão ruim quanto a ideia, ridicularizada por Fine, de conceder prêmios para a cientificidade como se concede fitas azuis a bodes premiados. Uma coisa é dizer que os filósofos deveriam constituir uma cultura especializada distinta, mas outra muito diferente é sugerir que eles deveriam ser mais como matemáticos do que como advogados, ou mais como microbiólogos do que como historiadores. Podemos ter uma cultura especializada sem ter um procedimento consensual para se resolver disputas. A *expertise* é uma questão de familiaridade com o curso de uma conversação anterior, não uma questão de capacidade para conduzir essa conversação a uma conclusão por se obter um acordo geral.

Tese oito: se a filosofia analítica do século XXI obtiver análises críticas favoráveis nos trabalhos dos historiadores intelectuais do século XXI, isso não será porque esses historiadores ficaram impressionados pela sua clareza e vigor excepcionais. Será porque viram que, ao seguirmos a sugestão de Frege de que falássemos sobre os enunciados em vez de sobre pensamentos, se tornou possível abordar o antigo tema de discussão entre os atomistas representacionistas e os holistas não representacionistas de uma maneira totalmente diferente. A representação no sentido relevante é uma questão de correspondência de parte a parte entre complexos mentais ou linguísticos e complexos não mentais ou não linguísticos. É por isso que foi necessário o que Bergmann chamou de "a virada linguística" para se dar o foco adequado a esse tema. É que os pensamentos não têm partes distintas da maneira certa, mas os enunciados têm. A máxima de Frege de que as palavras apenas têm significados nos contextos das sentenças será vista pelos futuros historiadores intelectuais como o início do fim da filosofia representacionista.

Tese nove: O tema de discussão entre os representacionistas e os não representacionistas não é uma questão de métodos antagônicos. Tampouco o é a discussão de se um curso de graduação em filosofia adequado deveria incluir a leitura de Hegel e Heidegger ou o domínio da lógica simbólica. Ambas são questões sobre o que pensamos ser importante e interessante de se falar a respeito. Não há agora, e não haverá nunca, um método para resolver disputas sobre o que é interessante e importante. Se nosso coração nos conduz para o realismo, então levaremos a sério o representacionismo e os programas de pesquisa para se analisar complexos em simples. Se nos conduz para outro lugar, então provavelmente não o faremos.

Tese dez: A ideia de método, como sugere a etimologia, é a ideia de uma estrada que nos conduz do ponto de partida do questionamento até o seu objetivo. A melhor tradução do grego *méthodos* é "encaminhado". Os representacionistas, porque acreditam que há objetos que são o que são independentemente da maneira como são descritos, podem levar a sério a imagem de um caminho que leva do sujeito ao objeto. Os antirrepresentacionistas não podem. Eles veem o questionamento não como o cruzamento de uma distância, mas como a retecelagem gradual de crenças e desejos individuais ou coletivos sob a pressão de impactos causais consequentes do comportamento das pessoas e das coisas. Uma tal retecelagem dissolve os problemas tão frequentemente quanto os soluciona. A ideia de que os problemas de filosofia permanecem os mesmos mas o método de lidar com eles muda foge da questão metafilosófica em pauta entre os representacionistas e os não representacionistas. É muito mais fácil formular *problemas filosóficos* específicos se, como Kant, pensarmos que existem conceitos que permanecem fixos independentemente de mudanças históricas e não, como Hegel, que os conceitos mudam à medida que a história avança. O historicismo hegeliano e a ideia de que o trabalho do filósofo é extrair os significados de nossos enunciados não podem ser reconciliados.

Tese onze: Os antirrepresentacionistas são às vezes acusados, como Fine o foi por Leplin e eu tenho sido por Nagel, de querer afastar-se da filosofia. Mas essa acusação confunde afastar-se de uma certa matriz disciplinar historicamente determinada com afastar-se da própria filosofia. A filosofia não é algo de que alguém jamais possa se afastar: ela é uma bolha amorfa que englobará qualquer um que tente uma tal excursão. Mas, a menos que ocasionalmente nos afastemos de velhas matrizes disciplinares tão rapidamente como Descartes e Hobbes se afastaram do aristotelismo ou Carnap e Heidegger do neo-kantismo, o escolasticismo decadente é quase inevitável.

Tese doze: Aqueles que se afastam de matrizes disciplinares desgastadas às vezes apresentam novos programas de pesquisa, como Descartes e Carnap o fizeram. Às vezes não o fazem, como no caso de Montaigne e Heidegger. Mas os programas de pesquisa não são essenciais para a filosofia. Eles são, obviamente, uma grande dádiva para a profissionalização da filosofia como uma especialidade acadêmica, mas maior profissionalização não deveria ser confundida com progresso intelectual, assim como o poder econômico ou militar de uma nação não deveria ser confundido com a sua contribuição à civilização.

Tese treze: A profissionalização dá uma vantagem aos atomistas sobre os holistas e, portanto, aos representacionistas sobre os não representacionistas, pois os filósofos que têm teorias sobre os componentes elementares da linguagem ou do pensamento e sobre como esses elementos se compõem parecem mais sistemáticos e, portanto, mais profissionais do que os filósofos que dizem que tudo é relativo ao contexto. Esses últimos consideram os assim chamados componentes elementares de seus oponentes simplesmente como nós em uma rede de relacionamentos cambiantes.

Tese quatorze: A grande cisão entre filosofia *continental* e *analítica* se deve em grande parte ao fato de que o historicismo e o antirrepresentacionismo são muito mais comuns entre os filósofos não anglófonos do que entre os seus colegas anglófonos. É fácil reunir Derrida e Gadamer, ou aproximar Brandom de Hegel e Heidegger, mas é menos fácil encontrar um meio termo entre alguém distintamente *continental* e Searle, Kripke, Lewis ou Nagel. É a diferença em doutrina filosófica substantiva e não quaisquer diferenças entre *métodos* que tornam improvável que a cisão seja remediada.

Tese quinze: O progresso filosófico não é feito ao se levar programas de pesquisa pacientemente até o fim. Tais programas eventualmente se esvanecem no ar. O progresso é feito por grandes feitos imaginativos, que são realizados por pessoas como Hegel ou Wittgenstein, que nos dizem que uma imagem tem nos mantido prisioneiros. Muitas pessoas de ambos os lados da cisão analítico-continental estão perdendo muito de seu tempo esperando por Godot. Eles esperam que alguém faça por nós o que as *Investigações filosóficas* ou *Ser e tempo* fizeram por nossos predecessores – despertar-nos do que tardiamente percebemos ser uma letargia dogmática.

Tese dezesseis: Esperar por um guru é uma coisa perfeitamente respeitável de ser feita por nós, filósofos. É esperar que a imaginação humana se incendeie mais uma vez, esperar que ela sugira uma maneira de falar que ainda não havíamos pensado antes. Assim como os intelectuais não podem viver sem *pathos*, eles não podem viver sem gurus. Mas podem viver sem sacerdotes. Não necessitam do tipo de guru que explica que sua autoridade vem de uma relação especial com algo não humano, uma relação obtida por se haver encontrado a trilha correta para se cruzar um abismo.

10
Naturalismo e quietismo

A filosofia é uma parte quase invisível da vida intelectual contemporânea. A maioria das pessoas fora dos departamentos de filosofia não tem uma ideia clara de qual seria a contribuição dos professores de filosofia para a cultura. Poucos acham que valha a pena perguntar qual seja.

A falta de atenção que nossa disciplina recebe é às vezes atribuída à tecnicidade com que os assuntos atualmente são discutidos. Mas essa não é uma boa explicação. Os debates entre os filósofos da linguagem e os filósofos da mente da atualidade não são mais tecnicamente cansativos do que os debates entre os interpretadores e os críticos de Kant na década de 1790.

O problema não é o estilo em que a filosofia correntemente está sendo feita no mundo anglófono. É antes o fato de que muitas das questões discutidas por Descartes, Hume e Kant tiveram ressonância cultural apenas enquanto uma porção significativa das classes educadas ainda resistia à secularização da vida moral e política[1].

---

[1] A mudança mais importante produzida pelo secularismo foi um deslocamento de se pensar a moralidade como uma questão de proibições incondicionais para se passar a vê-la como uma tentativa de se desenvolver compromissos entre necessidades humanas concorrentes entre si. Essa mudança é bem descrita em um famoso artigo de Elizabeth Anscombe chamado "Modern moral philosophy" [Moderna filosofia moral]. Ela contrasta as proibições duras e incondicionais a coisas como o

A afirmação de que os seres humanos estão sozinhos no universo e que eles não deveriam buscar a ajuda de agentes sobrenaturais veio de mãos dadas com a admissão de que Demócrito e Epicuro haviam em grande parte estado certos sobre a maneira como o universo funciona. Os grandes filósofos canônicos modernos realizaram um serviço útil ao sugerir maneiras de lidar com o triunfo do materialismo mecanicista.

Mas, à medida que a assim chamada "guerra entre a ciência e a teologia" gradualmente arrefeceu, havia cada vez menos trabalho útil a ser feito por filósofos. Assim como o escolasticismo medieval se tornou tedioso após a doutrina cristã ter sido sintetizada com a filosofia grega, da mesma forma uma grande parte da filosofia moderna começou a parecer desproporsitada após muitos intelectuais terem abandonado sua fé religiosa ou encontrado maneiras de a tornar incompatível com a ciência natural moderna. Apesar de os agitadores ainda levantarem dúvidas sobre Darwin entre as massas, os intelectuais – as únicas pessoas sobre as quais os livros de filosofia exercem qualquer impacto – não têm esse tipo de dúvidas. Não é necessária nem uma metafísica sofisticada nem uma teoria da referência extravagante para convencê-los de que não existem assombrações.

Após os intelectuais terem se convencido de que a ciência empírica, e não a metafísica, é que nos contava como as coisas

adultério, a sodomia e o suicídio com o consequencialismo suave e sentimental defendido por, como diz ela, "todos os filósofos morais acadêmicos depois de [Sidgwick]". Esse consequencialismo é, diz Anscombe, "bastante incompatível com a ética hebraico-cristã". Elizabeth Anscombe, *Ethics, religion and politics* [Ética, religião e política], Minneapolis, University of Minnesota Press, 1981, p. 34. Nos Estados Unidos vivenciamos atualmente um retorno a essa última ética – uma revolta das massas contra o consequencialismo dos intelectuais. O atual confronto entre os estados vermelhos [republicanos] contra os estados azuis [democratas] é uma erupção da velha luta sobre a secularização da cultura. Mas atualmente quase ninguém nessa luta busca ajuda na filosofia. Nos séculos XVII e XVIII, fazia-se isso. Autores como Espinosa e Hume contribuíram em muito para o avanço da causa secularista. No decorrer dos séculos XIX e XX, contudo, o bastão foi passado para a arte e a literatura. Romances cujos personagens discutiam dilemas morais sem referência a Deus ou às Escrituras ocuparam o lugar da filosofia moral.

funcionam, a filosofia ficou com uma escolha entre duas alternativas. Uma era seguir a orientação de Hegel e tornar-se uma combinação de história intelectual e crítica cultural – o tipo de coisa oferecida por Heidegger e Dewey, assim como por pessoas como Adorno, Strauss, Arendt, Berlin, Blumenberg e Habermas. Essa maneira de se fazer filosofia floresce principalmente no mundo filosófico não anglófono, mas também é encontrada em livros de filósofos norte-americanos como Robert Pippin.

A outra alternativa era imitar Kant e desenvolver um programa de pesquisa *de gabinete*, ajudando com isso a filosofia a ganhar um lugar nas universidades como uma disciplina acadêmica autônoma. O que era necessário era um programa que se assemelhasse ao de Kant, não deixando lugar para a observação, o experimento ou o conhecimento histórico. Neo-kantianos alemães e empiricistas ingleses concordaram que o núcleo da filosofia era o questionamento de algo chamado "Experiência" ou "Consciência". Um programa alternativo foi iniciado por Frege e Peirce, esse último se propondo a investigar algo chamado de "Linguagem" ou "o Signo".

Ambos os programas partiram do princípio de que, assim como a matéria pode ser decomposta em átomos, o mesmo ocorre com a experiência e a linguagem. A primeira categoria de átomos inclui as ideias simples de Locke, as intuições não sintetizadas de Kant, os dados dos sentidos e os objetos do *Wesenschau* husserliano. A segunda inclui os sentidos de Frege, os signos de Peirce e as imagens linguísticas tractarianas. Ao insistir que as questões concernentes à relação desses átomos imateriais às partículas físicas se encontravam no centro de sua disciplina, os filósofos dos países anglófonos empurraram a filosofia social, a história intelectual, a crítica cultural e Hegel para a periferia.

Contudo, sempre existiram holistas – filósofos que tinham dúvidas tanto sobre a existência dos átomos da consciência como sobre a dos átomos da significação. Os holistas frequentemente se tornam céticos sobre a existência de vagos substitutos para a Realidade, tais como a "Experiência", a "Consciência" e a "Linguagem". Wittgenstein, o mais célebre desses céticos, chegou perto de sugerir que as assim chamadas áreas "centrais" da filosofia não tinham nenhuma utilidade a não ser manter a disciplina acadêmica em atividade.

Esse tipo de ceticismo veio a ser rotulado de "quietismo". Brian Leiter, em sua introdução a uma coleção recentemente publicada chamada *The future for philosophy*, divide o mundo filosófico anglófono em "naturalistas" e "quietistas wittgenstenianos". Esses últimos, diz ele, consideram a filosofia "um tipo de *terapia*, que dissolve os problemas filosóficos em vez de solvê-los"[2]. "Diferentemente dos wittgensteinianos", continua Leiter, "os naturalistas acreditam que os problemas que preocuparam os filósofos (sobre a natureza da mente, o conhecimento, a ação, a realidade, a moralidade etc.) são de fato reais"[3].

Penso que a descrição feita por Leiter do impasse entre essas duas facções é bastante precisa. Ele identificou a mais profunda e intratável diferença de opinião dentro da filosofia anglófona contemporânea. Mas sua descrição é enganosa sob um aspecto. A maioria das pessoas que acredita pertencer à facção quietista, como eu, hesitaria em dizer que os problemas estudados por nossos colegas ativistas são *irreais*. Elas não dividem os problemas filosóficos em reais e ilusórios, mas em aqueles que mantêm alguma relevância para a política cultural e os que não o fazem. Os quietistas, pelo menos os de minha seita, pensam que essa relevância necessita ser demonstrada antes que um problema possa ser levado a sério. Tal perspectiva é um corolário da máxima que diz que o que não faz diferença para a prática não deveria fazer diferença para os filósofos.

---

[2] Brian Leiter (org.), *The future for philosophy* [O futuro para a filosofia], Oxford, Oxford University Press, 2004, p. 2.

[3] Idem, p. 2-3.

A partir desse ponto de vista, as questões sobre o lugar dos valores em um mundo de fatos não é mais irreal do que as questões sobre como o sangue da Eucaristia e o vinho podem incorporar a substância divina, ou sobre quantos foram os sacramentos instituídos por Cristo. Nenhum desses últimos problemas constitui um problema para *todo mundo*, mas seu caráter paroquial não os torna ilusórios – pois o que achamos problemático é uma função do que pensamos ser importante. Nosso sentido da importância é em grande parte dependente do vocabulário que empregamos. Assim, a política cultural é frequentemente uma luta entre os que insistem em que um vocabulário familiar seja evitado e os que defendem as antigas maneiras de falar.

Consideremos a asserção de Leiter de que "os neurocientistas nos informam sobre o cérebro, e os filósofos tentam descobrir como conciliar a nossa melhor neurociência com a capacidade de nossas mentes de representar o mundo como ele é"[4]. A resposta dos quietistas é perguntar se realmente desejamos nos ater à noção de "representar o mundo como ele é". Talvez, sugerem eles, já seja tempo de abandonar a noção de "o mundo" e das entidades vagas chamadas de "a mente" ou "a linguagem" que contém representações do mundo. O estudo da história da cultura nos ajuda a compreender por que essas noções se tornaram correntes, assim como mostra por que certas noções teológicas se tornaram tão importantes como se tornaram. Mas esse estudo também sugere que muitas das ideias centrais da filosofia moderna, assim como muitos tópicos da teologia cristã, tornaram-se mais problemáticas do que o necessário.

Philip Pettit, em sua contribuição em *The future for philosophy*, faz uma descrição da perspectiva metafilosófica dos naturalistas

---

[4] Idem, p. 3.

que é de certa forma mais completa do que a de Leiter. A filosofia, diz ele, é uma tentativa de reconciliar "a ideia manifesta de como as coisas são" e "as ideias que nos vêm em nossas práticas diárias espontâneas" com a "fidelidade à imagem intelectual de como as coisas são"[5]. Em nossa cultura, diz Pettit, a imagem intelectual é a provida pela ciência física. Ele termina dizendo que "uma imagem naturalista, mais ou menos mecânica do universo, é-nos imposta pelos desenvolvimentos acumulados na física, na biologia e na neurociência, e isso nos desafia a buscar onde neste mundo poderia haver lugar para fenômenos que permanecem tão vívidos como nunca na imagem manifesta: a consciência, a liberdade, a responsabilidade, o bem, a virtude e coisas semelhantes"[6].

Apesar de minha veneração por Wilfrid Sellars, que iniciou essa conversa sobre imagens manifestas e científicas, gostaria de me livrar dessas metáforas visuais. Nós não deveríamos permanecer cativos da imagem do mundo-imagem. Não necessitamos de uma perspectiva sinóptica de algo chamado "o mundo". No máximo, necessitamos de uma narrativa sinóptica de como chegamos a falar como o fazemos. Deveríamos parar de tentar obter uma imagem unificada e um vocabulário principal. Deveríamos restringir-nos a garantir que não seremos sobrecarregados com maneiras obsoletas de falar e assegurarmo-nos então de que aqueles vocabulários que ainda são úteis não obstruam o caminho uns dos outros.

Narrativas que relatam como esses vários vocabulários passaram a existir nos ajudam a ver que as terminologias que empregamos para alguns propósitos não precisam se conectar de alguma maneira clara com as que empregamos para outros propósitos – que

---

[5] Philip Pettit, "Existencialism, quietism and the role of philosophy" [Existencialismo, quietismo e o papel da filosofia], em Leiter, *The future for philosophy*, p. 306.

[6] Idem, p. 306. Pettit acrescenta que "a filosofia de hoje em dia é provavelmente mais desafiadora e mais difícil do que jamais foi". Isso é provavelmente verdade, mas o mesmo pode ser dito da teologia cristã.

podemos simplesmente deixar que duas práticas linguísticas coexistam pacificamente, lado a lado. É isso o que Hume sugeriu que fizéssemos com o vocabulário da predição e com o da atribuição de responsabilidade. A lição que os pragmatistas extraíram de Hume foi a de que os filósofos não deveriam coçar onde não há comichão. Quando já não há uma audiência fora da disciplina que demonstra interesse por um problema filosófico, esse problema deveria ser olhado com suspeita.

Naturalistas como Pettit e Leiter poderiam responder que estão interessados na verdade filosófica e não em satisfazer o gosto da época. Essa é a mesma estratégia retórica que foi utilizada pelos aristotélicos do século XVII para defender-se de Hobbes e Descartes. Hobbes respondeu que aqueles que ainda transpiram no que ele chamou de "as estufas da vã filosofia" estavam sob o domínio de uma terminologia obsoleta que faziam os problemas que eles discutiam parecer urgentes. Os quietistas contemporâneos pensam o mesmo sobre seus adversários ativistas. Eles acreditam que o vocabulário do representacionismo é tão desgastado e dúbio quanto o do hilemorfismo.

Essa perspectiva antirrepresentacionista pode ser encontrada em diversas das contribuições para uma recente coleção de ensaios intitulada *Naturalism in question*, editada por Mario de Caro e David Macarthur, mas é mais explícita na obra *Naturalism without representationalism* [O naturalismo sem representacionismo]. Price faz uma distinção muito útil entre naturalismo de objeto e naturalismo de sujeito. Naturalismo de objeto é "a perspectiva de que, em algum sentido importante, tudo o que existe é o mundo estudado pela ciência"[7]. O naturalismo de sujeito, por outro lado, simplesmente diz que "nós humanos somos criaturas naturais, e, se

---

[7] *Naturalism in question* [Naturalismo em questão], Cambridge: MA, Harvard University Press 2004, p. 73.

as afirmações e ambições da filosofia entram em conflito com essa perspectiva, então a filosofia deve sair do caminho".

Ao passo que os naturalistas de objeto se preocupam com o lugar das não partículas em um mundo de partículas, diz Price, os naturalistas de sujeito consideram esses "problemas de localização" como "problemas sobre o comportamento linguístico humano"[8]. Os naturalistas de objeto perguntam como as não partículas se relacionam com as partículas porque, nas palavras de Price, eles partem do pressuposto de que "as relações semânticas substanciais 'palavra-mundo' fazem parte da melhor descrição científica da nossa utilização dos termos relevantes"[9]. Os naturalistas de sujeito, por outro lado, são deflacionistas semânticos: eles não veem utilidade para essas relações – e, em particular, para a de "ser tornado verdadeiro por". Eles pensam que, uma vez que tenhamos explicado as utilizações dos termos relevantes, não haverá mais problemas sobre a relação desses usos com o mundo.

Bjorn Ramberg, em um artigo chamado "Naturalizing idealizations" [Naturalizando idealizações], utiliza "naturalismo pragmatista" para designar a mesma abordagem a problemas filosóficos rotulada por Pierce como "naturalismo de objeto". Ramberg escreve o que segue:

> Redução, diz o pragmatista, é uma metaferramenta da ciência; uma maneira de estender sistematicamente o domínio de algum conjunto de ferramentas para dar conta das tarefas explanatórias com que os cientistas se confrontam. A naturalização, em contraste, é um objetivo da filosofia: é a eliminação dos hiatos metafísicos entre os aspectos característicos com os quais lidamos com agentes e pensadores, por um lado, e os aspectos característicos

---

[8] Idem, p. 76.
[9] Idem, p. 78.

em referência aos quais generalizamos empiricamente as relações causais entre objetos e eventos, por outro. É apenas no contexto de uma certa metafísica que a ferramenta científica se torna uma ferramenta filosófica, um instrumento de ontologia legislativa[10].

O naturalismo pragmático, conclui Ramberg, "considera o próprio hiato, que transforma a redução em um projeto filosófico, como um sintoma de disfunção em nosso vocabulário filosófico". A cura para essa disfunção, nas palavras de Ramberg, é fornecer "alternativas para o que começa a se parecer com obstáculos conceituais e ideias fixas [...] [e explicar] como nossa prática poderia mudar se tivéssemos de descrever as coisas [...] em vocabulários alterados"[11].

O livro de Frank Jackson *From metaphysics to ethics* [Da metafísica à ética] é um paradigma de naturalismo de objeto. Jackson diz que "a metafísica séria [...] enfrenta continuamente o problema da localização". A natureza desse problema é explicada na seguinte passagem:

> Como os ingredientes são limitados, alguns aspectos putativos do mundo não aparecerão *explicitamente* em algumas das descrições mais básicas [...] Há inevitavelmente uma multidão de aspectos putativos do mundo que devemos ou eliminar ou localizar[12].

Os naturalistas de sujeito, em contraste, não veem utilidade para a noção de "aspecto meramente putativo do mundo", a menos que ela seja utilizada para significar algo como um "assunto sobre o

---

[10] Bjorn Ramberg, "Naturalizing idealizations: pragmatism and the interpretive strategy" [Naturalizando idealizações: pragmatismo e a estratégia interpretativa], *Contemporary Pragmatism* I, n. 2, 2004, p. 43.
[11] Idem, p. 47
[12] Frank Jackson, *From metaphysics to ethics: a defence of conceptual analysis* [Da metafísica à ética: uma defesa da análise conceitual], Oxford: Oxford University Press, 1998, p. 5.

qual não vale a pena falar". Sua questão não é "Quais são os aspectos que o mundo *realmente* possui?", mas "Quais são os assuntos que valem a pena ser discutidos?". Os naturalistas de sujeito podem pensar que a cultura como um todo estaria melhor se um certo jogo de linguagem não fosse mais jogado, mas eles não argumentam que algumas das palavras posicionadas nessa prática significam entidades irreais. Nem insistem em que algumas sentenças sejam entendidas como se referindo a algo bastante diferente do que elas supostamente se referem.

Para Jackson, o método do que ele chama de "metafísica séria" é uma análise conceitual, pela seguinte razão:

> A metafísica séria exige que lidemos com a questão quando os assuntos descritos em um vocabulário *são tornados verdadeiros* pelos assuntos descritos em outro vocabulário. Mas como poderíamos lidar com a questão na ausência de uma consideração sobre quando é certo descrever assuntos em termos de vários vocabulários? [...] E fazer isso [...] é fazer análise conceitual[13].

Mas a análise conceitual não diz ao metafísico sério quais assuntos tornam verdadeiros os enunciados sobre outros assuntos. Ele já sabe disso. Como Jackson diz em seguida,

> não estamos atribuindo à análise conceitual o papel de determinar a natureza fundamental do mundo; em vez disso, estamos lhe atribuindo um papel central na determinação do que dizer em termos menos fundamentais em face de uma descrição do mundo enunciada em termos mais fundamentais[14].

---

[13] Idem, p. 41-2; o destaque é nosso.
[14] Idem, p. 42-3.

Como já enfatizei, os naturalistas de sujeito não veem utilidade para a noção-chave de Jackson – a de "tornado verdadeiro por". Eles se contentam, diz Price, com "uma descrição explanatória de uso dos termos semânticos, embora não digam nada de peso teórico sobre esses termos *terem* condições de verdade ou *se referirem* a elas"[15]. A tarefa básica do naturalista de sujeito, continua ele, é "explicar as utilizações de vários termos – entre eles, os próprios termos semânticos – nas vidas das criaturas naturais em um meio ambiente natural".

Se pensamos que existe uma relação como "tornado verdadeiro por", então ainda podemos esperar, como Jackson, corrigir as práticas linguísticas de nossa época com base em fundamentos teóricos, e não com base em fundamentos meramente político-culturais. Pois nosso conhecimento *a priori* daquilo que torna as sentenças verdadeiras nos permite avaliar a relação entre a cultura de nossa época e a natureza intrínseca da própria realidade. Mas naturalistas de objeto como Price podem criticar a cultura apenas ao argumentar que uma cultura alternativa proposta poderia servir melhor aos nossos propósitos mais amplos.

Price confronta Jackson com a seguinte questão: "[se podemos explicar] por que as criaturas naturais em um meio ambiente natural chegam a *falar* nessas várias maneiras – a da *verdade*, a do *valor*, a da *causa* e todas as restantes – qual enigma permanece? Qual é o débito que a filosofia tem agora para com a ciência?"[16]. Essa questão pode ser expandida da seguinte forma: se sabemos não apenas como as palavras são usadas, mas quais propósitos são e não são atendidos ao utilizá-las, o que mais a filosofia poderia esperar nos dizer?

---

[15] Price, "Naturalism without representationalism" [Naturalismo sem representacionismo], em *Naturalism in question*, p. 79.

[16] Idem, p. 87.

Se queremos saber mais sobre a relação entre a linguagem e a realidade, continuam os quietistas, consideremos então como os primeiros hominídeos começaram a usar sinais e ruídos para coordenar suas ações. Consultemos então os antropólogos e historiadores intelectuais. São essas as pessoas que podem nos contar como a nossa espécie progrediu desde a organização de buscas por comida até a construção de cidades e a escritura de livros. Considerando-se narrativas como essas, qual propósito seria atendido ao se anexar uma descrição da relação dessas realizações ao comportamento das partículas físicas?

Tanto Jackson como Price se orgulham de ser naturalistas, mas coisas diferentes lhes vêm à mente quando falam de "natureza". Quando Jackson usa essa palavra, ele pensa em partículas. Por sua vez, um naturalista de sujeito como Price pensa em organismos lidando com seu meio ambiente e o aperfeiçoando. O naturalista de objeto expressa seu medo de assombrações ao insistir que tudo deve estar de alguma forma conectado com os movimentos dos átomos através do vazio. O naturalista de sujeito expressa seu medo de assombrações ao insistir que as histórias que contamos sobre como a evolução nos levou dos protozoários até a Renascença não deve conter súbitas descontinuidades – que ela deve ser uma história da complexidade gradualmente crescente da estrutura fisiológica, facilitando um comportamento cada vez mais complexo.

Para o naturalista de sujeito, a implicação da máxima de Price de que "somos criaturas naturais em um meio ambiente natural" é que deveríamos ser cautelosos ao traçar linhas entre tipos de organismos em termos não comportamentais e não fisiológicos. Isso significa que não deveríamos empregar termos como "intencionalidade", "consciência" ou "representação" a menos que possamos especificar, pelo menos grosseiramente, qual categoria de comportamento é suficiente para demonstrar a presença dos referentes desses termos.

Por exemplo, se queremos dizer que as lulas têm intencionalidade, mas os paramécios não; ou que há algo parecido com ser um morcego, mas nada parecido com ser uma minhoca; ou que os insetos representam seu meio ambiente, ao passo que as plantas meramente reagem a ele; deveríamos estar preparados para explicar como podemos dizer isso – para especificar quais fatos comportamentais ou fisiológicos são relevantes para essa afirmação. Se não podemos fazer isso, estamos simplesmente inventando assombrações para dar trabalho aos caça-fantasmas.

Essa ênfase nos critérios comportamentais é reminiscente do verificacionismo dos positivistas. Mas ela difere por não ser o produto de uma teoria geral sobre a natureza do significado que nos permita distinguir o sentido do *nonsense*. O naturalista de sujeito pode admitir alegremente que qualquer expressão terá um sentido se lhe dermos um. O que ocorre é que as distinções filosóficas tradicionais complicam as narrativas de evolução biológica sem nenhum propósito razoável. No mesmo espírito, os teólogos liberais sustentam que as questões sobre o número dos sacramentos, apesar de perfeitamente inteligíveis, são distrações da mensagem de Cristo.

Os católicos fundamentalistas, obviamente, insistem em que tais questões ainda assim são muito importantes. Os naturalistas de objeto igualmente insistem em que é importante perguntar, por exemplo, como os posicionamentos das partículas físicas chegam a exibir virtude moral. Os cristãos quietistas pensam que as questões nas quais esses católicos insistem são relíquias de um período relativamente primitivo da recepção da mensagem de Cristo. Os filósofos quietistas pensam que as questões que ainda são colocadas por seus colegas ativistas eram suficientemente razoáveis no século XVII. Elas eram um produto previsível do choque produzido pela Nova

Ciência. Agora, contudo, elas se tornaram irrelevantes para a vida intelectual. Tanto a fé cristã sem o sacramentalismo quanto o que Price chama de "naturalismo sem representacionismo" são iniciativas político-culturais.

Até aqui estive expondo a oposição entre os naturalistas de objeto e os naturalistas de sujeito de uma maneira bastante geral. Tentarei agora mostrar a relevância dessa oposição para duas controvérsias filosóficas atuais.

A primeira delas é um desacordo entre Timothy Williamson e John McDowell. A antologia editada por Brian Leiter à qual já me referi inclui um ensaio vivamente polêmico de Williamson intitulado "Past the linguistic turn?". Williamson começa por atacar uma perspectiva que John McDowell toma de Hegel, Wittgenstein e Sellars, a saber: "Uma vez que o mundo seja tudo o que é o caso [...] não haverá hiato entre o pensamento, como tal, e o mundo". Williamson parafraseia isso como sendo a afirmação de que "o conceitual não tem um limite exterior além do qual resida a realidade inconceitualizada", e também como a tese de que "qualquer objeto pode ser pensado"[17].

Williamson diz que

> apesar de tudo o que McDowell nos mostrou, podem haver limitações necessárias em todos os possíveis pensadores. Não sabemos se existem objetos evasivos. Não está claro o que poderia motivar a afirmação de que não existe nenhum idealismo, nem mesmo uma forma de idealismo. Não deveríamos adotar uma concepção da filosofia que exclui objetos evasivos com base em fundamentos metodológicos[18].

---

[17] Timothy Williamson, "Past the linguistic turn?" [Além da virada linguística?], em *The future of philosophy*, p. 109.
[18] Idem, p. 110.

Penso que McDowell, que professa ser ele próprio um quietista, deveria responder dizendo que nós deveríamos de fato adotar uma concepção da filosofia que exclua os objetos evasivos. E deveríamos fazer isso por algumas poucas razões de política cultural. Deveríamos dizer que as culturas que se preocupam com questões irrespondíveis como "Existem limitações necessárias em todos os possíveis pensadores?", "Poderia Deus alterar as verdades da aritmética?", "Estou sonhando agora?" e "Será o meu espectro de cores o inverso do seu?" são menos avançadas do que as que respeitam a máxima pragmática de Peirce. As culturas superiores não veem utilidade para o que Peirce chamou de "dúvida simulada".

Williamson está errado em sugerir que apenas o idealismo poderia motivar a tese de McDowell. A diferença entre o idealismo e o pragmatismo é a existente entre argumentos metafísicos ou epistemológicos para a afirmação de que qualquer objeto pode ser pensado e os argumentos político-culturais para isso. Os pragmatistas pensam que a ideia de limitações necessárias em todos os pensadores possíveis é tão estranha quanto a tese de Agostinho sobre a inevitabilidade do pecado – *non posse non peccare*. Nenhuma delas pode ser refutada, mas a boa saúde mental exige que ambas sejam peremptoriamente rejeitadas[19].

O confronto de opiniões entre McDowell e Williamson sintetiza a oposição entre duas linhas recentes de pensamento dentro da filosofia analítica. Uma vai de Wittegenstein a McDowell e Brandom, passando por Sellars e Davidson. A outra está associada ao

---

[19] O pragmatismo defende sua posição contra todas as doutrinas que sustentam, nas palavras de Leo Strauss, que "mesmo que se prove que uma certa perspectiva é indispensável para se viver bem, prova-se com isso apenas que a perspectiva em questão é um mito salutar; não se prova que ela seja verdadeira". *Natural right and history* [Direito natural e história], Chicago, Chicago University Press, 1968, p. 6. Strauss prossegue dizendo que "utilidade e verdade são duas coisas diferentes". Os pragmatistas não acham que elas sejam a mesma coisa, mas acham que não se pode ter a última sem a primeira.

que Williamson chama de "uma retomada da teorização metafísica, realista em espírito [...] associada com Saul Kripke, David Lewis, Kit Fine, Peter van Inwagen, David Armstrong e muitos outros"[20]. O objetivo de tais tentativas de ultrapassar a virada linguística é, diz Williamson, "descobrir qual tipo fundamental de coisas existem e quais as propriedades e relações que elas têm, e não como representá-las"[21]. O contraste entre essas duas linhas de pensamento se tornará nítido para qualquer um que percorra em ambas as direções as duas coleções de artigos das quais estive retirando minhas citações: *The future for philosophy*, de Leiter, e *Naturalism in question*, de De Caro e Macarthur.

Os quietistas pensam que nenhum tipo de coisa é mais fundamental do que qualquer outro tipo de coisa. O fato de que, como Jackson coloca, não podemos alterar nada sem alterar as moções ou posições das partículas físicas elementares não mostra em nada que exista um problema sobre como essas partículas deixam lugar para não partículas. Esse fato não é filosoficamente mais significativo do que o fato de que não podemos bagunçar com as partículas sem simultaneamente bagunçar com um grande número de outras coisas. Expressões tais como "a natureza da realidade" ou "o mundo como ele realmente é" desempenharam um papel no passado na produção de mudanças culturais desejáveis, admitem os quietistas. Mas assim também o fizeram muitas outras hierarquias que fomos convenientemente aconselhados a abandonar.

Os quietistas que não veem utilidade para a noção de "o mundo como ele é separado das nossas maneiras de representá-lo" hesitarão diante da tese de Williamson de que "o que existe determina o que há para ser significado por nós". Mas eles também hesitarão diante da afirmação dos idealistas de que o que nós significamos

---

[20] Williamson, "Past the linguistic turn?", p. III.
[21] Idem, p. 110-1.

determina o que existe. Eles querem chegar além do realismo e do idealismo ao parar de contrapor um mundo representado às nossas maneiras de representá-lo. Isso significa abandonar a noção de representações linguísticas do mundo exceto na medida em que ela possa ser reconstruída dentro de uma semântica inferencialista. Uma tal semântica renega o que Price chama de "relações substanciais palavra-mundo" em favor de descrições da interação de organismos usuários da linguagem com outros organismos similares e com o seu meio ambiente.

A controvérsia sobre a semântica inferencialista é a segunda das duas que eu gostaria de examinar brevemente. A objeção mais bem conhecida ao inferencialismo de Brandom é a de Fodor. O confronto entre Fodor e Brandom sintetiza não apenas a diferença entre a semântica representacionista e a semântica inferencialista, como também o conflito mais amplo entre atomismo e holismo sobre o qual me referi anteriormente. Fodor pensa que a filosofia pode se associar à ciência cognitiva para descobrir como funcionam os mecanismos da mente e da linguagem. Brandom é cético quanto à ideia de que existam tais mecanismos.

Brandom leva o holismo davidsoniano ao limite. Como Davidson em "A nice derangement of epitaphs" [Uma bela confusão de epitáfios], ele repudia a ideia de que exista algo chamado de "uma linguagem" – algo que se divide em fragmentos chamados "significados" ou "representações linguísticas" que podem então ser correlacionados com fragmentos do mundo físico. Ele tenta prosseguir até o fim com a esperança de Quine-Davidson por uma "teoria do significado na qual os significados não desempenhem nenhum papel"[22], como Kenneth Taylor colocou. Assim, ele abandona a noção

---

[22] Kenneth Taylor, *Truth and meaning: an introduction to the philosophy of language* [Verdade e significado: uma introdução à filosofia da linguagem], Oxford, Blackwell, 1998, p. 147. Taylor acha que a aversão de Davidson por significados é

de que uma sentença tem um *conteúdo cognitivo* que permanece constante em todas as asserções que costumam ser feitas. Brandom alegremente desliza em ponto morto pelo que Fodor derrisoriamente descreve como "uma ladeira escorregadia bem lubrificada e muito recorrida", no final da qual reside a perspectiva de que "jamais duas pessoas significaram a mesma coisa com o que disseram"[23].

Brandom faz isso porque deseja rejeitar a ideia de que conseguimos colocar o que está em nossas cabeças – um conteúdo cognitivo, um candidato para uma representação precisa da realidade – na cabeça dos outros fazendo ruídos que efetuam essa transmissão. Ele espera substituí-la por uma descrição do que ele chama de "registro doxástico do placar" – acompanhar de perto os compromissos de nossos interlocutores para realizar certas ações sob certas condições (inclusive assentir ou dissentir de certas asserções).

Esses compromissos são atribuídos com referência a normas sociais. Essas normas nos autorizam a nos unir contra pessoas que, depois de dizer "Prometo que lhe pagarei de volta" ou "Vou me juntar à busca", não fazem menção de fazê-lo. O mesmo vale para as pessoas que, tendo expressado "p" e "se p então q", obstinadamente se recusam a assentir com "q". Nós, diferentemente dos animais, podemos jogar o que Brandom chama de "o jogo de dar e pedir razões". Nossa capacidade de jogar esse jogo é que tornou possível para nós assumir autoridade sobre os outros animais. Dizer que nós, diferentemente dos animais, temos mentes é uma outra maneira de dizer que nós jogamos esse jogo, mas eles não.

---

resultado de sua preferência por linguagens extensionais. Essa preferência desempenhou um papel no pensamento (inicial) de Davidson, mas nenhum no de Brandom. Uma vez que nos livremos da relação do *tornar verdadeiro*, não há razão para se suspeitar das linguagens não extensionais.

[23] Jerry Fodor, "Why meaning (probably) isn't conceptual role" [Por que o significado (provavelmente) não é um papel conceitual], in *Mental representations* [Representações mentais], Oxford: Oxford University Press, 1994, p. 143.

Com a devida vênia a Fodor, descobrir como o cérebro funciona não nos ajudará a descobrir como a mente funciona[24]. Pois a mente não é um dispositivo representativo, mas um conjunto de práticas sociais governadas por normas.

Brandom não se intitula um *naturalista*, talvez porque pense que o termo pode igualmente ser utilizado pelos fãs das partículas elementares. Mas o propósito último de sua tentativa de substituir a semântica representacionista pela semântica inferencialista é contar uma história sobre a evolução cultural – a evolução de práticas sociais (e, em particular, práticas linguísticas) – que se concentra em como essas práticas deram aos nossos ancestrais uma vantagem evolutiva. A menos que estejamos convencidos de que as partículas de alguma forma gozem de um *status* ontológico superior ao dos organismos, essa história parecerá tão naturalista quanto pode ser.

Nós tendemos a procurar por relações palavra-mundo substantivas na medida em que fazemos perguntas fregianas sobre pequenos átomos de significação linguística como "A asserção de que a estrela da manhã é a estrela da noite tem o mesmo conteúdo cognitivo que a asserção de que a coisa que chamamos a estrela da manhã é a mesma coisa que a coisa que chamamos de estrela da noite?". Se "mesmo conteúdo cognitivo" significa apenas "servirá também para a maioria dos propósitos", então a resposta é sim. Mas os fregianos, invocando o Teste de Tradução de Church, põem de lado o fato de que qualquer das duas sentenças pode ser utilizada para dar conta do serviço. A questão real, dizem eles, não é sobre usos, mas sobre sentidos, significados, intenções. O sentido, dizem esses filósofos, determina a referência da mesma maneira que os sinais no mapa determinam qual fatia da realidade é ma-

---

[24] Apresentei argumentos para isso com mais detalhes em "The brain as hardware, culture as software" [O cérebro como *hardware*, a cultura como *software*], *Inquiry* 47, n. 3, 2004, p. 219-35.

peada pelo mapa. Os significados não podem ser a mesma coisa que os usos, pois há uma diferença entre a semântica e a pragmática. É a semântica que determina a identidade e a diferença do conteúdo cognitivo.

Mas só teremos uma utilidade para a noção de *mesmo conteúdo cognitivo* se tentarmos manter a crença e o significado separados, como Frege pensou que deveríamos fazer e Quine nos disse que não deveríamos. Se continuarmos a prosseguir pelo caminho aberto por Quine e Davidson, chegaremos a concordar com Brandom que "os fenômenos linguísticos particulares já não podem ser distinguidos como *pragmáticos* ou *semânticos*"[25]. Brandom não tem maior utilidade para a distinção entre essas duas disciplinas do que Davidson tinha para uma distinção entre saber uma linguagem e saber encontrar seu caminho no mundo de maneira geral.

Espero que minha discussão das divergências entre McDowell e Williamson e entre Brandom e Fodor mostre por que eu acho que a distinção de Price entre duas formas de naturalismo é útil. Pessoas como Price, Ramberg e eu gostaríamos que nossos colegas ativistas parassem de falar sobre grandes coisas como a Experiência ou a Linguagem, as vagas entidades que Locke, Kant e Frege inventaram para substituir a Realidade como tema da filosofia. Esperamos que fazer isso resultará eventualmente na remoção das assim chamadas "áreas centrais" da filosofia. Naturalistas de objeto como Jackson, Leiter, Petit e Fodor temem que a filosofia possa não sobreviver se purgou a si própria dessa maneira. Mas os naturalistas de sujeito suspeitam que a única coisa que nossa disciplina poderia perder seria a sua insularidade.

---

[25] Robert Brandom, *Making it explicit*, Cambridge, Harvard University Press, 1994, p. 592.

11
Wittgenstein e a virada linguística

Há profundas diferenças de opinião entre filósofos contemporâneos tanto sobre se Wittgenstein vale a pena ser lido quanto se podemos aprender alguma coisa com ele. Elas são análogas às divergências sobre se, e em que sentido, os problemas filosóficos são problemas da linguagem. Neste capítulo, descreverei três pontos de vista de Wittgenstein, correspondendo a três maneiras de pensar sobre a assim chamada "virada linguística na filosofia". Fazer isso me ajudará a defender duas afirmações que sustentei no passado. A primeira é que não há nenhum sentido interessante em que os problemas filosóficos sejam problemas da linguagem. A segunda é que a virada linguística foi útil apesar de tudo, pois ela desviou a atenção dos filósofos do tópico da experiência para a questão do comportamento linguístico. Esse deslocamento ajudou a romper o domínio do empiricismo – e, mais amplamente, do representacionismo.

Os filósofos contemporâneos que se intitulam "naturalistas" geralmente veem pouco valor na obra de Wittgenstein. Para eles, o assunto principal da filosofia é o que Philip Pettit chama de, em linguagem sellarsiana, o confronto entre *a imagem manifesta* e a *imagem científica*. A imagem manifesta incorpora o que Pettit chama de "as ideias que nos vêm com nossas práticas cotidianas espontâneas, assim como as ideias que temos naturalmente sobre liberdade e consciência, causalidade e lei, valor e dever". A imagem científica, diz ele, "nos desafia a procurar onde no mundo pode haver espaço para fenômenos que permanecem tão nítidos como sempre estiveram na imagem manifesta: consciência, liberdade, responsabilidade, bondade, virtude e similares"[1].

Nada nos escritos de Wittgenstein é de alguma ajuda para o que Pettit chama de problemas sobre o *lugar* desses fenômenos em um mundo de partículas físicas. É que esses assim chamados "problemas de localização" são os bons e velhos problemas metafísicos – problemas sobre como o verdadeiramente real se relaciona ao real meramente aparente. Aqueles que, como eu próprio, foram convencidos por Wittgenstein de que a filosofia deveria dissolver tais problemas, em vez de solvê-los, consideram os naturalistas como reacionários. Eles estão voltando as costas para os avanços que Wittgenstein nos ajudou a fazer.

Os naturalistas, tipicamente, duvidam que o que Gustav Bergmann apelidou de "a virada linguística" tenha sido uma boa ideia. Bergmann disse que dar essa virada foi resultado da descoberta de que "a relação entre a linguagem e a filosofia é mais próxima do que a existente entre a linguagem e qualquer outra disciplina, assim como essencialmente diferente"[2]. Apesar de muitos admiradores de Wittgenstein ainda acreditarem em algo assim, muitos naturalistas não o fazem. Como escreveu Timothy Williamson, "há uma impressão cada vez mais difundida de que a virada linguística foi ultrapassada"[3].

---

[1] Philip Pettit, "Existentialism, quietism, and the role of philosophy", in *The future of philosophy*, Oxford, Oxford University Press, 2004, p. 308.

[2] Gustav Bergmann, "Logical positivism, language, and the reconstruction of metaphysics", reimpresso em *The linguistic turn: essays in philosophical method* [A virada linguística: ensaios sobre um método filosófico], Chicago, University of Chicago Press, 1967; 2. ed. 1992, p. 64-5.

[3] Timothy Williamson, "Past the linguistic turn", in *The future of philosophy*, p. 106.

Williamson observa que, do ponto de vista dos admiradores de Wittgenstein, "a retomada da teorização metafísica, realista em espírito", se parece com "um regresso à metafísica pré-kantiana"[4]. De fato, é isso mesmo. Williamson quer se libertar tanto da maneira de pensar de Kant como da de Wittgenstein. Ao passo que Kant queria que os filósofos estudassem o pensamento em vez da realidade, Wittgenstein queria que eles estudassem a linguagem. Mas, diz Williamson, "talvez não possamos refletir sobre o pensamento ou falar sobre a realidade sem refletir sobre a própria realidade [...] O que existe determina o que existe para nós significarmos"[5].

A discussão das questões que dividem os naturalistas como Pettit e Williamson e os admiradores de Wittgenstein é complicada por divergências sobre a importância da obra de Wittgenstein. Alguns wittgensteinianos levam a sério sua sugestão de que o que os filósofos fazem "é recuperar as palavras do seu uso metafísico para o uso cotidiano"[6] e sua afirmação de que "a filosofia simplesmente coloca tudo na nossa frente e não explica nem deduz nada"[7]. Eles citam as passagens finais do *Tractatus* e as seções 89 a 133 das *Investigações filosóficas* como prova de que não se deve pensar que Wittgenstein apresentou quaisquer teses ou teorias sobre a linguagem, ou sobre qualquer outra coisa. Ele era, do ponto de vista deles, *exclusivamente* um terapeuta.

Chamemos de agora em diante as pessoas que acabo de descrever como "terapeutas wittgensteinianos". Sua compreensão da importância de Wittgenstein difere da dos filósofos que, como eu, encontram sustentação em seus escritos para perspectivas pragmatistas sobre a verdade e o conhecimento. Chamemos essas pessoas de "pragmatistas wittgensteinianos". Eles tendem a deixar de

---
[4] Idem, p. 111.
[5] Idem, ibidem.
[6] Ludwig Wittgenstein, *Investigações filosóficas*, seção 116.
[7] Idem, seção 126.

lado apenas as passagens que os terapeutas julgam ser as mais importantes – seus pronunciamentos sobre a origem dos problemas filosóficos e a necessidade de renunciar à teorização filosófica. Os pragmatistas wittgensteinianos pensam que a importância de seu herói consiste em ter substituído uma má teoria sobre a relação entre a linguagem e a não linguagem, como a apresentada no *Tractatus*, por uma teoria melhor, como a apresentada nas *Investigações filosóficas*.

Nem os problemas de localização dos naturalistas nem a *metafísica analítica*, dizem os pragmatistas wittgensteinianos, nos interessarão a menos que mantenhamos duas crenças falsas. Primeiro: que a linguagem é um meio de conhecimento apenas porque está amarrada à não linguagem em certos pontos específicos. Segundo: que a imagem científica, ao nos dizer o que é verdadeiramente real, nos diz quais são os pontos de amarração não linguísticos disponíveis. Mas as *Investigações filosóficas* nos ajudaram a ver que essa ideia de *pontos de amarração* pode simplesmente ser abandonada. Do ponto de vista de uma leitura pragmática deste livro, Wittgenstein está insistindo em que paremos de tentar obter o que John McDowell chama de uma perspectiva *externa* da linguagem – uma perspectiva que nos permite ver a linguagem *lateralmente*[8]. Se a pudéssemos ver desse ângulo, poderíamos distinguir os lugares em que ela se prende ao mundo.

Os terapeutas wittgensteinianos concordam com McDowell que não deveríamos tentar obter uma perspectiva lateral, mas não pretendem substituí-la por uma perspectiva alternativa. Eles afirmam que Wittgenstein deseja que os filósofos se envolvam em uma atividade chamada *elucidação*, que é bastante diferente de

---

[8] John McDowell, *Mind and world* [*Mente e mundo*, ed. Ideias e Letras, 2005], Cambridge, Harvard University Press, 1994, p. 34-6, 152-3, e em diversos trechos.

propor teses e sustentá-las com teorias. Elucidar não é substituir uma perspectiva da linguagem por outra, mas perceber que qualquer perspectiva sobre a relação entre a linguagem e a não linguagem está destinada a não fazer sentido, e que os filósofos que apresentam essas perspectivas não conseguiram anexar um significado às palavras que utilizam. Do ponto de vista da leitura dos terapeutas, Wittgenstein não estava nos dizendo nada de substantivo, mas nos conduzindo ao que ele chamava de "uma batalha contra o enfeitiçamento de nossa inteligência por meio da linguagem"[9]. Os terapeutas aceitam sua afirmação de que "os problemas surgidos através de uma interpretação errônea de nossas formas de linguagem têm um caráter de profundidade [...] suas raízes são tão profundas em nós quanto as formas de nossa linguagem e sua significação é tão grande quanto a importância de nossa linguagem"[10].

As pessoas que escolhem essa linha de ação às vezes se referem a si próprias como *leitores resolutos* da obra de Wittgenstein. Thomas Ricketts aplicou esse termo a si próprio e a Warren Goldfarb, Cora Diamond, James Conant e vários outros. Leitores desse tipo aceitam a crença que Bergmann identificou como o fundamento lógico para a virada linguística na filosofia. Eles pensam que abandonar essa crença equivale a repudiar a mais importante contribuição de Wittgenstein à filosofia. Os wittgensteinianos pragmáticos, em contraste, são descritos com precisão por Edward Minar como os que tratam "as observações de Wittgenstein sobre filosofia como expressões de uma perspectiva muito particular e idiossincrática de sua natureza, uma posição mais ou menos destacável de suas abordagens de problemas filosóficos específicos"[11].

---

[9] Wittgenstein, *Investigações filosóficas*, seção 109.
[10] Idem, seção 111.
[11] Edward H. Minar, "Feeling at home in language" [Sentindo-se em casa na linguagem], *Synthese* 102, 1995, p. 413.

Os wittgensteinianos pragmáticos tendem a ser historicistas em suas perspectivas metafilosóficas. Eles pensam que os problemas da metafísica pré-kantiana, os problemas retomados pelos naturalistas, são remanescentes de um momento particular na história intelectual do Ocidente. Esses problemas se originam não de um confronto entre o senso comum e a ciência, mas de um confronto entre as noções imaterialistas que a teologia cristã herdou de Platão e Aristóteles e a imagem do mundo mecanicista e materialista esboçada por Galileu e Newton. Esse confronto se deu entre perspectivas metafísicas e não entre a metafísica e uma compreensão pré-metafísica das coisas.

Esse confronto produziu a noção cartesiana de ideias como aparências no palco de um teatro interior, assim como a interpretação de Locke das palavras como signos de tais ideias. De uma maneira mais geral, ele produziu uma imagem do conhecimento como uma tentativa de se adquirir representações mentais precisas de uma realidade não mental. As interpretações representacionistas da relação entre a linguagem e a não linguagem surgiram da tentativa de dividir a linguagem em asserções que representam coisas reais das que não o fazem. Do ponto de vista dessa perspectiva historicista, a importância de Wittgenstein reside no fato de ele ter ajudado a nos arrancar de nossa mentalidade cartesiano-lockiana. Ele nos ajudou a superar a tentação de perguntar "Quais pedaços da nossa linguagem se prendem à realidade, e quais não o fazem?". Do ponto de vista dessa perspectiva pragmática de sua obra, ele não demonstrou que a metafísica não fazia sentido. Ele simplesmente mostrou que ela era uma perda de tempo.

Tenho descrito até agora um debate com três cantos. Em um dos cantos estão os naturalistas, que desejam ultrapassar a virada linguística. Em outro canto estão os pragmatistas wittgensteinianos, que pensam que substituir a conversa kantiana sobre a experiência, o pensamento e a consciência pela conversa wittgensteiniana sobre os usos das expressões linguísticas nos ajuda a substituir as piores teorias filosóficas por teorias melhores. No terceiro canto estão os terapeutas wittgensteinianos, para os quais a importância da virada linguística reside em nos ajudar a perceber que os filósofos falharam em dar sentido às palavras que expressam. As pessoas no primeiro canto não leram nada de Wittgenstein, e as nos outros dois cantos o leram de maneiras muito diferentes. Gostaria de descrever agora as diferenças entre essas duas leituras com mais detalhe.

Os dois lados discordam sobre a relação entre o primeiro e o último Wittgenstein. Os terapeutas levam as últimas páginas do *Tractatus* realmente muito a sério. Eles fazem o melhor que podem para conectá-las às partes metafilosóficas das *Investigações filosóficas*. Em acentuado contraste, os pragmatistas rejeitam tacitamente as passagens finais do *Tractatus* como sendo um resíduo mal digerido de Schopenhauer. Eles consideram as seções 89-133 das *Investigações* como uma sobra infeliz do período inicial, positivista de Wittgenstein – o período em que ele pensava que "a totalidade das proposições verdadeiras constitui o todo da ciência natural"[12]. Eles não veem mais utilidade para a afirmação de que "os resultados da filosofia são a recuperação de um ou outro pedaço de puro *nonsense*"[13] do que para a afirmação precoce de que "a maioria das proposições e questões a serem encontradas em obras filosóficas não são falsas, mas sem sentido"[14].

Os leitores pragmatistas de Wittgenstein não estão muito interessados em sua autoimagem – sua reivindicação de estar fazendo

---
[12] Wittgenstein, *Tractatus logico-philosophicus*, Londres, Routledge, 1922, seção 4.II.
[13] Wittgenstein, *Investigações filosóficas*, seção 129.
[14] Wittgenstein, *Tractatus*, seção 4.003.

algo radicalmente diferente do que os outros filósofos fazem. No que diz respeito a isso, eles se assemelham aos leitores pragmáticos de Heidegger, que põem de lado a distinção na qual Heidegger insistia – a entre o mero filosofar, que era o que seus rivais e críticos faziam, e uma atividade mais rara e importante chamada "Pensar", na qual ele próprio estava envolvido. Os wittgensteinianos pragmáticos não o veem como um modelo a seguir, seja moral ou metodologicamente. Mas acham que ele formulou uma grande quantidade de críticas poderosas e originais das perspectivas cartesiano-lockianas.

De sua perspectiva, a contribuição de Wittgenstein para a filosofia consiste principalmente na crítica da definição ostensiva, o argumento-da-linguagem-privada e o argumento-de-se-seguir-a--regra. Por isso, o *Tractatus* os surpreende por ser um falso começo. Praticamente tudo o que eles acham que se pode salvar desse livro é a sua interpretação dos objetos, como foi comentado por Ishiguro e McGuinness. O que Anscombe chamou de "idealismo linguístico" – a ideia de que a essência de um objeto é determinada pelos tipos de coisas que dizemos sobre ele – se coaduna bem com uma interpretação lockiana, não representacionista do conhecimento, pois se harmoniza com a tese de Davidson de que a maioria de nossas crenças sobre um objeto deve ser verdadeira, e com o argumento de McDowell de que "uma vez que o mundo seja tudo o que é o caso [...] não haverá hiato entre o pensamento, como tal, e o mundo"[15].

Os wittgensteinianos pragmáticos pensam que a sua contribuição realmente importante foi formular argumentos que antecipam, complementam e reforçam as críticas de Quine e Davidson sobre a distinção entre linguagem e fato e a crítica de Sellars e Brandom da ideia de conhecimento por familiaridade. Sob sua perspectiva,

---

[15] John McDowell, *Mind and world*, p. 27. Williamson cita essa passagem com desaprovação em suas considerações sobre McDowell em "Past the linguistic turn", p. 109-10.

comparar e contrastar os escritos desses filósofos com as *Investigações filosóficas* nos ajuda a filtrar o que é meramente idiossincrático nos escritos de Wittgenstein. Os wittgensteinianos pragmáticos não desejam recuperar o modo wittgensteiniano próprio de falar, mas sim reafirmar seus melhores argumentos de maneiras mais eficazes.

Os naturalistas às vezes se referem aos filósofos que têm dúvidas sobre sua retomada da metafísica como "quietistas wittgensteinianos"[16]. Mas esse rótulo é mais apropriado para terapeutas wittgensteinianos como Conant e Diamond do que para wittgensteinianos pragmatistas. Os terapeutas consideram *filosofia* o nome de uma doença que pode ser curada se reconhecermos que o que estivemos expressando é *nonsense*. Os pragmatistas, contudo, não estão interessados em se livrar dos problemas filosóficos como tais. Eles desconfiam da afirmação de que os problemas filosóficos constituem um tipo natural e concentram sua atenção em certos problemas particulares – os que se tornaram proeminentes no século XVII.

Esses problemas já não surgem quando uma interpretação racionalista de pensamento e linguagem é substituída pela interpretação de uma *prática social*. Para os pragmatistas, é indiferente se dizemos que com isso os antigos problemas foram dissolvidos ou se agora foram resolvidos, pois, de um ponto de vista pragmatista, as ideias cartesianas e lockianas não eram menos claras e coerentes do que as suas substituições, assim como os conceitos de lugar natural e de flogístico não eram menos coerentes com os de gravidade e de movimento molecular. Mas, assim como suas análogas na ciência natural, as ideias mais antigas não tiveram sucesso. Elas se tornaram mais problemáticas do que o necessário.

Do ponto de vista dos pragmatistas, os positivistas que iniciaram a virada linguística na filosofia estavam errados em pensar que

---

[16] Ver Introdução a Leiter, *The future for philosophy*, p. 2-3.

existe uma grande diferença entre progresso na ciência empírica e progresso em filosofia. Consideremos a transição do hilemorfismo aristotélico para o mecanicismo materialista. O hilemorfismo não era nem absurdo, nem incoerente, nem confuso. Tampouco eram pseudoproblemas os problemas discutidos pelos aristotélicos. Mas esses problemas foram esquecidos logo que as vantagens da interpretação oferecida por Galileu e Newton se tornaram evidentes. Assim como com a ciência, o mesmo ocorreu com a filosofia. O dualismo cartesiano, o fundamentalismo epistemológico e a distinção entre fato e valor não incorporam erros de categoria nem são os resultados de uma confusão conceitual. Eles incorporaram ideias que desempenharam um papel importante no progresso intelectual. Agora, contudo, é hora de substituí-los por melhores ideias.

Os wittgensteinianos pragmáticos acham que a virada linguística foi um desvio desnecessário. Atentos ao conselho de Davidson de que deveríamos cessar de distinguir entre conhecer uma linguagem e saber encontrar seu caminho no mundo de maneira geral, eles não veem propósito em escolher algo chamado "linguagem" como a fonte de seus problemas filosóficos. Do seu ponto de vista, tanto os cientistas como os filósofos nos ajudam a aprender a encontrar melhor nosso caminho no mundo. Eles não empregam métodos distintos. A única diferença entre eles é que chamamos uma nova teoria de *científica* se ela facilita a predição e *filosófica* se ela não o faz.

Mas os wittgensteinianos pragmáticos concordam com os terapeutas que existem algumas conexões importantes entre o primeiro e o último Wittgenstein. Como José Medina coloca: "Um ponto de continuidade crucial na filosofia de Wittgenstein é a tentativa de articular uma interpretação deflacionária da necessidade que acaba com a perspectiva metafísica da necessidade imaginada como um fato.¹⁷" Mas eles acham que sua posterior perspectiva da necessidade como *prática social* abandona a noção de "obter completa claridade" à sua própria sorte. Logo que ele começou a considerar a "dureza do 'deve' lógico" como uma pressão social internalizada – a pressão para se usar as palavras de determinada maneira em certas circunstâncias –, teria sido melhor para Wittgenstein ter criticado o tipo de filosofia de que ele não gostava com base em sua inutilidade e não no seu *nonsense*.

No Tractatus, a ideia de condições rígidas para a utilização significativa de uma expressão – condições das quais podemos ter uma visão clara – emprestava plausibilidade da identificação da totalidade de proposições verdadeiras com aquelas utilizadas para enunciar fatos, as que compõem a totalidade das ciências naturais[18]. Mas assim que a restrição sobre o tipo de expressões que podem ter um valor de verdade é eliminada – logo que seja permitido que os julgamentos morais possam ser verdadeiros exatamente da mesma maneira que as predições empíricas –, é difícil dizer como um contraste agudo entre a ciência e a filosofia, ou entre o discurso filosófico e outros tipos de discurso, poderia sobreviver.

No trabalho posterior de Wittgenstein, nenhuma tentativa é feita para confrontar o que Popper chamou de o "problema da demarcação" – traçar uma fronteira entre a boa ciência e a má metafísica. Tampouco ele tentou justificar a virada linguística. Ao invés disso, ele simplesmente contrapôs *o uso cotidiano* de expressões com a sua utilização *metafísica*[19]. O primeiro, ele nos diz, é um uso não confuso, e o segundo é um uso confuso. Wittgenstein escreve como se fosse óbvio para seus leitores que pensadores como Descartes, Locke, Hegel e Heidegger foram vítimas do

---

[17] José Medina, *The unity of Wittgenstein's philosophy* [A unidade da filosofia de Wittgenstein], Albany, Suny Press, 2002, p. 156.

[18] Cf. Wittgenstein, *Tractatus*, seção 4.II.

[19] Wittgenstein, *Investigações filosóficas*, seção 116.

"enfeitiçamento de nossa inteligência por meio da linguagem"[20], e não pensadores originais que, por utilizar as palavras de novas maneiras, abriram novas vias de questionamento. Ele não tem interesse em se colocar no lugar dos grandes filósofos mortos nem em tratá-los como tendo respondido às exigências intelectuais e sociopolíticas de épocas e lugares particulares.

No jogo de linguagem do *Tractatus*, o termo de contraste tanto para "metafísica" como para "*nonsense*" era "linguagem de estabelecimento de fato, de retrato da realidade". Posteriormente esse papel passou a ser desempenhado pelo "uso cotidiano das palavras". Mas nos é contado muito menos sobre a cotidianidade nos últimos livros do que nos foi contado sobre fatos no *Tractatus*. O cotidiano é descrito de forma puramente negativa. Ele é simplesmente aquilo que se encontra fora do alcance dos filósofos. "Filosofia", nas seções metafilosóficas das *Investigações*, significa algo como "discussão de problemas criados pelo uso impróprio da linguagem". Mas a noção de "uso impróprio da linguagem", assim como a de "*nonsense*", surpreende os leitores pragmáticos de Wittgenstein por ser uma explicação do obscuro pelo mais obscuro.

Já basta de tratar, por ora, das perspectivas dos wittgensteinianos pragmáticos. Gostaria de apresentar agora uma abordagem um tanto mais completa das perspectivas dos terapeutas, os autointitulados *leitores resolutos*. A afirmação mais original e provocativa que fazem esses leitores é a de que Wittgenstein nunca aceitou a doutrina positivista de que os problemas filosóficos surgem de mal-entendidos que eles chamam de "a sintaxe lógica da linguagem". Ele nunca acreditou que havia uma tal sintaxe. Sua versão da virada linguística era tão idiossincrática quanto seu estilo aforístico.

---

[20] Idem, seção 109.

Portanto, ele não poderia ser colocado no mesmo saco que Schlick, Carnap, Russell e Ayer.

James Conant defende tal perspectiva ao distinguir entre a *concepção substancial do nonsense* de Frege e Carnap e a concepção *austera* do próprio Wittgenstein. Carnap explicava a diferença entre *iggle piggle higgle* e o *Das Nicht nichtet* de Heidegger como sendo a diferença entre uma emissão composta de signos nos quais nenhum significado pode ser percebido e sentenças compostas por signos significativos, arranjados de maneiras que violam as regras sintáticas. Conant argumenta, de maneira bastante persuasiva, que Wittgenstein, quando escreveu o *Tractatus*, não acreditava que havia coisas como *regras sintáticas*. Portanto, o único tipo de *nonsense* que ele podia admitir era o mero *nonsense*, do tipo exemplificado por *iggle piggle higgle*. Conant escreve como segue:

> A elucidação tractariana visa demonstrar que essas sentenças que aparentemente expressam pensamentos substancialmente absurdos na verdade não expressam pensamentos [...] As *propostas* com as quais nos saímos quando tentamos formular esses problemas devem ser reconhecidas como Unsinn. A única *percepção interna* que uma elucidação tractariana revela, no final, é sobre o próprio leitor: que ele é propenso a tais ilusões de pensamento [...] A ilusão que o *Tractatus* busca desfazer, acima de tudo, é de que podemos nos deparar com os limites da linguagem[21].

Edward Witherspoon concorda com Conant e cita uma passagem das palestras de Wittgenstein em Cambridge na década de

---

[21] James Conant, "Elucidation and nonsense in Frege and Early Wittgenstein" (Elucidação e *nonsense* em Frege e no primeiro Wittgenstein), in *The new Wittgenstein* [O novo Wittgenstein], London, Routledge, 2000, p. 197.

1930. Nela, Wittgenstein critica explicitamente as tentativas de Carnap de distinguir dois tipos de *nonsense*. Ele interpreta essa passagem notando que os carnapianos "querem dizer que há certas regras ou condições que não são seguidas por tais sentenças, e que portanto elas são absurdas". Mas para fazer isso eles, "tiveram que quase-analisar a emissão como para mostrar que ela consiste em conceitos significativos combinados de uma forma quase-lógica determinada"[22]. Em contrapartida, ele diz:

> [...] quando Wittgenstein é confrontado com uma emissão que não tem um lugar claramente discernível em um jogo de linguagem, ele não assume que pode analisar a emissão; em vez disso, ele convida o emissor a explicar como ele está utilizando suas palavras, para conectá-las com outros elementos do jogo da linguagem de uma maneira que revele a sua significância [...] Quando Wittgenstein critica uma emissão como absurda, ele visa expor não um defeito nas próprias palavras, mas uma confusão na relação do emissor com as palavras – uma confusão que é manifestada pelo fracasso do emissor em especificar um significado para elas[23].

Ao ler Conant, Witherspoon, Diamond e outros que contribuíram para *The new Wittgenstein* [O novo Wittgenstein], persuadi-me de que Wittgenstein de fato utilizou *Unsinn* de uma maneira diferente da utilizada por Frege ou Carnap. Também me deixei convencer por eles de que Wittgenstein projetou o *Tractatus* para ser um artefato autoconsumível. O reconhecimento de que as sentenças daquele livro são *Unsinn* depende, como Conant coloca, "de o leitor

---

[22] Edward Witherspoon, "Conceptions of nonsense in Carnap and Wittgenstein", em *The new Wittgenstein*, p. 345.

[23] Idem, ibidem.

de fato passar por uma certa experiência", a realização da qual "é sinal de que o leitor entendeu o autor da obra"[24]. Wittgenstein, continua Conant, "não apela para que o leitor entenda suas sentenças, mas antes que entenda a ele, a saber, o autor e o tipo de atividade na qual está envolvido – uma atividade de elucidação [...] Quando a elucidação serviu a seu propósito, a ilusão do sentido explode de dentro para fora[25]".

Mas apesar de estar inclinado a aceitar isso como uma interpretação precisa das intenções de Wittgenstein e ser grato aos leitores resolutos por oferecê-la, não tenho interesse em realizar o projeto descrito por Carnap. Minha reação à tentativa de Wittgenstein de explodir as ilusões do sentido de dentro para fora é a mesma que tenho em relação à tentativa de Kierkegaard de escapar do estético para o ético e, então, do ético para a consciência do Pecado: *C'est magnifique, mais ce n'est pas la guerre*. Os admiradores de Dewey, como eu próprio, pensam que o propósito de ler livros de filosofia não é a autotransformação, mas a mudança cultural. Não é para se achar uma maneira de alterar o nosso estado interior, mas de encontrar melhores maneiras de nos ajudar a superar o passado de modo a criar um futuro humano melhor.

Apesar das divergências com Dewey, os positivistas compartilharam a sua concepção da filosofia como uma forma de política cultural. Carnap e Ayer pensavam que poderiam ser capazes de tornar a sociedade mais racional ao formular as regras que regem a nossa utilização da linguagem. Eles próprios acreditavam ter adquirido uma compreensão maior dessas regras, graças à sua familiaridade com a lógica simbólica. Ao explicitá-las, eles esperavam colocar os pensadores indisciplinados de volta nos trilhos. Sua compreensão da *sintaxe lógica da linguagem* lhes permitiria traçar uma clara linha

---

[24] Conant, *Elucidation and nonsense*, p. 197.
[25] Idem, p. 198

divisória entre o cognitivamente significativo e o cognitivamente sem sentido. Mas uma vez que abandonemos a noção de que existe uma tal sintaxe, é difícil de ver como poderíamos empreender a virada linguística. Ao dar as costas a essa noção, Wittgenstein pode ter tornado impossível defender a afirmação de Bergmann de que "a relação entre a linguagem e a filosofia é mais próxima do que a relação entre a linguagem e qualquer outra disciplina, assim como essencialmente diferente".

Ninguém atualmente acha que as iniciativas *Kulturpolitisch* dos positivistas tenham dado frutos. Se Carnap tivesse sido um pouco menos sequioso em fazer valer a lógica simbólica, e um pouco mais paciente, ele poderia facilmente ter conectado *Das Nichts nichtet* com "outros elementos do jogo de linguagem em uma maneira que revela a sua significância" (para usar a fraseologia de Witherspoon). O jogo de linguagem em questão é o que Heidegger deliberada e autoconscientemente criou. É totalmente implausível pensar que Heidegger poderia ter sido levado, por um processo de elucidação, a se achar "confuso sobre sua relação com suas próprias palavras". Assim como Descartes, Locke, Kant, Newton e Einstein, ele deu um senso técnico a termos familiares e inventou neologismos, esperando com isso expandir seu repertório linguístico de maneiras que pudessem dar frutos.

Pragmatistas como eu próprio tipicamente acham que a maioria dos jogos de linguagem inventados por Heidegger são inúteis. Achamos improvável, por exemplo, que haja algo de útil a ser dito sobre a relação entre o Ser e o Nada. Mas também suspeitamos que não há nada de interessante a ser dito sobre a distinção entre sentido e *nonsense*. Se adotamos a perspectiva de prática social da linguagem, não parece haver maneira de se reconstruir a ideia relevante de "confusão". Qualquer coisa pode ter um sentido se nos esforçarmos o suficiente para lhe dar um. Tampouco haverá alguma maneira de se identificar uma doença chamada "filosofia", uma doença que necessita ser elucidada continuamente.

Para auxiliar e entender essa questão, consideremos a diferença entre o uso cotidiano de epítetos como "confuso" e "absurdo" e seu uso técnico pelos terapeutas wittgensteinianos. Quando Descartes caçoou da definição aristotélica de movimento ("a realização do potencial como potencial") por esta ser ininteligível, ele não tentou sustentar essa acusação com argumentos. O termo "ininteligível" era apenas um floreio retórico. Sua posição era simplesmente a de que seria melhor considerar "movimento" como um termo primitivo do que tentar sintetizar mecanismo com hilemorfismo. Quando outros fãs da Nova Ciência chamaram várias doutrinas scotistas e ockhamitas de "absurdas", eles não queriam dizer que esses autores haviam fracassado em anexar sentido às palavras que usaram. Mais exatamente, eles utilizaram "absurdo" para significar algo como "não digno de se preocupar a respeito, agora que Aristóteles foi derrubado por Galileu e Newton". "Inútil" teria sido um epíteto tão apropriado quanto "confuso".

Foi Kant quem primeiro fez das acusações de confusão e falta de sentido algo mais do que uma retórica polêmica casual. Quando ele censurou os teólogos naturais por utilizar impropriamente os termos "causa" e "substância", ele sustentou sua posição com argumentos. Um desses argumentos começava com a exibição de antinomias criadas pela tentativa de utilizar esses termos para descrever entidades não espaciotemporais. Essas antinomias já eram familiares, e a originalidade de Kant residia em sua tentativa de erigir uma teoria geral sobre o uso próprio e impróprio de conceitos. Sua teoria foi apresentada como fruto de uma disciplina inovadora chamada "filosofia transcendental". Kant pensava que necessitávamos de uma teoria geral da representação para entendermos o que havia dado errado na história da filosofia. Ao criar uma, ele deu à filosofia uma nova perspectiva na vida e assegurou sua sobrevivência como uma disciplina acadêmica.

A própria teoria de Kant, contudo, parecia a muitos de seus críticos ser mais problemática do que o necessário. Substituir a metafísica pela filosofia transcendental, sugeriam eles, seria adotar um remédio tão ruim quanto a doença que ele alegava curar. Pois esse novo tipo de filosofia exigia que levássemos a sério o que Strawson chamaria de "o sujeito mítico da psicologia transcendental" – uma disciplina híbrida, nem lógica nem psicologia. Também requeria que professássemos uma compreensão do termo "coisa-em-si" – uma disposição que muitos dos que apreciaram as críticas de Kant à Hume e Leibniz não eram capazes de mostrar.

Quando os iniciadores da virada linguística decidiram que já era hora de traçar uma clara linha entre a lógica e a psicologia, eles ainda queriam fazer aquilo que Kant não conseguira: colocar a filosofia no caminho seguro da ciência. Assim, eles anunciaram a descoberta de uma nova disciplina – uma que atenderia muitos dos mesmos propósitos da psicologia transcendental kantiana, mas seria *puramente formal*. Essa disciplina – que atendia pelos vários nomes de "filosofia linguística", "filosofia da linguagem" e "uma teoria sistemática do significado" – nos permitiria fazer o que Kant havia tentado e fracassado. Ela nos deixaria solver ou dissolver todos os velhos problemas filosóficos. E poderia fazer isso porque seria uma teoria não da representação em geral, mas da representação *linguística*.

Como resultado da popularidade da virada linguística, "*nonsense*" se tornou um termo da arte filosófica – assim como "representação" havia se tornado um depois de Kant. Os filósofos começaram a considerar a si próprios como especialistas na detecção de *nonsense*. O trabalho da filosofia estaria terminado, sugeriam eles, quando todos os nossos conceitos tivessem sido analisados. Tudo o que tínhamos a fazer era utilizar algum senso comum, e alguma lógica simbólica, e os problemas tradicionais de filosofia se dissolveriam. Assim que percebêssemos que os problemas de filosofia eram, em um sentido ou em outro, problemas de linguagem, tudo iria de vento em popa.

Mas o fracasso da intervenção dos positivistas na política cultural agora é evidente. A ideia de que os filósofos deveriam empregar "métodos linguísticos" para expor o caráter ilusório dos problemas filosóficos passou a parecer simplesmente esquisita. Apesar da importância da obra de Ryle em abrir o caminho para filósofos da mente como Sellars, Dennett e Davidson, ninguém atualmente deseja acusar Descartes de haver cometido um *erro categorial*. Ninguém acha que ele desafortunadamente não reparou que os enunciados sobre a mente são *híbridos categoriais-hipotéticos*. Tampouco alguém vê hoje em dia muito propósito na máxima de Austin de que "a linguagem ordinária é sempre a primeira palavra". Apesar de muitos filósofos ainda aceitarem o rótulo "analítico", eles já não se encarregam de explicar o que seria a *análise filosófica* de um conceito nem por quais rigorosos padrões as análises alternativas são julgadas. Eles se contentam simplesmente em argumentar em favor de uma ou outra teoria filosófica, sem pretenderem manejar ferramentas metodológicas especiais, especificamente linguísticas.

A virada transcendental e a virada linguística foram ambas empreendidas por pessoas que pensavam que as disputas entre os filósofos poderiam ser proveitosamente observadas de um território neutro, exterior às controvérsias que esses filósofos realizam. A ideia, em ambos os casos, era que deveríamos recuar da controvérsia e mostrar que o confronto entre teorias é possível apenas porque ambos os conjuntos de teóricos deixavam de ver algo que já estava lá, esperando ser notado. Para Kant, eles não notaram os limites estabelecidos pela natureza das nossas faculdades. Para aqueles que iniciaram a virada linguística, eles falharam em compreender as condições da significação linguística.

Esse movimento de *recuo* é difícil de ser reconciliado com a perspectiva de *prática social* da linguagem e do pensamento que os leitores pragmáticos encontram entre as linhas das *Investigações*. Esta é a perspectiva sintetizada pela máxima wittgensteiniana: "Não procure o significado, procure a sua utilização." Não se trata de uma *teoria de uso do significado*, mas de um repúdio da ideia de que necessitamos de uma maneira de determinar significados[26]. Ela vê a tentativa de se ter uma tal teoria sucumbir à esperança de que a linguagem possa ser vista lateralmente, tornando aparentes os pontos de amarração nos quais a linguagem está presa ao mundo. As máximas de Wittgenstein sugerem aos leitores pragmáticos que qualquer expressão pode receber uma significação ao ser rebatida durante tempo suficiente de maneiras mais ou menos previsíveis. Podemos distinguir maneiras mais úteis de maneiras menos proveitosas de falar e, portanto, teorias científicas ou filosóficas melhores

---

[26] Davidson não pensa que alguém deveria tentar escrever uma teoria T para uma linguagem natural nem que fazer isso nos colocaria em posição para dissolver pseudoproblemas. Brandom acha que o conteúdo de uma asserção é raramente, se acaso alguma vez, o mesmo para quaisquer dois usuários da mesma expressão linguística. Tampouco invoca ela a afirmação de que os problemas filosóficos são os problemas de linguagem. Em "Wittgenstein's philosophy in relation to political thought" [A filosofia de Wittgenstein em relação ao pensamento político], em *The new Wittgenstein*, na p. 131, Crary diz acertadamente que se consideramos a *teoria de uso do significado* como uma perspectiva sobre como fixar o significado, então não deveríamos atribuir nenhuma teoria semelhante a Wittgenstein. Isso é bem verdade, mas tampouco deveríamos atribuí-la a Davidson ou a Brandom. Na p. 127, observa que passei a repudiar a ideia de que as perspectivas filosóficas de que não gosto são *incoerentes*, mas pensa que, com isso, estou me comprometendo a negar nosso *direito a certos ideais epistêmicos*. A crítica que ela me faz, em particular do que ela chama de meu *relativismo*, parece depender de me atribuir uma perspectiva que eu nem aceitaria nem atribuiria a Wittgenstein: a de que, dado que o uso fixa o significado, e como o significado deve mudar quando o uso muda, os limites entre os usos divergentes são *invioláveis*. Quem quer que aceite a perspectiva inferencialista sobre o conteúdo de Brandom, ou as críticas de Davidson sobre a própria ideia de esquema conceitual, não vê utilidade na ideia de barreiras invioláveis – barreiras que uma conversação posterior não possa romper.

de teorias piores. Mas é difícil dar um lugar à noção wittgensteiniana de "*nonsense* oculto".

Alice Crary rejeita explicitamente as apropriações pragmáticas de Wittgenstein. Ela pensa que é um erro ler Wittgenstein como tendo favorecido "certas teses metafísicas sobre a natureza da lógica e da linguagem no *Tractatus*" e como as tendo rejeitado mais tarde "em favor de algo como as suas negações"[27]. A perspectiva que ela considera errada é praticamente a que sustento, mas eu reformularia sua descrição omitindo tanto a palavra "metafísica" como a construção "a natureza da". Os pragmatistas, pelo menos os que seguem a minha convicção, prefeririam dizer que Wittgenstein mudou de ideia sobre a melhor maneira de falar sobre a lógica e a linguagem.

Suspeito que Crary, Conant e Diamond contestariam que não se pode evitar a metafísica enquanto ainda se oferece teorias sobre a relação entre a linguagem e a realidade, já que Crary define a sentença metafísica como uma sentença "apresentada de um ponto de vista exterior à linguagem". Presumivelmente, ela considera as interpretações de *prática social* da linguagem como as que Davidson e Brandom assim apresentaram. Ela pensa que um tal ponto de vista é um ao qual "aspiramos ou do qual pensamos necessitar quando filosofamos – um ponto de vista sobre a linguagem como se fora dela imaginássemos que poderíamos obter uma visão clara da relação entre a linguagem e o mundo". Isso, diz ela, "não é mais do que a ilusão de um ponto de vista". Quando assumimos um tal ponto de vista, "nós não concluímos dizendo alguma coisa coerente sobre como as coisas estão situadas"[28].

Os wittgensteinianos pragmáticos estão dispostos a seguir essa linha de pensamento até o seguinte ponto: nós concordamos

---

[27] Crary, Introdução, em *The new Wittgenstein*, p. 4.
[28] Crary, *Wittgenstein's philosophy*, p. 6.

em que não há nada de útil a ser dito sobre a relação entre duas grandes entidades chamadas "Linguagem" e "Mundo". Nós suspeitamos que elas não passam de entidades familiares e de reputação um tanto suspeita previamente conhecidas como "Sujeito" e "Objeto". Há, contudo, muito a ser dito sobre nosso comportamento linguístico. Um exemplo é a tese de Davidson de que a maioria das nossas crenças deve ser verdadeira. Outro exemplo é a explicação de Brandom de por que temos a repredicação e termos singulares em nossa linguagem. Uma seleção adequada de tais doutrinas holistas e inferencialistas é a que venho me referindo, casualmente e por conveniência de referência, como uma teoria da linguagem de *prática social*. Tal teoria encontrou muito de sua inspiração original na crítica de Wittgenstein da definição ostensiva e do *conhecimento por familiaridade*.

Estarão Sellars, Davidson, McDowell e Brandom assumindo "a *ilusão* do ponto de vista"? Não vejo razão para pensar assim. Eles não parecem sofrer do "desapontamento natural com as condições do conhecimento humano" que Crary, seguindo Stanley Cavell, diz dar origem à "nossa tendência a nos envolvermos em confusões filosóficas"[29]. Seus escritos não revelam qualquer sinal de algum dia ter levado o ceticismo epistemológico muito a sério.

Mas os terapeutas de Wittgenstein parecem concordar com Cavell que tal desapontamento nos vem naturalmente, assim como, de acordo com Freud, o ressentimento edipiano. Desse ponto de vista, a filosofia não é apenas uma área da cultura entre outras, uma área que algumas pessoas acham interessante e muitas outras não, e sim uma armadilha na qual qualquer um que comece a refletir mais cedo ou mais tarde irá cair. "Os problemas que surgem

---

[29] Idem, p. 8

através de uma interpretação equivocada de nossas formas de linguagem [...] são inquietudes profundas.³⁰"

Não penso que esse tipo de desapontamento seja predominante, mas acho sim que os terapeutas estão na pista de algo, e que é um fato que muitas das pessoas que acham a filosofia fascinante, embora não todas elas, estão à procura do inefável – algo que não pode ser colocado em palavras. Às vezes, isso pode equivaler a uma visão do Bem ou de Deus. Nos últimos tempos, contudo, em parte como uma causa e em parte como um efeito da virada linguística na filosofia, isso se expressou como um desejo de entrar em contato com *o Mundo* que não é mediado pela linguagem. Acho que Wittgenstein sentiu esse desejo muito profundamente, mas reconheceu, cedo ou tarde, que ele não poderia ser satisfeito. Assim, penso que Cohan está na pista certa quando diz que "O objetivo [do *Tractatus*] é nos mostrar que além dos 'limites da linguagem' reside não a verdade inefável, mas [...] *einfach Unsinn*, simplesmente o *nonsense*"³¹.

Wittgenstein parece ter pensado que a ânsia em penetrar além do exprimível, a necessidade de abrir caminho através da linguagem para atingir algo melhor, era mais do que apenas uma forma relativamente incomum de neurose obsessiva – que ele próprio compartilhava com certos outros infelizes. Ele aparentemente acreditava que isso fizesse parte da condição humana. Ele achou que se examinássemos mais de perto os resultados de sucumbir a essa ânsia, poderíamos entender melhor o que significa ser um ser humano.

É certamente verdade que o desejo de se entrar em contato com algo que permaneça sempre o mesmo apesar de ser descrito de muitas maneiras diferentes continua a aparecer na filosofia. A resistência à crítica de Wittgenstein da definição ostensiva ou à doutrina

---

[30] Wittgenstein, *Philosophical investigations*, seção III
[31] Conant, *Elucidation and nonsense*, p. 197.

de Putnam da relatividade da referência pode facilmente ser vista como uma manifestação desse desejo. A necessidade de colocar a linguagem de lado e chegar *diretamente* à realidade reforça a ideia de que a localização dos pontos de amarração, os locais onde a linguagem se prende ao mundo, é marcada por demonstrativos: "*Isto* é o que queremos dizer com 'vermelho'!".

O mesmo, penso eu, subjaz à tentativa de Kripke de utilizar a expressão "Esta própria coisa" como uma maneira de especificar um objeto independentemente de sua descrição. Ele motiva a insistência de Timothy Williamson de que a ontologia é anterior à filosofia da linguagem porque, com a devida vênia a Sellars, "ao definirmos as palavras – por exemplo, termos de espécies naturais –, devemos apontar para espécimes reais"[32]. E ele produz muitas outras tentativas semelhantes de encontrar o que Derrida chamou de "uma presença serena além do alcance do jogo".

Mas não é óbvio que este desejo, o desejo que às vezes se manifesta como a necessidade de "emitir um som inarticulado"[33], tenha raízes profundas. Um desejo pode ser compartilhado por Parmênides, Mestre Eckhart, Russell, Heidegger e Kripke sem ser intrínseco à condição humana. Estamos realmente na posição de dizer que tal desejo é uma manifestação do que Conant chama de "nossas mais profundas confusões da alma"?[34] Wittgenstein estava certamente convencido disso. Mas sua convicção pode nos dizer mais sobre Wittgenstein do que sobre filosofia. Quanto mais refletimos sobre a relação entre a utilização técnica de "filosofia" e o seu uso cotidiano mais ele parece ter redefinido "filosofia" para significar "todas as coisas ruins que me sinto tentado a fazer".

Essas persuasivas redefinições de "filosofia" são características da tentativa de recuar da filosofia como uma conversação contínua

---

[32] Williamson, "Past the linguistic turn", p. 111.
[33] Wittgenstein, *Investigações filosóficas*, seção 216.
[34] Conant, *Elucidation and nonsense*, p. 196.

para vê-la contra um pano de fundo estável e anistórico. O conhecimento desse pano de fundo, acredita-se, nos permitirá criticar a própria conversação, em vez de participar dela. A virada transcendental kantiana e a posterior virada linguística foram, como já disse, exemplos de tais tentativas inevitavelmente mal-sucedidas de sair da conversação. Kant não podia responder à pergunta sobre como ele havia conseguido adquirir tanto conhecimento não empírico sobre os limites do pensamento. Os filósofos que concordaram com Bergmann que os problemas filosóficos são problemas de linguagem foram incapazes de lidar com o fato de que suas interpretações da *lógica da linguagem* eram apenas sugestões práticas sobre como falar poderia ser melhor para nós.

Uma vez que tenhamos abandonado o projeto de *recuar*, pensaremos sobre as estranhas maneiras pelas quais os filósofos falam não como necessitando serem elucidadas para fora da existência, mas como sugestões para se falar diferentemente, assim como sugestões feitas por cientistas e poetas. Alguns poucos filósofos, admitiremos, são "como selvagens, gente primitiva, que ouvem as expressões dos homens civilizados e, então, extraem delas as conclusões mais estranhas"[35]. Mas a maioria deles não o é. Eles são, mais exatamente, contribuintes para o progresso da civilização. Conhecedores dos becos sem saída em que entramos no passado, eles estão ansiosos para que as futuras gerações consigam se sair melhor. Se vemos a filosofia dessa maneira historicista, teremos de abandonar a ideia de que há uma relação especial entre algo chamado "linguagem" e uma outra coisa chamada "filosofia".

---

[35] Wittgenstein, *Investigações filosóficas*, seção 194.

12
Holismo e historicismo

Na tradição analítica, os filósofos da mente e da linguagem dividem-se entre atomistas e holistas. A ambição dos atomistas, como eles frequentemente colocam, é explicar como a mente e a linguagem funcionam. Os holistas duvidam que isso seja um projeto produtivo, pois eles pensam que seja um erro tratar a mente e a linguagem como entidades que têm partículas elementares, ou uma estrutura, ou mecanismos internos. Eles não acreditam na existência de coisas chamadas "crenças" ou "significados" nos quais mentes e linguagens podem ser decompostas. Os atomistas, acreditam os holistas, não conseguem perceber que a racionalidade – a coisa que nos torna especiais – é um fenômeno social e não um que o organismo humano possa exibir inteiramente por si próprio.

Essa disputa tem implicações metafilosóficas. Os atomistas preferem pensar a filosofia como uma disciplina quase científica, resolvedora de problemas. Eles se veem colaborando com cientistas cognitivos para descobrir fatos sobre as potencialidades do organismo humano – fatos que podem ser estudados sem referência à história. Mas se, como os holistas, pensamos a racionalidade em termos de prática social, tentaremos, em vez disso, explicar como certos organismos conseguiram se tornar racionais contando histórias sobre como várias práticas diferentes passaram a existir.

Estaremos mais interessados então nas mudanças históricas do que em estruturas neurológicas.

Os atomistas e os holistas concordam que o que torna os seres humanos excepcionais é possuírem mente e linguagem. Eles também concordam que o grande problema é explicar a existência da mente e da linguagem sem apelar para o tipo de entidades não físicas postulado por Platão, Agostinho e Descartes. Tanto os atomistas como os holistas são fisicalistas e acreditam que, como colocou Frank Jackson, "se duplicarmos o nosso mundo em todos os aspectos físicos, e não fizermos nada além disso, o teremos duplicado em *todos* os aspectos"[1].

Mas é aí que terminam as similaridades. Os atomistas pensam que ao decompor a mente e a linguagem em partes nós podemos fazer a psicologia entrar em contato com a neurologia aproximadamente da mesma maneira que a química foi reunida com a física e a biologia com a química. Eles consideram útil e importante dizer que a mente é, em certo importante sentido, o cérebro. Assim, eles dedicam muito de seu tempo a explicar como as crenças e os significados podem residir no interior da coleção de partículas físicas que constituem o sistema nervoso central humano.

Os holistas acham essa identificação da mente com o cérebro completamente enganosa. Da maneira como eles veem as coisas, os atomistas estão simplesmente partindo do pressuposto de que o que funcionou para a matéria – a saber, a explicação do comportamento macroestrutural com referência a transações entre componentes microestruturais – funcionará para a mente. Os holistas concordam em que há muito a ser descoberto sobre como o cérebro funciona, mas duvidam que uma neurofisiologia aperfeiçoada nos revelará algo de interessante sobre a mente e a linguagem.

---

[1] Frank Jackson, *From metaphysics to ethics* [Da metafísica à ética], Oxford, Oxford University Press, 1998, p. 12.

Pois, insistem eles, a mente não se reduz ao cérebro mais do que o computador ao *hardware*. Uma compreensão perfeita de seus circuitos elétricos, ressaltam os holistas, é de pouca ajuda para que entendamos como o computador consegue fazer todas as coisas maravilhosas que faz. Para entendermos isso precisamos saber muito sobre *software*. Pois o computador rodará uma fabulosa variedade de diferentes programas enquanto permanece indiferente a quais programas está rodando – o mesmo programa pode ser rodado em diferentes tipos de *hardware*. De acordo com os holistas, a mente e o cérebro, a cultura e a biologia, são tão independentes entre si como o *software* e o *hardware*. Eles podem e devem ser estudados separadamente.

Compreender a mente e a linguagem, dizem os holistas, é uma questão de compreender a evolução das práticas sociais nas quais atualmente estamos envolvidos. Nós não poderíamos, admitem eles alegremente, ter nos envolvido em tais práticas a menos que dispuséssemos do equipamento neurológico exigido. A evolução cultural não poderia ter começado antes que a evolução biológica tivesse atingido um certo estágio. Mas eles duvidam quando Steven Pinker diz que "a mente é um sistema de órgãos de computação, projetado pela seleção natural para resolver os tipos de problemas que nossos ancestrais enfrentaram em seu estilo de vida itinerante à procura de alimento"[2].

Os holistas salientam que explicações sobre o comportamento humano associadas com a neurologia ou com a biologia evolucionária nos dirão apenas o que temos em comum com os chim-

---

[2] Steven Pinker, *How the mind works* [*Como a mente funciona*, ed. Companhia das Letras, 1998], Nova York, Norton, 1997, p. 21. Para uma discussão posterior dos pontos de vista de Pinker, ver o meu trabalho "Philosophy-envy" [Inveja da filosofia], in *Daedalus* 133, n. 44, outono de 2004, p. 18-24. Trato da relação entre a filosofia e a ciência cognitiva com maior extensão em "The brain as hardware, culture as software" [O cérebro como *hardware*, a cultura como *software*], em *Inquiry* 47, 2004, p. 219-33.

panzés. Elas não nos dirão nada sobre aquilo que nós, mas não os chimpanzés, partilhamos com as criaturas que pintaram imagens nas paredes das cavernas nem com as que construíram os navios que rumaram para Troia. Podemos aprender sobre os processos que fizeram esses ancestrais se transformarem em nós apenas ao construir uma narrativa, ao contar uma história sobre como eles se tornaram nós.

Os filósofos holistas da mente e da linguagem pensam que a melhor maneira de mostrar que não necessitamos postular imagens imateriais para explicar nosso caráter único é contar uma história imaginativa sobre como grunhidos se tornaram asserções. Essa é a história de como, para utilizar a terminologia de Robert Brandom, a sapiência substituiu a mera sensibilidade. Brandom sustenta que para ser considerada uma asserção – e portanto um sinal de sapiência – uma série de ruídos deve ser explicitamente criticável com referência a normas sociais. Uma tal norma já existia quando um hominídeo percebeu pela primeira vez que, ao grunhir "P", ele bem poderia levar uma surra de porrete se não grunhisse "Q" nas oca-siões apropriadas. Mas a norma só se tornou explícita, e o que Brandom chama de "o jogo de dar e pedir razões" só teve início algumas centenas de milhares de anos mais tarde. Nesse momento, os descendentes do grunhidor original perceberam que se eles afirmaram tanto P como *Se P então Q*, então eles mereceriam ser denunciados como *irracionais* se não pudessem apresentar boas razões para se recusarem a afirmar Q.

Ao passo que os holistas consideram a prática de criticar asserções como indispensável tanto para a mentalidade como para a linguagem, os atomistas pensam que tínhamos mentes antes de termos linguagem e, de fato, que os animais não humanos têm mentes. Isso é porque eles pensam que a noção crucial nessa área da filosofia é a *representação* e não, como para Brandom, a *inferência*. O atomismo na filosofia da mente e da linguagem está estreitamente associado com a ideia de que a ciência cognitiva pode nos ajudar a ver a mente como o sistema nervoso central ao conectar representações perceptivas – estados fisiológicos que podem ser colocados em uma relação mais ou menos isomórfica com o meio ambiente – com representações linguísticas.

A esperança de que a ciência cognitiva nos ajudará a compreender por que somos tão especiais é um legado de Locke. Ela resulta de sua sugestão de que a mente deveria ser considerada como um depósito de ideias simples e complexas. Essa sugestão levou à referência deliberadamente provocativa de Hume à *razão dos animais*, à versão linguistificada de Hume feita por Ayer e à versão linguistificada de Kant feita por McDowell. Os holistas acham que foi uma pena que Locke nos tenha posto nesse caminho e culpam Descartes por havê-lo desencaminhado. Pois foi Descartes quem forneceu a Locke a imagem da mente como um teatro interno – um cômodo equipado com uma tela na qual são exibidas representações imateriais. Um espectador imaterial dessa tela decide então como é o mundo extramental com base na claridade ou na coerência dessas representações.

Os holistas também culpam Descartes pela ideia de que a mente é uma coisa que possui mecanismos que deveriam ser mais bem compreendidos. Pensá-la dessa maneira – como algo que Gilbert Ryle zombeteiramente chamou de um mecanismo não material – é, sustentam eles, um erro fundamental, pois a mente deveria ser pensada não como uma entidade misteriosa, mas como um aglomerado de aptidões que passaram a existir através da explicitação de normas sociais. Os holistas pensam que a ciência cognitiva pode nos ajudar a compreender a *sensibilidade* melhor, pois a noção de "mecanismos de percepção" é de fato útil. Na medida em que nos referimos somente à sensibilidade, e não à sapiência, faz sentido conectar estados fisiológicos com respostas disposicionais. Mas, insistem os holistas, ter respostas disposicionais muito complexas ainda não é ter uma mentalidade, na medida em que essas respostas não são sujeitas a uma crítica pela explícita referência a normas. Da maneira pela qual os holistas veem a questão, não há nada de intermediário entre os neurônios e as práticas sociais que a ciência cognitiva poderia estudar. Estudar o que torna os seres humanos especiais, e tão diferentes dos chimpanzés, é estudar essas práticas – estudar a cultura. Não temos nem necessitamos de uma ponte entre os neurônios e as práticas, assim como não necessitamos de uma entre o *hardware* e o *software*. O *software* é apenas uma maneira de fazer o *hardware* funcionar, e a cultura é apenas uma maneira de fazer o nosso equipamento fisiológico funcionar. Entender como o *hardware* funciona é uma coisa, mas entender as utilizações às quais ele é submetido é algo inteiramente diferente. Entender os circuitos elétricos, seja nos neurônios ou nos chips, não nos ajuda em nada a entender como o sofisticado *software* dos anos 1990 evoluiu a partir do primitivo *software* dos anos 1950 nem como as asserções substituíram os grunhidos.

Os atomistas pensam, para citar novamente Steven Pinker, que "a teoria computacional da mente [...] é uma das grandes ideias da história intelectual, pois ela resolve um dos enigmas que constituem o problema da mente e do corpo". Esse é o problema apresentado pela primeira vez por Descartes: o problema de como as crenças, que não parece serem objetos físicos, podem causar eventos físicos. Pinker diz que a teoria computacional resolve o paradoxo ao dizer que as crenças são:

> [...] informações encarnadas como configurações de símbolos. Os símbolos são estados físicos de pequenas unidades da matéria, como os *chips* em um computador ou os neurônios no cérebro. Eles simbolizam coisas no mundo porque são

engatilhados por essas coisas através dos nossos órgãos dos sentidos [...] Eventualmente, as pequenas unidades da matéria que constituem um símbolo colidem com pequenas unidades da matéria conectada aos músculos e o comportamento acontece [...] A teoria computacional da mente nos permite, portanto, conservar as crenças e os desejos em nossas explicações sobre o comportamento ao mesmo tempo que os instala diretamente no universo físico. Ela permite ao significado causar e ser causado[3].

Para os holistas, contudo, nunca houve um problema do corpo e da mente a ser resolvido, porque nunca houve pequenas entidades mentais chamadas "crenças" ou pequenas entidades linguísticas chamadas "significados" que necessitassem ser colocadas dentro do universo físico. Nem toda explicação causal, dizem os holistas, tem de ser feita através de pequenas coisas que colidem com outras pequenas coisas.

O atomismo manteve-se amplamente incontestado entre os filósofos analíticos durante a primeira metade do século XX. Mas a reação holista começou há cerca de cinquenta anos, com a publicação da obra *The concept of mind* [O conceito da mente], de Ryle; as *Investigações filosóficas*, de Wittgenstein; "Empiricism and the concept of mind" [Empiricismo e o conceito da mente], de Sellars; e "Two dogmas of empiricism" [Dois dogmas do empiricismo], de Quine. Wittgenstein lançou dúvidas sobre a própria ideia de uma teoria sistemática do significado. Quine zombou da ideia de que haveriam entidades chamadas "significados" associadas a expressões linguísticas. Ryle, como Wittgenstein, era cético sobre a psicologia empírica. Ele pensava que os projetos de substituição dos pequenos explicadores fantasmas pelos pequenos explicadores não fantas-

---

[3] Pinker, *Como a mente funciona*, p. 25.

mas era um resíduo da má imagem cartesiana da mente como um sistema paramecânico. Sellars deu continuidade a Wittgenstein sustentando que o que torna os seres humanos especiais é a capacidade de discutir uns com os outros, e não a capacidade de ter estados mentais interiores que de certa forma são isomórficos aos estados do meio ambiente.

Entre os holistas da atualidade, incluem-se filósofos da linguagem como Donald Davidson, que segue a linha de Quine, e Brandom, que dá continuidade a Sellars. As fileiras holísticas são engrossadas por filósofos da mente que estão dando continuidade a Ryle e Wittgenstein – em especial Vincent Descombes, Jennifer Hornsby, Helen Steward, Arthur Collins e Lynn Baker. Esses holistas travam batalhas com atomistas como Chomsky, Pinker, Fodor e todos os outros filósofos e cientistas cognitivos que esperam desenvolver o que Fodor chama de "uma teoria semântica das representações mentais". Os holistas pensam que não há nem uma necessidade para tal teoria nem uma chance de consegui-la.

Espero que meu esboço da disputa entre os atomistas e os holistas ajude a explicar por que muitos atomistas suspeitam que o holismo coloca a própria ideia de filosofia analítica em perigo. À medida que avança a batalha entre os holistas e os analistas, ela começa a se parecer cada vez mais com uma desavença entre o tipo de coisa que os filósofos deveriam fazer – acerca da autoimagem da disciplina.

Se a filosofia tem de ser analítica, deve haver algumas pequenas coisas pelas quais as grandes coisas possam ser analisadas. A análise filosófica do tipo que Russell tinha em vista requer que haja coisas tais como conceitos ou significados que possam ser isolados e tratados como elementos de crenças. Mas se, como sugeriu Wittgenstein, um conceito é apenas a utilização de uma palavra, e se o uso adequado das palavras que interessa aos filósofos sempre será assunto de controvérsia, não é claro que "análise" seja um termo apropriado para o que os filósofos fazem. Pois a reivindicação feita por um filósofo de ter descoberto os contornos de um conceito nunca poderá ser mais do que uma sugestão sobre como uma palavra deveria ser utilizada. Os diagnósticos dos filósofos de *confusão conceitual*, assim como suas reivindicações de terem alcançado *claridade conceitual*, parecem ser, de um ponto de vista wittgensteiniano, maneiras pouco sinceras de se empreender a transformação da cultura, em vez de maneiras de tornar mais claro o que estava ocorrendo anteriormente.

A ideia de que Russell e seus seguidores colocaram nossa disciplina no caminho seguro da ciência é muito cara a muitos filósofos analíticos. Uma das razões para se resistir ao holismo é o temor de que, se eles se afastarem dos cientistas naturais para seguir em direção aos historiadores, abrirão os portões ao obscurantismo. Muitos filósofos analíticos não gostam da ideia de que a filosofia é uma das humanidades e insistem em que ela é uma das ciências.

Os holistas, contudo, não veem mais potencial em um questionamento sobre o funcionamento da mente e da linguagem do que em um questionamento sobre como a conversação funciona. Assim, eles pensam que o melhor que podemos fazer para compreender como a mente e a linguagem funcionam é contar histórias, do tipo contado por Sellars e Brandom, sobre como os vocabulários metalinguísticos e mentalistas passaram a existir com o passar do tempo, assim como histórias sobre como o cultural deu continuidade à evolução biológica. Essas últimas histórias relatam como saímos das florestas para dentro das cavernas pintadas, e das cavernas para as aldeias, e então das aldeias para os tribunais de justiça e os templos. O tipo de compreensão que as narrativas desse tipo nos dão não é o tipo que podemos obter ao considerarmos muitas coisas díspares como as manifestações da mesma coisa subjacente, mas o tipo que surge da expansão de nossa imaginação ao comparar as maneiras primevas de se ser humano com as posteriores.

Obviamente, estou do lado holista. Penso que os filósofos deveriam abandonar a questão "Qual é o lugar das representações mentais, ou dos significados, dos valores, em um mundo de partículas físicas?". Eles deveriam descrever as conversas sobre partículas, as conversas sobre crenças e a conversa sobre o que deve ser feito como atividades culturais que atendem a propósitos distintos. Essas atividades não necessitam se encaixar umas com as outras de uma maneira sistemática, assim como o basquete e o críquete não necessitam se encaixar com o bridge e o xadrez. Se tivermos uma narrativa plausível de como nos tornamos quem somos, e porque utilizamos as palavras que utilizamos da maneira que o fazemos, teremos tudo o que necessitamos para chegar ao autoentendimento.

A analogia com o encaixe das peças de um quebra-cabeça entre si é inteiramente apropriado para muitas áreas de questionamento – por exemplo, a paleontologia, a física de partículas e a epigrafia. Todas essas são áreas da cultura nas quais existe consenso suficiente para que se possa utilizar a noção de "entender algo direito". A ideia de que a filosofia possa se tornar uma tal área ao ser colocada no caminho seguro de uma ciência permanece plausível apenas na medida em que os conceitos e significados sejam considerados isoláveis das práticas sociais e da história. Pois apenas se esse isolamento for possível seremos capazes de identificar os átomos de pensamento ou da linguagem cujas relações uns com os outros permanecem constantes não importa qual programa seja rodado. As suspeitas de tentativas de se obter um tal isolamento se tornaram explícitas com as *Investigações filosóficas* de Wittgenstein, o que explica por que a resenha que Russell fez desse livro foi tão furiosa. Russell ficou apavorado com a sugestão de que deveríamos parar de falar sobre o significado e começar a falar sobre o uso. Ele tinha razão em suspeitar que, se Wittgenstein fosse levado a sério, o movimento que ele iniciou seria considerado como tendo nos colocado em uma pista falsa.

Quando abandonamos o atomismo começamos a nos perguntar, como fez Wittgenstein, por que a lógica teria sido considerada como algo sublime. Podemos então começar a pensar a lógica como Brandom o faz – como um dispositivo para tornar explícitas nossas normas sociais. Isso nos conduzirá a levar a sério a alteração das normas sociais e a abandonar a noção de que a mente ou a linguagem são coisas que podem ser entendidas direito de uma vez por todas.

Brandom é um dos poucos filósofos analíticos que levou Hegel a sério. Os hegelianos estão inclinados a substituir as questões sobre o que torna os seres humanos em geral especiais por questões sobre o que nos torna a *nós*, em nossa época e lugar, especiais. Eles substituem as questões sobre o que compartilhamos com todos os outros seres humanos em toda parte por questões sobre como somos diferentes de nossos ancestrais e como nossos descendentes poderão diferir de nós. Eles pensam a filosofia não como uma questão de encaixar entre si as peças de um quebra-cabeça, mas como uma questão de reinterpretar e recontextutalizar o passado.

Essa diferença de opinião sobre o que é importante de ser pensado a respeito explica por que o que tenho chamado de "filosofia historicista" é frequentemente chamado de "filosofia hermenêutica". O termo "hermenêutico" assinala um deslocamento de interesse do que pode ser entendido direito de uma vez por todas para o que pode apenas ser reinterpretado e recontextualizado sempre outra vez. É por isso que Brandom utiliza o direito comum, e não a descoberta da microestrutura física, como um paradigma do questionamento racional. Brandom sustenta que Hegel nos ensinou a pensar um conceito como se fosse uma pessoa – como o tipo de coisa que só é compreendida quando se compreende sua história. A melhor resposta, para uma pergunta sobre quem alguém realmente é, é uma história sobre o seu passado que ajuda a explicar a sua conduta recente. A resposta mais útil a perguntas sobre um conceito é contar uma história sobre as maneiras pelas quais os usos de um certo aglomerado de palavras foram modificados no passado, como um prelúdio para a descrição das diferentes maneira em que essas palavras estão atualmente sendo utilizadas. A claridade que é alcançada quando essas diferentes maneiras são distinguidas umas das outras, e quando cada uma delas é tornada inteligível ao ser colocada em uma narrativa da utilização passada, é análoga à simpatia crescente que sentimos pela situação de uma pessoa cuja história de vida nos foi contada.

13
Kant contra Dewey: a situação atual da filosofia moral

Em décadas recentes, os professores de filosofia anglófonos tiveram cada vez mais dificuldade em explicar a seus colegas acadêmicos e para a sociedade o que eles fazem para ganhar a vida. Quanto mais especializado e profissionalizado se torna o estudo da filosofia menos respeito ela recebe do resto do mundo acadêmico e do público. Atualmente ele corre algum risco de ser completamente ignorado, ou considerado da mesma maneira que a filologia clássica, como um sobrevivente esquisito, apesar de um tanto charmoso.

O problema é menos agudo, contudo, no caso da filosofia moral, que é a mais visível e geralmente inteligível das várias especialidades filosóficas. Mas mesmo os filósofos morais são duramente pressionados para explicar o que eles pensam estar fazendo. Eles precisam reivindicar uma capacidade de ver mais profundamente em questões de certo e errado que a maioria das pessoas. Mas não é claro o que há em sua formação que lhes permita fazer isso. As pessoas que escreveram suas teses de doutorado nessa área da filosofia dificilmente podem reivindicar ter tido mais experiência com escolhas morais difíceis do que a maioria. Mas exatamente o que eles *podem* reivindicar?

Um tipo familiar de resposta para essa linha de questionamento foi dada por Peter Singer há pouco mais de trinta anos em um artigo muito discutido na revista *New York Times Magazine*. O artigo chamava-se "Os filósofos estão de volta ao trabalho"[1]. Singer achava que estava trazendo boas novidades. Os filósofos, explicou ele, uma vez sustentaram que os julgamentos morais eram indiscutíveis expressões de emoção, mas agora já recuperaram os sentidos. Eles se juntaram ao resto da população ao acreditar que há bons e maus argumentos a favor de escolhas morais alternativas.

Agora que eles vieram reconhecer esse fato, continuou Singer, seria muito recomendável que o público escutasse os pontos de vista dos filósofos morais sobre assuntos tão debatidos, tais como o aborto. Pois, explicou, "não podemos extrair nenhuma conclusão válida sobre o que devemos fazer de uma descrição do que a maioria das pessoas em nossa sociedade pensa que devemos fazer"[2]. Pelo contrário, "se tivermos uma teoria moral solidamente fundamentada, deveremos estar preparados para aceitar suas implicações mesmo se elas nos forçarem a mudar nossas perspectivas morais em assuntos de grande importância". Felizmente, continua ele, os filósofos são capazes de fornecer essas teorias e assim corrigir as intuições morais da sociedade."A formação do filósofo o torna mais do que ordinariamente competente para avaliar argumentos e detectar falácias. Ele estudou a natureza dos conceitos morais e a lógica do argumento moral[3]". Singer concluiu seu artigo dizendo que "a entrada dos filósofos em áreas de preocupação ética das quais até agora eles haviam se excluído é o mais estimulante e potencialmente frutífero de todos os últimos desenvolvimentos na filosofia"[4].

Na primeira vez que li esse artigo me contorci em constrangimento. A visão de Singer sobre o papel dos professores de

---

[1] Peter Singer, "Philosophers are back on the job", *The New York Times Magazine*, 7 de julho de 1974, p. 6-7, 17-20.
[2] Idem, p. 19.
[3] Idem, p. 20.
[4] Idem, ibidem.

filosofia me deu a impressão de ter sido calculada para tornar o público ainda mais suspeitoso de nós filósofos do que já era. Pois, em sua descrição, os filósofos têm "teorias solidamente baseadas" que são fundamentadas em algo bastante diverso das intuições morais do público. Eles têm uma fonte diferente e melhor de conhecimento moral do que a que as intuições morais podem fornecer. Essa fonte, à qual os filósofos tradicionalmente se referem como "razão", possui uma autoridade que tem precedência sobre qualquer fonte alternativa.

Na interpretação de Singer, os filósofos morais estão de alguma forma mais em contato com essa fonte e são, por isso, mais racionais que o vulgo. Não é claro se isso é a causa ou o efeito de sua superior apreensão daquilo que Singer chama de "a natureza dos conceitos morais da lógica do argumento moral". O que quer que isso possa significar, penso que a noção de uma teoria moral baseada em algo mais sólido do que um conjunto de intuições morais é algo tão dúbio quanto a ideia de que os conceitos morais têm uma natureza especial que os especialistas entendem melhor do que o vulgo, e a ideia de que o argumento moral tem uma lógica especial que a formação filosófica os capacita a reconhecer.

Entender um conceito é simplesmente saber como utilizar uma palavra. Entendemos o conceito de "isótopo" se sabemos como falar sobre químico-física e o conceito de "maneirismo" se sabemos como falar sobre a história da pintura europeia. Mas conceitos como "certo", "deve" e "responsável" não são conceitos técnicos, e não é claro qual formação especial nos capacitaria a entender os usos dessas palavras melhor do que os laicos.

Quando ele fala em "a lógica dos argumentos morais", fico novamente desconcertado. Não posso pensar em nenhum sentido da palavra "lógica" no qual argumentos sobre a coisa certa a ser feita teriam uma *lógica* diferente dos argumentos sobre qual profissão escolher ou qual casa comprar ou em quem votar. Não posso conceber como Singer defenderia a afirmação de que os juízes e assistentes sociais, por exemplo, são menos familiarizados com essa *lógica* do que os filósofos morais formados, ou a afirmação de que a formação filosófica ajudaria essas pessoas a fazer melhor seu trabalho.

Não pretendo ser filisteu quanto a isso. Concordo inteiramente que as pessoas muito lidas são frequentemente melhores em suas escolhas morais do que as pessoas com pouco aprendizado e, consequentemente, pouca imaginação. Os filósofos morais são tipicamente, mas não invariavelmente, pessoas muito lidas e imaginativas. Mas não penso que Singer e outros que concordam com sua avaliação do valor social da filosofia moral nos dão muita razão para crer que a formação filosófica nos ajude mais a desenvolver uma capacidade superior para tomar decisões morais do que, por exemplo, a formação em antropologia, em história da literatura europeia ou em direito penal. Eu admiro muitos dos meus colegas que se especializam em filosofia moral e leio muitos de seus livros com prazer e proveito. Mas eu nunca sonharia em fazer os tipos de afirmações que Singer faz sobre eles.

Gostaria de sugerir uma resposta alternativa à questão sobre o que os professores de filosofia moral têm que os outros não têm. Eles não têm mais rigor ou clareza ou percepção do que os laicos, mas têm uma maior disposição a levar a sério os pontos de vista de Immanuel Kant. Mais do que qualquer outro autor na história da filosofia, Kant tornou correntes e respeitáveis noções como "a natureza dos conceitos morais" e "a lógica do argumento moral". Ele afirmava que a moralidade era diferente de qualquer outra coisa no mundo – que ela era algo de completamente diverso. Ele sustentava que há uma diferença vasta e intransponível entre dois domínios – o domínio da prudência e o da moralidade. Se concordamos com ele sobre isso, como muitos filósofos morais ainda fazem, então estaremos predispostos a pensar que o estudo dos conceitos morais poderia se tornar uma especialidade profissional. Mas se não tivermos lido Kant, ou se nossa reação à leitura de *Os princípios fundamentais da metafísica da moral* é ou uma repulsa ou um acesso de riso, a ideia de que a moralidade pode ser um objeto de estudo profissional pode parecer bastante inverossímil.

Mais uma vez, se levamos Kant a sério, então a ideia de Singer de que há uma fonte separada para os princípios morais, uma que fornece os princípios que servem de base para uma *teoria moral solidamente fundamentada*, nos parecerá plausível. Se não tivermos lido Kant, ou se não tivermos achado atrativas suas perspectivas, poderemos pensar, como eu penso, que tudo que um princípio moral pode conseguir fazer é abreviar a variedade das intuições morais. Princípios são bons para sumariar uma gama de reações morais, mas não têm uma força independente que possa corrigir tais reações. Eles extraem toda sua força de nossas intuições a respeito das consequências de se agir com base nessas reações.

Em minha leitura da história da filosofia, Kant é uma figura transitória – alguém que nos ajudou a nos livrar da ideia de que a moralidade é uma questão de comando divino, mas que infelizmente reteve a ideia de que a moralidade é uma questão de obrigações incondicionais. Eu aceitaria a sugestão de Elizabeth Anscombe de que, se não acreditamos em Deus, faríamos bem em abandonar noções tais como "direito" e "obrigação" do vocabulário que utilizamos quando decidimos o que fazer.

Como outros grandes pensadores do Iluminismo, Kant queria se livrar da ideia de que os sacerdotes eram peritos em moral e estabelecer a doutrina democrática de que todo ser humano, ou pelo menos todo ser humano do sexo masculino, tem os recursos interiores necessários para tomar decisões morais sadias. Mas ele pensava que esses recursos consistiam na posse de um princípio incondicional – o imperativo categórico – que nos capacitaria a decidir como resolver os dilemas morais. Ele via esse imperativo como o produto de uma faculdade especial, que chamou de "pura razão prática", uma faculdade cujas manifestações não são absolutamente afetadas pela experiência histórica. Podemos recorrer das intuições morais sociais através dessa faculdade, e ela nos dirá quais intuições devemos manter e quais deveríamos abandonar.

Nietzsche dizia que sobre o imperativo categórico de Kant pairava um chicote e um mau odor de sangue. Minha filósofa moral favorita, Annette Baier, detecta o mesmo fedor. Da maneira como Baier vê a questão, a noção kantiana de obrigação incondicional é tomada de empréstimo de uma tradição autoritária, patriarcal e religiosa que deveria ter sido abandonada em vez de reconstruída. Se tivéssemos seguido o conselho de Hume, deveríamos ter parado de falar em obrigações incondicionais quando deixamos de temer as torturas após a morte. Quando deixamos de concordar com Dostoiévski que, se Deus não existe, então tudo seria permitido, deveríamos ter posto de lado a distinção entre moralidade e prudência. E não deveríamos ter substituído "Deus" por "Razão" como o nome do legislador.

Frequentemente nos é dito por filósofos morais contemporâneos que Kant fez uma descoberta espetacular e nos deu uma ideia nova de importância vital, a da autonomia moral. Mas suspeito de que, quando se dá a Kant o crédito pela descoberta, estamos utilizando o termo de maneira ambígua. Todo mundo acha que autonomia no sentido de liberdade de imposições exteriores é uma ótima coisa. Ninguém gosta de tiranos, sejam humanos ou divinos. Mas o sentido especificamente kantiano de autonomia – tomar nossas decisões morais com base na razão e não em algo capaz de ser influenciado pela experiência – é algo completamente diferente.

Relativamente poucas pessoas concordam com entusiastas de Kant como Christine Korsgaard – talvez a mais eminente, e certamente a mais intransigente, dos filósofos morais kantianos contemporâneos. Ela pensa que Kant tinha razão em sustentar que há um tipo especial de motivação chamado "moral", e que "a motivação moral, se ela existe, só pode ser autônoma"[5]. Autonomia no sentido de obediência ao comando incondicional da razão é um conceito muito especial, muito técnico – um conceito que tem de ser aprendido da maneira que outros conceitos técnicos são aprendidos, progredindo-se pelo próprio esforço no interior de um jogo de linguagem especificamente kantiano.

Esse jogo de linguagem é um jogo que temos de saber jogar para obter um doutorado em filosofia moral. Contudo, muitas pessoas que passam suas vidas tomando duras decisões morais se saem muito bem na alegre ignorância de sua existência. Uma boa parte da filosofia moral anglófona contemporânea aceita como natural um discurso no qual a ideia de "motivação especificamente moral" não é questionada, assim como não é questionada a ideia de que "moralidade" é o nome de uma entidade ainda bastante misteriosa que exige um estudo intensivo. Ler Kant é uma boa maneira de ser iniciado nesse discurso.

Ler meu herói filosófico pessoal, John Dewey, é uma boa maneira de acharmos nosso caminho para fora de tal discurso. Dewey esperava que cada vez menos pessoas achassem atraente a maneira kantiana de se falar a respeito da escolha moral. Pensava que era uma ideia muito ruim pensar que os imperativos morais têm uma fonte diferente do conselho prudente. Ele via Kant como uma figura cuja visão dos seres humanos nunca poderia ser reconciliada com a descrição darwinista de nossas origens. Em uma perspectiva

---

[5] Christine Korsgaard, *Creating the kingdom of ends* [Criando o reino dos fins], Cambridge, Cambridge University Press, 1999, p. 23.

pós-darwinista, sustentava Dewey, não pode haver uma ruptura aguda entre o conhecimento empírico e o não empírico, assim como não pode haver entre considerações práticas empíricas e não empíricas, ou entre fato e valor. Todo questionamento – na ética como na física, na política como na lógica – é uma questão de retecermos nossas redes de crenças e desejos de uma maneira tal a nos proporcionarmos mais felicidade e vidas mais livres e ricas. Todos os nossos julgamentos são experimentais e falíveis. A incondicionalidade e os absolutos não são coisas às quais deveríamos aspirar.

Da maneira que Dewey via essas questões, a cisão kantiana entre o empírico e o não empírico era uma relíquia da distinção platônica entre o material e o imaterial e, portanto, da distinção metafísica entre o humano e o divino. Dewey pensava que essa "ninhada e ninho de dualismos", como ele a chamava, devia ser abandonada, levando Platão e Kant juntos.

Eu penso que a filosofia moral contemporânea se encontra encurralada entre Kant e Dewey porque a maioria dos filósofos hoje em dia são naturalistas que gostariam que suas perspectivas fossem prontamente reconciliáveis com uma perspectiva darwinista de como chegamos até aqui. Mas os darwinistas não podem se sentir à vontade com a ideia kantiana de uma motivação moral distinta, ou de uma faculdade chamada "razão", que emite ordens. Para eles, a racionalidade só pode ser a busca de acordo intersubjetivo sobre como levar adiante projetos cooperativos. Essa visão da racionalidade é difícil de reconciliar com a distinção kantiana entre moralidade e prudência.

Aprender como jogar o jogo de linguagem no qual o conceito kantiano de autonomia teve seu lar original requer levar a sério a barroca psicologia das faculdades de Kant, pois para manejar esse conceito é preciso primeiro fragmentar a pessoa de maneira a distinguir os elementos legisladores dos elementos legislados. Dewey dedicou muita energia a nos ajudar a nos livrar dessa distinção, e foi bem-sucedido em grande medida. A ideia de uma faculdade legisladora chamada "razão", me parece, subsiste apenas em dois tipos de pessoa. A primeira são masoquistas que querem se apegar a um sentimento de pecado ao mesmo tempo em que usufruem dos confortos de um universo newtoniano limpo, bem iluminado e totalmente mecanizado. O segundo são professores de filosofia moral cujas descrições de cargo pressupõem uma clara distinção entre a moralidade e a prudência e, assim, suspeitam das tentativas deweyanas de derrubar tal distinção.

Dewey, penso eu, estava na trilha certa quando escreveu:

> A separação kantiana da reverência [pelas ordens da razão] como o único sentimento moral [,] de todos os outros como patológicos, é totalmente arbitrária [...] E poderia inclusive ser questionado até mesmo se este sentimento, como Kant o chama, é a mais alta ou última forma de sentimento moral – se ele não é conversível em amor[6].

Nos anos 1930, quando ainda era um seguidor de T. H. Green, Dewey via Hegel como tendo ultrapassado Kant da mesma maneira que o Novo Testamento ultrapassou o Antigo – substituindo a lei e os profetas pelo amor. Tanto Hegel quanto Cristo, como Dewey os lia, tinham conseguido evoluir para além do desejo obsessivo pela pureza ritual (ou, como Kant a chamava, a necessidade de purgar a moralidade de todos os traços do meramente empírico). Mesmo depois de Dewey ter deixado de se considerar hegeliano, ele nunca hesitou em sua tentativa de derrubar os dualismos que a filosofia moral havia herdado de Kant.

---

[6] John Dewey, *Outline of a critical theory of ethics* [Esboço de uma teoria crítica da ética], em *The early works of John Dewey* [Os primeiros trabalhos de John Dewey], vol. III, Carbondale, Southern Illinois University Press, 1971, p. 295.

Meu outro filósofo moral contemporâneo favorito, J. B. Schneewind, consegue respeitar e admirar Kant de uma maneira que Baier e eu não conseguimos. Mas ele tentou se distanciar das piores partes de Kant em vários ensaios. Um deles é um artigo precoce, publicado em 1968, chamado "Moral knowledge and moral principles" [Conhecimento moral e princípios morais], no qual ele insiste em que abandonemos a ideia de que os filósofos morais têm o dever de nos fornecer princípios morais completamente livres de contexto, no sentido de "capazes de serem aplicados a qualquer tipo de situação"[7]. Ele sustenta essa posição dizendo:

> O fato de um dado princípio ser supremo na resolução de conflitos não implica que ele deva ser supremo em todos os contextos. Supor que seja assim equivale a supor que todas as regras e decisões acordadas por um casal feliz no casamento dependem da autoridade do tribunal de divórcio, já que esse tribunal tem a palavra final na resolução de todos as suas disputas se eles não puderem resolvê-las por outros meios [...] Qualquer princípio estabelecido com o auxílio da argumentação poderia ser simplesmente considerado como uma ambulância moral, não para uso diário, tendo o direito de precedência apenas em emergências, e não no curso ordinário dos eventos[8].

Nesse ensaio, Schneewind não endossa explicitamente essa perspectiva *apenas em emergências* dos princípios morais, mas muito do que ele disse nos anos posteriores parece concordar com ela. Assim, em um ensaio em que critica a ênfase de Korsgaard sobre a incondicionalidade dos princípios morais, Schneewind observa:

---

[7] J. B. Schneewind, "Moral knowledge and moral principles", em *Revisions: changing perspectives in moral philosophy* [Revisões: mudando perspectivas em filosofia moral], Notre Dame, IN, Notre Dame University Press, 1983, p. 116.

[8] Idem, p. 117.

Em deliberações inseridas em um complexo contexto de premissas e acordos pode não haver a necessidade prática de continuar a procurar razões até que encontremos uma que atenda à exigência de Korsgaard [a exigência de que a justificação seja conclusiva]. O ceticismo justificacional não surge naturalmente nesses contextos [...] Os ceticismos filosóficos nos levariam a pensar que nunca podemos recorrer justificadamente a premissas, nem mesmo às possivelmente duvidosas. Mas Korsgaard teria de justificar esse padrão de maneira a utilizá-lo para nos iniciar no argumento de regresso que a conduz ao princípio que nenhum agente livre poderia questionar[9].

Schneewind continua dizendo que em emergências – situações nas quais temos razões para criticar alguns dos nossos lugares-comuns morais até agora não questionados, ou enfrentamos problemas radicalmente novos, ou afetamos ou lidamos com pessoas cuja moralidade e cultura não nos são familiares – as formulações kantianas (do imperativo categórico) são exatamente o que precisamos[10]. Pode ser útil, de fato, nesses casos, nos perguntarmos se estamos usando os outros seres humanos simplesmente como meios. Mas ele nota que o princípio utilitarista também pode ser de ajuda. Pode ser útil, nesses casos, nos perguntarmos qual decisão vai aumentar a felicidade humana – e produzirá mais prazer e menos dor. Schneewind diz que

[...] os dois tipos de princípio possuem a generalidade ilimitada que os torna adequados para nos auxiliar a chegar a um acordo

---

[9] J. B. Schneewind, "Korsgaard and the unconditional in morality" [Korsgaard e o incondicional na moral], *Ethics* 109, 1998, p. 46.
[10] Idem, ibidem.

razoável nos tipos especiais de situação deliberativa em que nossas razões mais *densas* ou mais específicas já não funcionam[11].

Apesar de Schneewind achar o serviço ambulatório de Kant melhor do que o de Mill, ele não parece se preocupar sobre a diferença entre os dois. Como Annette Baier, Schneewind demonstrou irritação com a fascinação que essa diferença exerce em filósofos morais contemporâneos – a obsessão com a oposição entre consequencialismo e não consequencialismo que ainda domina o curso de ética elementar. Quando lemos os últimos capítulos da recente história da filosofia moral de Schneewind, *The invention of autonomy*[12], temos a impressão de que o filósofo moral do século XVIII favorito de Schneewind não é Kant mas Diderot, de quem ele escreve:"Buscar a felicidade com justiça nesta vida; se isto é um princípio moral, é um que Diderot apoiaria."[13]

Minha própria perspectiva é a de que ninguém deveria perder muito tempo hesitando sobre qual serviço de ambulância chamar em emergências. O princípio que Schneewind coloca na boca de Diderot é tudo o que jamais obteremos, e tudo o que jamais necessitaremos, no que diz respeito a uma reconciliação de Mill com Kant. Concordo com Baier quando ela diz que deveríamos parar de dizer aos estudantes nas classes de ética do primeiro ano que os princípios são terrivelmente importantes, e que eles estão sendo intelectualmente irresponsáveis se não se afiliarem a um ou outro serviço de ambulâncias.

Assim, minha leitura de Schneewind é que ele diz que a escolha de qual serviço contratar é muito menos importante que a compreensão de que os princípios morais não podem fazer mais do

---

[11] Idem, p. 47.
[12] B. Schneewind, [*A invenção da autonomia*, ed. Unisinos, 2001], Cambridge: Cambridge University Press, 1998.
[13] Idem, p. 468.

que sumariar muitas de nossas prévias deliberações – e lembrar-nos de algumas de nossas prévias intuições e práticas. Tais lembretes, finos e abstratos, podem ser de auxílio quando considerações mais densas e concretas ainda nos deixam em conflito com nossos vizinhos. Eles não nos fornecem algoritmos, mas oferecem o único tipo de orientação que a abstração tem a oferecer.

Schneewind termina seu artigo de 1968 dizendo que não deveríamos confundir a decisão de que um certo princípio moral resume muitas experiências relevantes "com a descoberta de que certos princípios são básicos por causa de sua própria natureza inerente"[14]. Como bom deweyano, Schneewind não é propenso a levar a sério a noção kantiana de "natureza inerente". Ele cita Dewey como sustentando que "o que há de científico sobre a moralidade não são nem alguns princípios básicos nem os princípios sobre os quais ela reside [...] mas a estrutura geral de seus conteúdos e seus métodos"[15]. Poderíamos reafirmar essa posição dizendo que sob uma perspectiva deweyana, como oposta a uma perspectiva kantiana, o que torna a física, a ética e a lógica racionais não é o fato de elas serem axiomatizáveis, mas o de que cada uma delas é o que Wilfrid Sellars chamou de "uma empresa que se autocorrige e que pode colocar em risco *qualquer* reivindicação; mas não *todas* ao mesmo tempo"[16].

Dizer que os princípios morais não possuem natureza inerente é implicar que eles não têm uma fonte diferenciada. Eles emergem de nossos encontros com o que nos rodeia da mesma maneira que emergem as hipóteses sobre movimento planetário, códigos de etiqueta, poemas épicos e todos os outros padrões de comportamento linguístico. Como esses outros emergentes, eles são bons na

---
[14] Schneewind, "Moral knowledge and moral principles", p. 126.
[15] Idem, p. 120.
[16] Wilfrid Sellars, *Science, perception and reality* [Ciência, percepção e realidade], Londres, Routledge e Kegan Paul, 1963, p. 170.

medida em que conduzem a boas consequências e não porque se encontram em alguma relação especial com o universo ou a mente humana, pois as questões deweyanas sobre fontes e princípios, sobre *das Ursprungliches* e *ta archaia*, são sempre um sinal de que os filósofos estão preparando seus velhos truques platônicos. Eles estão tentando pôr em curto-circuito o cálculo das consequências em andamento recorrendo a algo estável e permanente, algo cuja autoridade não esteja sujeita ao teste empírico.

Sempre que reacionários kantianos como Husserl e Russell ganham vantagem sobre historicistas hegelianos progressistas como Green e Dewey, os professores de filosofia começam novamente a traçar linhas não empíricas entre a ciência e o resto da cultura, e também entre a moralidade e a prudência. O primeiro empreendimento desempenhou um papel considerável na criação do que agora chamamos de "filosofia analítica", mas atualmente é visto com ceticismo por filósofos da ciência pós-kuhnianos hegelianizados como Ian Hacking, Arthur Fine e Bruno Latour. Esses escritores insistem em que há apenas distinções sociais entre a ciência e a não ciência, distinções girando em torno de noções como culturas especializadas, iniciação em matrizes disciplinares e coisas do gênero. Não existem diferenças metafísicas ou metodológicas. Não há nada a respeito do que a filosofia da ciência, em contraste com a história e a sociologia da ciência, possa se estender.

Penso que essa postura pós-kantiana teria sido bem recebida por Dewey, para quem o termo "método científico" significava pouco mais do que a injunção de Peirce de permanecermos experimentais e com a mente aberta em nossa perspectiva – para certificar-se de que ninguém estaria bloqueando o caminho do questionamento. Se a afirmação de Arthur Fine de que "a ciência não é especial" chegar a ser aceita de maneira geral, poderá não haver mais uma disciplina abrangente chamada "filosofia da ciência", apesar de que bem poderão haver áreas frutíferas de questionamento chamadas "filosofia da mecânica quântica" ou "filosofia da biologia evolucionária"[17].

Algo análogo poderia ocorrer se fôssemos psicologizar a distinção entre moralidade e prudência da maneira que os kuhnianos sociologizaram a distinção entre ciência e senso comum. Poderíamos fazer isso dizendo que o que distingue a moralidade da prudência não é uma questão de fontes, mas simplesmente a diferença psicológica entre questões que tocam o que Korsgaard chama de nossa "identidade prática" – nossa percepção daquilo que preferíamos morrer a fazer – e as que não tocam. A diferença relevante não é de tipo, mas de grau de importância sentido, assim como a diferença entre a ciência e a não ciência é a diferença de grau de especialização e profissionalização.

Uma vez que nossa percepção de quem somos, e daquilo por que vale a pena morrer, é obviamente suscetível de ser apreendida histórica e culturalmente, seguir esta linha de pensamento novamente nos levaria a nos afastarmos de Kant para seguirmos na direção de Hegel e, finalmente, para a síntese deweyana de Hegel com Darwin. Em um clima filosófico deweyano, disciplinas como a *filosofia da lei constitucional norte-americana* ou a *filosofia da responsabilidade diminuída* ou a *filosofia das relações sexuais* poderiam florescer, mas ninguém veria muito propósito em uma disciplina abrangente chamada "filosofia moral", como tampouco veria propósito em uma disciplina chamada de "filosofia da ciência". Assim como não haveria nada chamado "cientificidade" a ser estudado, tampouco ha-

---

[17] Cf. Arthur Fine, "The view from nowhere in particular" [Perspectiva de nenhum lugar em particular], *Proceedings and addresses of the American Philosophical Association 72* [Procedimentos e Discursos da Associação Americana de Filosofia n. 72], 1998; comento a perspectiva de Fine em "Um ponto de vista pragmatista sobre a filosofia analítica contemporânea", acima, p. 133-46.

veria algo chamado de "moralidade". A obsolescência do discurso kantiano faria a ideia do estudo da "natureza dos conceitos morais" parecer tola e, portanto, levar a um remapeamento do terreno filosófico. Há uma razão, contudo, para que resistamos à sugestão de que a distinção entre moralidade e prudência é simplesmente uma questão de psicologia individual – para que pensemos que a moralidade é ao mesmo tempo especial e misteriosa, e que os filósofos devem ter algo a dizer acerca de sua natureza intrínseca. Nós a consideramos especial porque achamos que "Por que eu deveria ser moral?" é uma boa questão de uma maneira que "Por que eu deveria ser científico?" não é. Isso é porque interpretamos "moral" como "tendo aproximadamente a identidade prática que nós de fato temos". Nós pensamos que deve haver pessoas que possam nos mostrar por que o nosso lado está certo – por que nós, liberais decentes, tolerantes e de bom coração somos algo mais do que um epifenômeno da história socioeconômica recente. Os filósofos morais parecem ser bons candidatos para esse papel. Kantianos de estrita observância, como Korsgaard explicitamente aceita ser chamada.

Agora, no início do século XXI, nós podemos continuar sem a filosofia da ciência porque não necessitamos restaurar nossa confiança na ciência. Podemos abandonar a ideia de que a cientificidade é uma espécie natural importante, porque a ciência não está em perigo. A filosofia da ciência – em sua forma tradicional de uma argumentação de que o método científico, e apenas o método científico, poderia nos dizer como as coisas real e verdadeiramente são – parecia importante nos dias em que o papa Pio IX estava anatematizando a civilização moderna. Mas à medida que a tensão entre a religião e a ciência gradualmente deixou de ocupar a atenção dos intelectuais, a filosofia da ciência passou a se parecer com mais um copo d'água onde se provocam tempestades acadêmicas. Atualmente, a filosofia da ciência só atrai a atenção pública quando, por exemplo, sacerdotes fundamentalistas decidem fazer uma nova tentativa contra Darwin, ou quando os sociobiólogos tentam se apoderar do magistério que já foi usufruído pelos teólogos.

Em contraste, a filosofia moral ainda pode parecer indispensável. Isso porque há uma tensão permanente entre a moralidade do Iluminismo e as moralidades primitivas, bárbaras e exclusivistas de culturas e populações que não usufruíram da segurança e da riqueza que possuímos. Essas culturas omitiram a emergência da tolerância, do pluralismo, da miscigenação, do governo democrático e de pessoas como nós. Assim, os não acadêmicos são inclinados a sentir que isso poderia ser uma área na qual os professores de filosofia de fato ganham a vida – uma confiança que não se estende aos filósofos analíticos que se especializam no que chamam de "áreas centrais da filosofia" – a metafísica e a epistemologia.

Essa predisposição favorável pode não sobreviver ao curso de ética elementar, mas os estudantes que entram nesse curso temerosos do que chamam de "relativismo" continuam a proporcionar uma audiência apreciativa para os livros que lhes dirão, como faz Kant, que a moralidade é uma fonte especial – uma relação especial com algo que não é nem contingente nem historicamente localizável. O melhor livro recente dessa categoria – *The sources of normativity* [As fontes da normatividade], de Korsgaard – tenta reconstruir o muro entre a moralidade e a prudência que Dewey tentou derrubar e *provar* que o nosso lado está certo – que o Iluminismo europeu não foi apenas uma contingência histórica, mas uma necessidade racional. Respondendo a Schneewind e outros críticos sobre sua insistência sobre a incondicionalidade, Korsgaard diz:

> A todos os fãs do inserido, do pragmático, do contextual etc., que estão sempre insistindo em que as justificações devam ter um fim em algum lugar, Kant responderia que as justificações só

podem chegar a um fim com uma lei que nós próprios desejemos, uma lei que estejamos preparados a desejar para todos, porque as justificações devem chegar a um fim conosco – com os ditames de nossa própria mente. E nisso eu estou com Kant[18].

Para Korsgaard, nossa mente tem uma estrutura que pode ser revelada pela filosofia transcendental. Ao revelar essa estrutura, a filosofia pode fornecer um argumento transcendental para a verdade da moralidade do Iluminismo[19] – um argumento que pode convencer até os nazistas e mafiosos se eles pensarem pelo tempo e com o esforço necessários. Ser refletido, para Korsgaard, é deixar nossa mente trabalhar livremente para explorar as implicações de sua própria existência, em vez de se deixar distrair pela paixão e pelo preconceito.

Dewey concordou com o último Wittgenstein que nós deveríamos evitar confundir questões sobre fontes – que deveriam sempre ser consideradas como pedidos de explicação causal – com questões sobre justificações. É essa a confusão que Dewey e seu seguidor Wilfrid Sellars diagnosticaram na epistemologia empírica. Mas a confusão é, obviamente, comum aos empiristas, aos platonistas e aos kantianos. Ela consiste em uma tentativa de dividir a alma e a mente em faculdades chamadas de "razão", "os sentidos", "as emoções", "a vontade" e outras similares e então legitimar uma afirmação controversa dizendo que ela é apoiada pela única faculdade relevante. Os empiricistas sustentam que já que os sentidos são nossas únicas janelas para o mundo, apenas eles podem nos dizer como o mundo é. Os platonistas e kantianos dizem que já que o desejo desenfreado

---

[18] Christine Korsgaard, "Motivation, metaphysics, and the value of the self: a reply to Ginsborg, Guyer and Schneewind" [Motivação, metafísica e o valor do eu: uma réplica a Ginsborg, Guyer e Schneewind], *Ethics* 109, 1998, p. 66.

[19] Cf. Christine Korsgaard, *The sources of normativity*, Cambridge, Cambridge University Press, 1996, p. 123.

é a fonte de todo o mal moral, apenas algo completamente distinto do desejo pode ser a fonte da virtude moral.

Korsgaard deleita-se, tão alegremente e sem consciência de si quanto Kant, com a psicologia das faculdades. Ela diz, por exemplo, que "a relação do eu do pensamento com o eu da ação é uma relação de autoridade legítima"[20], e presumivelmente diria que qualquer autoridade reivindicada pelo eu da paixão seria ilegítima. Mais uma vez, ela diz que "nossa identidade como seres morais – como pessoas que se valorizam como seres humanos – respalda as nossas identidades práticas mais particulares"[21]. Ela se situa, por assim dizer, nas sombras por detrás de nossa identidade como pai, amante, homem de negócios, patriota, mafioso, professor ou nazista, esperando ser revelada pela reflexão. O quanto poderosamente ela faz se sentir depende, na frase de Korsgaard, "de quanto a luz da reflexão está acesa"[22].

Metáforas visuais desse tipo são tão centrais no pensamento de Korsgaard como no de Platão, mas são anátemas para os que seguem Dewey ao pensar o eu como uma rede de crenças e desejos que se autorretece e autocorrige – um mecanismo homeostático. Considerar todo questionamento (na física e na lógica, assim como na ética), tal como uma busca pela homeostase, por um equilíbrio reflexivo temporário, é pôr de lado a busca por faculdades legitimadoras e, mais geralmente, a busca de fontes. A *razão* não é uma fonte de conceitos ou julgamentos mais do que o são a *experiência dos sentidos* ou a *realidade física*. A própria ideia de legitimizar um conceito ou um julgamento por descobrir de onde ele veio é uma má ideia.

Os leitores de Wittgenstein que se acostumaram a considerar "nosso conceito de X" como sinônimo de "nossa utilização da palavra X" suspeitarão da exigência de Korsgaard de que os fi-

---

[20] Idem, p. 165.
[21] Idem, p. 121.
[22] Idem, p. 257.

lósofos nos revelem as fontes dos conceitos morais. Para eles, a questão "Qual é a fonte de nossos usos dos termos normativos que empregamos em nossas deliberações morais?" só pode ser interpretada como um pedido de antecedentes históricos. Histórias de reflexão moral, como a de Schneewind, Charles Taylor e Alasdair MacIntyre, e não livros como os de Korsgaard fornecerão as respostas apropriadas para essa questão, pensam eles.

Os wittgensteinianos pensam que obtemos ideias que superam o atual do mesmo lugar em que obtemos ideias que delimitam o atual — das pessoas que nos ensinaram a usar as palavras que são usadas para formular essas ideias. A partir dessa perspectiva, a questão "Quais são as fontes da normatividade?" não tem maior apelo do que a questão "Quais são as fontes da facticidade?", pois uma norma é apenas um certo tipo de fato — um fato sobre o que as pessoas fazem — visto do interior.

Suponhamos que, como uma questão de fato contingente, uma comunidade à qual tenho orgulho em pertencer despreze as pessoas que fazem A. Os membros dessa comunidade frequentemente dizem que prefeririam morrer a fazer A. Minha identificação com essa comunidade me leva a dizer "Nós [ou "pessoas da nossa categoria" ou "pessoas que eu respeito"] não fazemos A". Quando digo isso, utilizando a primeira pessoa, estou relatando uma norma. Quando dou um passo atrás e me distancio de minha comunidade, em minha qualidade de antropólogo ou de historiador intelectual, e digo "eles preferem morrer a fazer A", estou relatando um fato. A fonte da norma é, por assim dizer, minha internalização do fato. Ou, se preferirmos, a fonte do fato é a externalização da norma.

Foi essa a interpretação de Sellars da relação entre fato e valor, e do ponto de vista moral. Para Sellars, assim como para Dewey, a primeira relação foi suficientemente clarificada ao se ressaltar a relação entre "Os homens jovens em Papua se sentem obrigados a caçar cabeças" e "Todos nós homens jovens aqui em Papua nos sentiríamos envergonhados se não caçássemos cabeças". É o pronome reflexivo simbólico que faz a grande diferença, e a única diferença[23].

A própria Korsgaard parece se aproximar dessa perspectiva quando diz que a resposta à sua questão sobre as fontes da normatividade "deve apelar, de uma maneira profunda, à percepção de quem nós somos, à percepção de nossa identidade"[24]. Ela continua dizendo que uma condição para "uma resposta bem-sucedida para a questão normativa" é que "ela deve mostrar que, às vezes, fazer a coisa errada é tão ruim ou pior do que a morte". E acrescenta que "a única coisa que poderia ser tão ruim ou pior do que a morte é algo que para nós equivale à morte – não sermos mais nós mesmos".

Dewey concordaria inteiramente com essa posição, mas acharia que, uma vez ela tendo sido assumida, nós sabemos tudo o que jamais saberemos sobre as fontes da normatividade. Assim, os deweyanos lamentarão que Korsgaard pense que há mais a ser descoberto, e que apenas uma tal descoberta capacitará os filósofos a enfrentar o desafio de um agente em face de uma difícil exigência moral que pergunta "Por que devo fazer isso?". Korsgaard nos diz que "um agente que duvida se deve realmente fazer o que a moralidade diz, também duvida se é assim tão ruim ser moralmente mau".

Mas levaremos a questão "Por que eu deveria ser moral" a sério somente se pensarmos que a resposta "Porque você poderá não ser capaz de viver consigo próprio se considerar a si próprio imoral" não é boa o suficiente. Mas por que ela não seria suficiente? Apenas, me parece, porque a pessoa que duvida que ela deveria ser moral já está no processo de pavimentar uma nova identidade para si pró-

---

[23] Cf. Wilfrid Sellars, *Science and metaphysics* [Ciência e metafísica], Londres, Routledge e Kegan Paul, 1963, cap. 7.

[24] Korsgaard, *The sources of normativity*, p. 17.

pria – uma identidade que não a comprometa a fazer a coisa que sua velha identidade considerava obrigatória.

Huck Finn, por exemplo, teme que não possa ser capaz de viver consigo próprio se não ajudar a retornar Jim à escravidão. Mas ele termina fazendo uma tentativa. Ele não estaria tão disposto a isso, presumivelmente, se fosse completamente incapaz de imaginar uma nova identidade prática – a identidade de alguém que considera que a lealdade aos amigos o libera de obrigações legais e convencionais. Essa, provavelmente, é a identidade que Huck vai reivindicar quando explicar a São Pedro por que ele não deveria ser enviado para o inferno como um ladrão. Analogamente, uma médica católica que acha que preferiria morrer a matar um feto pode se achar tecendo apressadamente uma nova identidade prática para si própria quando se torna a última esperança de uma vítima desesperada de estupro.

Sócrates foi capaz de fazer que a tese de que ninguém comete o mal intencionalmente parecesse plausível apenas porque a maioria de nós compartilha a capacidade de Huck, ou da minha doutora imaginária, de fazer surgir rapidamente uma nova identidade prática adequada para a ocasião. A maioria de nós já teve a experiência de fazer exatamente isso. Encontramos Sócrates explicando, na *Apologia*, que ele passou sua vida moldando uma nova identidade para si próprio, e que agora ele preferiria morrer a ser o que os seus juízes chamam de "moral" – isto é, voltar a ser a pessoa que ele e eles foram criados para ser. Essa nova identidade pode muito bem ter parecido à audiência de Sócrates como uma racionalização de uma perversidade neurótica, assim como a recém-encontrada identidade de Huck teria parecido com a racionalização da fraqueza moral do xerife local.

Korsgaard pensa que há um critério anistórico para distinguir a racionalização da fraqueza de um exemplo encorajador de progresso moral. Os deweyanos pensam que há apenas o critério de o quanto bem ou mal nós próprios podemos adequar as novas identidades práticas de Huck ou de Sócrates com a nossa própria. Há apenas, se preferirmos, o julgamento da história – daquela história particular que leva a nós, com as identidades práticas que atualmente temos. Parafraseando o velho ditado sobre a traição, as identidades de Huck e Sócrates prosperaram, e ninguém ousaria agora chamá-las de racionalizações, fraqueza ou perversidade. Em contraste, consideremos o pequeno Hans, um soldado alemão que foi designado para matar crianças judias e que foi encontrado escondendo-se nas cercas vivas da Polônia. Ele construiu apressadamente uma nova identidade prática para si próprio – aquela de um bom e obediente servidor do *Führer*. Graças ao poder dos exércitos aliados, sua identidade *não* prosperou.

Sob a perspectiva deweyana que estou esboçando, o valor pragmático à vista da questão "Por que eu deveria ser moral?" é "Deveria eu reter a identidade prática que tenho atualmente, ou desenvolver e acalentar a nova identidade que terei de assumir se fizer o que a minha identidade prática presente proíbe?". Sob essa maneira de pensar o assunto, a questão "Por que eu deveria ser moral?" é uma questão que surge apenas quando duas ou mais identidades práticas alternativas estão sob consideração. É por isso que a questão quase nunca surge em sociedades tradicionais do tipo em que os membros do júri que julgou Sócrates foram criados. Esses jurados puderam ver pouco sentido na questão e, portanto, pouco sentido na vida de Sócrates.

Mas a questão surge o tempo todo nas sociedades pluralistas modernas – para não mencionar as sociedades nas quais tiranos cruéis rapidamente assumem o poder. Nessas sociedades, contudo, ela não é usualmente considerada como uma questão à qual os filósofos deveriam responder apresentando uma teoria satisfatória das fontes da normatividade. Mais exatamente, ela é uma questão sobre de qual dos muitos fornecedores de identidades práticas alternativas deveríamos comprar.

Em minha interpretação, então, a questão "Por que eu deveria ser moral?" é tipicamente preliminar à questão "Qual moralidade eu deveria ter?". Essa última questão é, ela própria, uma maneira de perguntar "Deveria eu continuar a pensar que certas ações são tão ruins ou piores que a morte?". Isso é, obviamente, bastante diferente da interpretação kantiana de Korsgaard. Ela pensa que se trata de uma questão a ser respondida ao se considerar não os relativos atrativos de várias comunidades e identidades, mas algo que existe independentemente das contingências históricas que criam comunidades e identidades.

Para se poder ver melhor como essa questão se parece do ponto de vista deweyano que recomendo, consideremos uma analogia entre "Por que eu deveria ser moral?" e "Por que eu deveria pensar que esse pódio e essas cadeiras são reais?". Essa questão cartesiana, sugeriram wittgensteinianos como Bouwsma, só deveria ser levada a sério se uma descrição alternativa das aparências fosse oferecida: por exemplo, que esses itens de mobília na verdade são imitações em papel machê da coisa verdadeira, ou são ilusões produzidas por agulhas enfiadas em nosso cérebro. É necessário que sejam oferecidas algumas dessas descrições concretas e detalhadas de minha tentação de acreditar em sua realidade antes que eu me dê ao trabalho de levar em consideração a afirmação de que elas são irreais. Uma vez que seja fornecida uma tal descrição, então uma candidata alternativa para a realidade local – como a ação de cenografistas ou cientistas loucos, talvez – poderia se tornar plausível. Mas avaliar os méritos dessas candidatas alternativas não é fazer filosofia. Nenhuma exploração do significado de "real" ou da natureza da realidade poderia nos ser de algum auxílio.

Analogamente, estou sugerindo que a questão "Por que eu deveria ser moral?" deveria ser levada a sério apenas se uma moralidade alternativa estivesse começando a parecer plausível. Mas avaliar os méritos dessas candidatas alternativas não é a tarefa do tipo de filósofo que se crê capaz de nos dizer algo mais sobre os significados dos termos "real" e "moral" – o tipo que investiga as *naturezas* desses conceitos.

Korsgaard define "uma teoria de conceitos morais" como uma resposta a três questões: o que os conceitos morais significam ou contém, ao que eles se aplicam e de onde eles vêm[25]. Sob a perspectiva que estou sugerindo, apenas a segunda dessas questões é boa. A questão sobre o que os conceitos significam é tão ruim quanto as questões sobre o que conceitos como "pódio real", "pódio de imitação de papelão" e "agulha enfiada na parte do meu cérebro que percebe pódios" significam. Até que alguém demonstre uma perplexidade concreta sobre quando utilizar cada termo, esses conceitos não necessitam ser esclarecidos.

Uma adolescente romântica e perturbada que se pergunta se deve tentar construir sua identidade moral em torno de figuras como Alyosha e o padre Zossima, ou Ivan e Zaratustra, pode ser ajudada por críticos literários e historiadores intelectuais a ver mais claramente quais eram os compromissos dessas figuras e como elas consideravam a si próprias. Hans, quando foi enviado ao *Einsatzkommando*, pode ter sido ajudado por um gentil sargento antinazista, ou por um igualmente gentil capelão pró-nazista, da mesma maneira. Essa ajuda pode, se preferirmos, ser pensada com um esclarecimento conceitual. Mas é difícil dizer como será a participação dos filósofos kantianos, pois suas explicações sobre o significado de "moral" parecem irrelevantes para os problemas dessa adolescente. Analogamente, explicações sobre o significa-

---

[25] Idem, p. 11.

do de "real" ou "verdadeiro", ou descrições da fonte dessas noções normativas, pareceriam irrelevantes para alguém que começa a se perguntar se não pode ter sido vítima de um cirurgião louco manejando agulhas.

Alguém tão impaciente quanto eu com as questões kantianas de Korsgaard encontra mais interesse na antiga filosofia moral – que concentrava sua atenção na escolha de heróis, debatendo quais figuras um jovem deveria tentar usar como modelo – do que o tipo de coisa que usualmente é ensinada no curso de ética elementar, pois tais debates fornecem questões morais concretas que podem ser levadas em consideração – ao contrário dos debates sobre os méritos alternativos do imperativo categórico e do princípio utilitarista. A discussão sobre os méritos relativos de Alyosha e Ivan parece estar conectada ao debate referente aos de Ulisses e Aquiles, ou aos de Sócrates e Péricles. Discussões sobre deontologia contra consequencialismo, ou sobre se a percepção da obrigação moral tem origem na razão ou no sentimento, parecem distrações pedantes de discussões sobre personagens históricos ou literários.

Ao assumir essa posição, estou fazendo eco a algumas coisas ditas por Schneewind. Em um trabalho chamado What has moral philosophy done for us... lately? [O que a filosofia moral tem feito por nós... ultimamente?][26], ele toma algumas de minhas próprias dúvidas sobre a filosofia moral e diz que uma coisa que pode ser dita a favor dessa área da cultura é que "as criações da imaginação conceitual do filósofo têm estado tão vívidas e eficazes quanto os personagens inventados pelo romancista ou pelo escritor de tragédias". Ele cita os epicurianos e os estoicos como exemplos e então continua dizendo que

---

[26] J. B. Schneewind, "What has moral philosophy done for us...lately?", palestra realizada na Universidade de Michigan, Instituto de Humanidades, fevereiro de 2000; disponível em vídeo em <http://ethics.sandiego.edu/video/Schneewind>. Publicado em alemão como "Vom Nuzen der Moralphilosophie – Rorty zum Trotz", trad. por Harald Koehl, em *Deutsche Zeitschrift für Philosophie* 48, 2000, p. 855-66.

os retratos filosóficos de uma vida virtuosa debatem as atitudes pré-teóricas que estamos predispostos a ter sobre como desejamos viver. Ao mostrar como eles devem ser extensivamente examinados antes de se decidir a respeito, podem nos ajudar tanto quanto as obras de ficção para o autoconhecimento e a autocrítica.

Concordo com as observações de Schneewind que acabo de citar, apesar de estar inclinado a acrescentar "sim, mas não mais do que as obras de história e de ficção podem fazer, e talvez não tão eficientemente". Mas quando Schneewind continua dizendo que quando tentamos articular similaridades entre nós próprios e Sócrates ou o sr. Casaubon "poderemos necessitar nos deslocar para além do caso até algo como uma declaração de princípios", começo a me tornar mais hesitante. Alguns de nós, com uma queda por princípios, podem necessitar fazer isso. Mas por razões que o próprio Schneewind deixou entrever em seu ensaio de 1968 que citei anteriormente, não estou tão certo de que essas necessidades devessem ser encorajadas.

Da maneira como vejo a questão, nós quase nunca fazemos as coisas como Singer pensa que deveríamos fazer: rejeitar as perspectivas morais da comunidade em que fomos criados porque encontramos o que Singer chama de "uma teoria moral solidamente fundamentada"– pelo menos se tal teoria consistir de uma série de inferências extraídas de algum amplo princípio geral que nos pareça intuitivamente plausível. De preferência, quando encontramos um princípio assim tão plausível, e percebemos que aceitá-lo nos levaria a alterar nossas maneiras, tentamos obter o que John Rawls chama de "equilíbrio refletido". Isto é, oscilamos de um lado para o outro entre o princípio proposto e nossas velhas intuições, tentando fabricar uma nova identidade prática que faça justiça a ambos. Isso implica em imaginar com o que a nossa comunidade se pareceria se mudássemos as suas maneiras, e com o que nós nos pareceríamos como membros dessa comunidade reformada. É uma comparação detalhada de eus imaginados, situações e comunidades que dá conta do recado, e não discussões de princípios. A formulação de princípios gerais é às vezes útil, mas apenas como uma ferramenta para sumariar os resultados de se imaginar tais alternativas.

Singer e muitos outros filósofos morais contemporâneos parecem imaginar que alguém poderia decidir superar sua relutância em realizar abortos, ou decidir ajudar a mudar as leis para que o aborto se torne um crime capital, simplesmente por ter se deixado surpreender pela plausibilidade de algum grande princípio geral que impõe uma ou outra dessas decisões. Mas não é dessa maneira que ocorre o progresso ou o retrocesso moral. Não é assim que as pessoas alteram suas identidades práticas – sua percepção do que elas prefeririam morrer a fazer.

A vantagem das pessoas bem versadas, refletivas e que dispõem de tempo livre é que, quando se trata de decidir sobre a coisa certa a fazer elas são mais imaginativas, não mais racionais. Sua vantagem reside em ter consciência de muitas identidades práticas possíveis, e não apenas uma ou duas. Tais pessoas são capazes de se colocar no lugar de muitos tipos diferentes de pessoas – o Huck de antes de decidir se entregaria Jim e o Huck de depois, Sócrates e os acusadores de Sócrates, Cristo e Pilatos, Kant e Dewey, os heróis homéricos e os ascetas cristãos. Os filósofos morais nos forneceram algumas identidades morais para levarmos em consideração, os historiadores e biógrafos outras e os romancistas ainda outras.

Assim como há muitas identidades práticas individuais imagináveis, da mesma forma também há muitas identidades práticas comunitárias. As pessoas refletidas e bem versadas leem história, antropologia e romances históricos para fazer uma ideia de como deveria ter sido ser um membro leal e incondicional de uma comunidade que consideramos primitiva. Elas leem romances de ficção científica para fazer uma ideia de como poderia ser ter sido educado em comunidades mais avançadas do que as nossas. Elas leem filósofos morais não para encontrar argumentos arrasadores, ou para se tornarem mais racionais ou mais claras ou mais rigorosas, mas para encontrar maneiras úteis de sumariar as várias reações que tiveram com essas várias fantasias.

Gostaria de concluir retornando à questão com a qual comecei: a questão para a qual acho que Singer e outros dão más respostas. Da maneira como vejo, os especialistas em filosofia moral não deveriam se considerar como pessoas que possuem melhores argumentos ou pensamentos mais claros que a maioria, mas simplesmente como pessoas que passaram muito tempo falando sobre as questões que perturbam as pessoas que se confrontam com decisões difíceis sobre o que fazer. Os filósofos morais se tornaram bastante úteis em hospitais, discutindo as questões criadas pelos recentes avanços na tecnologia médica, assim como em muitas outras áreas na qual a ordem pública é debatida. O próprio Singer tem feito um admirável trabalho nesse âmbito. Tais filósofos são membros perfeitamente respeitáveis do mundo acadêmico e da sociedade. Eles não necessitam ser constrangidos por exigências de justificativa de sua participação no dinheiro público mais do que os antropólogos, os historiadores, os teólogos ou os poetas. É apenas quando montam em seus altos cavalos kantianos que deveríamos olhá-los com suspeita.

Índice onomástico

Abrams, M. H. 59
Adorno, Theodor 245
Agostinho, Santo 65, 196, 257, 290
Alighieri, Dante 129, 173
Allen, Woody 121-2
Anscombe, Elizabeth 244, 270, 305
Antígona 142
Apel, Karl-Otto 94, 100
Aquiles 195, 326
Aquino, Tomás de 129
Arendt, Hannah 245
Aristóteles 85, 111, 123-4, 129, 191, 208, 268, 279
Armstrong, David 258
Arnold, Matthew 59-60, 62, 68, 77, 79
Aron, Raymond 108
Austin, J. L. 130, 211-2, 236, 281
Ayer, A. J. 130, 212, 237, 275, 277, 293

Bacon, Francis 173
Baier, Annette 85-6, 99, 306, 310, 312
Bain, Alexander 59, 68, 237
Baker, Lynn 44, 296
Baldwin, Stanley 109
Barth, Karl 160
Baudelaire, Charles 173
Bentham, Jeremy 58-9
Bergmann, Gustav 239, 264, 267, 278, 287
Bergson, Henri 57, 130, 138, 152
Berkeley, George 206

Berle, Adolf 114
Berlin, Isaiah 61, 140-2, 144-7, 150, 211, 245
Berthelot, René 57-8, 63
Blake, William 53, 201
Bloom, Harold 157
Blum, Léon 109-10
Blumenberg, Hans 245
Boccaccio, Giovanni 173
Bogart, Humphrey 122
Bohr, Niels 235
Bouwsma, Oets 324
Bradley, F. H. 237
Brandom, Robert 11, 25-9, 33-4, 36-45, 47, 49-51, 54-5, 86, 138, 167, 190, 198, 208, 210-2, 215, 221, 228, 232, 235-7, 241, 257, 259-62, 270, 282-4, 292, 296-7, 299
Brunschvig, Léon 205
Bulwer-Lytton, Henry 59
Butler, bispo Joseph 215

Calderón, Pedro 173
Cálicles 67
Carnap, Rudolf 50, 130, 236-7, 240, 275-8
Caro, Mario de 249, 258
Casaubon, Edward 327
Cassirer, Ernst 130, 237
Cavell, Stanley 284
Cervantes, Miguel de 161-3

Chalmers, David 33, 35-6
Chambers, Whittaker 14, 105, 113-22
Chaucer, Geoffrey 173
Chomsky, Noam 296
Church, Alonzo 261
Churchill, Winston 107, 110
Clifford, W. K. 51, 53-4
Coleridge, Samuel Taylor 186
Collins, Arthur 296
Conan Doyle, Arthur 45, 232
Conant, James 267, 271, 275-7, 283, 285-6
Copérnico, Nicolau 129
Crary, Alice 282, 283-4
Creon 142
Croce, Benedetto 205

Danto, Arthur 58
Danton, Georges 142
Darwin, Charles 57, 65-6, 177, 244, 315, 317
Davidson, Donald 11, 38, 99, 102, 130, 181, 190, 198, 203, 221, 228-9, 232-3, 235-6, 238, 257, 259-60, 262, 270, 272, 281-5
Deméter 160
Demócrito 130, 167, 243
Dennett, Daniel 33, 35-6, 87, 236-8, 281
Derrida, Jacques 203, 205, 216-7, 241, 286
Descartes, René 33, 39, 101, 135, 137, 146, 165, 213, 221, 240, 243, 249, 273, 278-9, 281, 290, 293-4
Descombes, Vincent 296
Dewey, John 11-3, 15, 57, 63-5, 67-8, 70, 73-9, 102, 109, 111-2, 117, 123, 139-41, 145, 148, 167, 170, 179, 184, 186, 245, 277, 301, 303, 305, 307-9, 311, 313-5, 317-21, 323, 325, 327-9
Diamond, Cora 267, 271, 276, 283
Dickstein, Morris 13, 116
Diderot, Denis 312
Dostoiévski, Fiodor 306
Dummett, Michael 227, 236-7

Eckhart, Mestre 200, 286
Eichmann, Adolf 124
Einstein, Albert 223, 235, 278
Eliot, T. S. 109
Emerson, Ralph Waldo 57, 60, 65, 76, 173, 185-6, 188-9, 200
Epicuro 243
Espinosa, Baruch de 41, 129, 131, 144, 153, 165, 244
Eutífron 159

Farrell, James 107
Fine, Arthur 221-4, 226-31, 233-6, 238, 240, 314-5
Fine, Kit 258
Finn, Huck 322
Fish, Stanley 28
Fites, Donald 83
Forster, E. M. 116
Foucault, Michel 138, 147, 203
Frank, Joseph 112
Frankenberry, Nancy 13, 49
Frege, Gottlob 41-2, 213, 238-9, 245, 262, 275-6
Freud, Sigmund 217, 284

Gadamer, Hans-Georg 130, 241
Galileu 29-30, 111, 123-4, 129, 173-4, 177, 268, 272, 279
Gauguin, Paul 124
Gibbon, Edward 173
Ginsborg, Hannah 318
Goldfarb, Warren 267
Green, T. H. 309, 314
Greenberg, Clement 171
Guyer, Paul 318

Habermas, Jurgen 27, 67, 85, 89-90, 92-7, 99-100, 130, 135-9, 145, 148, 150, 203, 245
Hacking, Ian 101
Hannay, Alistair 314

Índice onomástico

Hardy, Henry 211
Hegel, G. W. F. 11, 13, 41, 49-52, 85, 109, 112, 138-9, 142-3, 159, 164, 166-7, 172, 189, 197, 203, 205, 208, 211-3, 215, 217, 222, 239-41, 245, 256, 273, 299, 309, 315
Heidegger, Martin 9, 25, 130, 137-9, 150, 152, 157, 159, 165, 179, 190, 197, 203, 213, 216-7, 237, 239-41, 245, 270, 273, 275, 278, 286
Helvétius 57
Hemingway, Ernest 122-3, 146
Herder, Johann Gottfried 197
Hesíodo 159
Hiss, Alger 121-2, 124
Hitchens, Christopher 107-8, 110, 122-3
Hitler, Adolf 67, 107, 113, 125, 150
Hobbes, Thomas 165, 204, 240, 249
Hoelderlin, Friedrich 57
Holmes, Sherlock 43-4, 47-8, 232
Homero 162
Hook, Sidney 107
Hornsby, Jennifer 296
Hume, David 57, 85, 168, 173, 243-4, 249, 280, 293, 306
Husserl, Edmund 200, 216, 237, 314
Humboldt, Wilhelm von 59, 61

Inwagen, Peter van 258
Ishiguro, Hidé 270

Jackson, Frank 251-4, 258, 262, 290
James, Henry 112
James, Henry, sr. 53
James, William 13, 22, 57, 60, 64, 72, 133, 184-5
Jeffers, Robinson 64
Jefferson, Thomas 54, 66, 177

Kafka, Franz 146

Kant, Immanuel 15, 41-4, 50, 84-7, 89, 94-6, 108, 122-3, 125, 129, 144-5, 153, 159, 166, 173, 177, 196-7, 211-3, 222, 231, 240, 243, 245, 262, 265, 278-81, 287, 293, 301, 303-13, 315, 317-9, 321, 323, 325, 327-9
Karamazov, Alyosha 325-6
Karamazov, Ivan 325-6
Kazin, Alfred 121
Kennan, George F. 114
Kierkegaard, Søren 78, 120, 137-8, 159-61, 166-7, 204, 277
Kimmage, Michael 111
Koehl, Harald 326
Korsgaard, Christine 203, 307, 310-11, 315-22, 324-6
Kripke, Saul 204, 236, 238, 241, 258, 286
Kuhn, Thomas 136, 150, 170-1

Lamarck, Jean Baptiste 57
Latour, Bruno 314
Lavoisier, Antoine 173
Lee, Robert E. 124
Leibniz, Gottfried 124, 280
Leiter, Brian 246-9, 256, 258, 262, 271
Lênin, V. I. 114
Leplin, Jarrett 234-6, 240
Leuba, James Henry 71
Lewis, David 204, 236, 241, 258
Lewis-Kraus, Gideon 15
Locke, John 160, 173-4, 191, 194, 245, 262, 268, 273, 278, 293
Lovejoy, Arthur 140
Luce, Henry 113-4
Lucrécio 21, 54, 167

Macarthur, David 249, 258
MacIntyre, Alasdair 85, 320
Maeterlinck, Maurice 76
Maquiavel, Nicolau 204
Marx, Karl 21, 27, 57, 129-30, 159

McCarthy, Mary 106
McDowell, John 256-7, 262, 266, 270, 284, 293
McGuinness, Brian 270
Medina, José 272-3
Menand, Louis 14, 110
Michelângelo 173
Mill, John Stuart 22, 53-4, 58-9, 61-2, 64, 68, 70, 77, 129-30, 194, 312
Milton, John 173-4
Minar, Edward 267
Molière 225
Montaigne, Michel de 240
Moody, Dwight 60
Moore, G. E. 212, 237
Moriarty, professor James 232
Musgrave, Alan 234
Mussolini, Benito 107-8

Nagel, Thomas 33-6, 44, 133-5, 150, 152, 224, 236-8, 240-1
Newton, Isaac 66, 151, 173, 193, 195, 268, 272, 278-9
Nietzsche, Friedrich 57-8, 61-8, 70, 72, 75-6, 131, 138-9, 143, 167, 173, 183, 186-91, 194, 196, 198-200, 204, 213, 217

Ockham, Guilherme de 26
Orwell, George 106-10, 113, 119, 122-3, 125

Paine, Thomas 48
Parmênides 138, 143, 167, 180, 187, 198, 286
Pascal, Blaise 146, 222
Paulo, São 30, 160, 178
Peirce, C. S. 68, 245, 257, 314
Péricles 326
Petrarca 173
Pettit, Philip 247-9, 263-5
Pilatos, Pôncio 328
Pinkard, Terry 138

Pinker, Steven 291, 294-6
Pippin, Robert 112, 245
Pio IX 316
Platão 41, 65, 67, 76, 87, 96, 125, 129-32, 134-5, 138-9, 143-6, 162, 167-8, 170, 172, 175, 180, 187, 190, 195-6, 198-200, 208, 215, 227, 268, 290, 308, 319
Plotino 167, 200
Poincaré, Henri 57
Price, Huw 253-4, 256, 259, 262
Protágoras 135, 148-9
Ptolomeu 111
Putnam, Hilary 286

Quine, W. V. O. 130, 132, 168, 192, 207, 210, 228, 259, 262, 270, 295-6

Ramberg, Bjorn 250-1, 262
Rafael 173
Rawls, John 75, 88, 90-8, 101-2, 203, 327
Ricketts, Thomas 267
Robespierre, Maximilien 142
Rorty, Mary 99
Rosenwald, Harold 115
Royce, Josiah 166-7, 237
Russell, Bertrand 130, 133, 135, 139, 149-50, 152, 200, 212, 275, 286, 296-8, 314
Ryan, Alan 74
Ryle, Gilbert 281, 293, 295-6

Santayana, George 161-2
Sartre, Jean-Paul 108, 138, 164
Scanlon, Thomas 96
Schelling, Friedrich 57, 204
Schiller, F. C. S. 133, 135, 149, 223
Schiller, Friedrich 84, 173, 187-8
Schleiermacher, Friedrich 49
Schlick, Moritz 275
Schmitt, Carl 203
Schneewind, J. B. 15, 310-3, 317-8, 320, 326-7

Searle, John 102, 225, 241
Sellars, Wilfrid 11, 29, 33-4, 36-7, 54, 86, 167, 190, 192, 194, 198, 248, 256-7, 270, 281, 284, 286, 295-7, 313, 318, 320-1
Shakespeare, William 161-3, 173
Shaw, George Bernard 108
Shelley, Percy Bysshe 48, 147, 173-4, 179, 184, 186-8, 193
Sidgwick, Alfred 244
Singer, Peter 301-5, 327, 329
Snow, C. P. 131, 172
Sócrates 125, 143, 146, 159, 161-2, 164, 166-8, 175, 180, 183, 186-7, 204, 225, 322-3, 326-8
Sófocles 162, 204
Spencer, Herbert 57
Stalin, Joseph 105, 109-10, 113-4, 120
Stauffenberg, Claus von 125-6
Steward, Helen 296
Stout, Jeffrey 55
Strauss, Leo 245, 257
Suslov, Mikhail 124

Taylor, Charles 85, 320
Taylor, Kenneth 259
Trasímaco 67, 75
Tucídides 97
Tillich, Paul 47-8, 68, 76, 231
Trilling, Diana 116, 123

Trilling, Lionel 111-9, 121-3, 125
Trotsky, Leon 105
Truman, Harry 105-6, 114, 118

Ulisses 195, 326

Voltaire 173

Wallace, Henry 105, 114, 118
Walzer, Michael 85, 87-9, 92-4, 97
Wesley, John 60, 65
White, Andrew 130
Whitman, Walt 76, 79
Williams, Bernard 124
Williamson, Timothy 256-7, 262, 264-5, 270, 286
Witherspoon, Edward 275-6, 278
Wittgenstein, Ludwig 11, 13, 15, 32-4, 42, 50, 54, 89, 182, 190, 192, 197-9, 203, 207, 211-2, 214, 241, 246, 256, 263-79, 281-7, 295-6, 298-9, 318-9
Wordsworth, William 79

Yeats, William Butler 108, 201

Zaratustra 325
Zeus 47, 180
Zossima, padre 325